MICHAEL R. LEGAULT

POR QUE
NÃO TOMAR DECISÕES
NUM
PISCAR DE OLHOS

Tradução
Patricia Lehmann

CIP-BRASIL. CATALOGAÇÃO-NA-FONTE
SINDICATO NACIONAL DOS EDITORES DE LIVROS, RJ

L525t

LeGault, Michael R.
Think!: por que não tomar decisões num piscar de olhos /
Michael R. LeGault; tradução Patricia Lehmann. – Rio de Janeiro:
Best*Seller*, 2008.

Tradução de: Think!
ISBN 978-85-7684-169-2

1. Pensamento criativo. 2. Pensamento. I. Título.

08-1126.   CDD: 153.42
                                          CDU: 159.955

Título original
THINK!
Copyright © 2006 by Michael LeGault

Capa: Sense Design
Diagramação: ô de casa

Todos os direitos reservados. Proibida a reprodução,
no todo ou em parte, sem autorização prévia por escrito da editora,
sejam quais forem os meios empregados.

Direitos exclusivos de publicação em língua portuguesa
para o Brasil adquiridos pela
EDITORA BEST SELLER LTDA.
Rua Argentina, 171, parte, São Cristóvão
Rio de Janeiro, RJ – 20921-380
que se reserva a propriedade literária desta tradução

Impresso no Brasil
ISBN 978-85-7684-169-2

Para minha mãe e meu pai

Sumário

Primeira Parte – As causas

1 Não decida num piscar de olhos! Pense! — 11

2 Analisar o quê? — 41

3 Pensamento, no melhor estilo americano — 67

4 Alimentando o monstro do bem-estar — 95

5 A ascensão do politicamente correto e a derrocada da inteligência e da rapidez — 109

6 Marketing, mídia e caos: é isso que importa — 135

7 Estou muito ocupado: os mitos do "estresse" e do "excesso de informação" — 167

Segunda Parte – Inspiração

8 Grandes pensadores — 193

THINK!

Terceira Parte – Soluções

9 Quem não pede não ganha: o retorno à disciplina
e aos padrões   221

10 Expandindo horizontes: aceitar riscos e recompensas   253

11 Escutar a harmonia da razão: aceitar a objetividade,
pensar criticamente   281

12 Um jeito fácil e rápido de salvar a civilização   315

Agradecimentos   343

Notas   345

PRIMEIRA PARTE

As causas

CAPÍTULO 1

Não decida num piscar de olhos! Pense!

A empresa, uma fornecedora de peças automotivas de médio porte com sede em Ohio, já se encontrava no olho do furacão, a ponto de despencar em queda livre. O que ela fazia parecia ser bastante simples: pegar pára-brisas, colocar gaxetas de borracha em volta de cada um e despachá-los para grandes fábricas de automóveis. Um operador da empresa colocava o vidro dentro de uma máquina que injetava borracha derretida na sua borda e a resfriava rapidamente para fazê-la grudar. Mas havia um problema: o vidro estava trincando. As perdas chegavam a 10, 20 por cento. Pequenos gráficos de barras, pendurados na lanchonete, ilustravam quanto dinheiro a empresa estava perdendo por semana. Quando o prejuízo atingiu a marca de um milhão de dólares, os empregados não conseguiam esconder sua incompreensão. Será que alguém estava tentando resolver o problema?

A empresa estava fazendo tudo que podia ou, pelo menos, assim pensava. Contratou um gerente de fábrica jovem, dinâmico e com diploma universitário. Tendo como guia a intuição, o novo gerente e sua equipe de supervisores e engenheiros de produção abordaram o problema. Retiraram de cada uma das máquinas a matriz – grande molde de aço no qual os vidros eram colocados – e escanearam uma a uma a

Think!

laser para confirmar suas dimensões até o milésimo de polegada. Fizeram controle de qualidade de cada remessa de vidro que recebiam de outras empresas. Instalaram um novo programa para controlar o processo em cada máquina a fim de monitorar sem cessar suas condições internas. Dia e noite, um ou mais engenheiros estavam na fábrica, debruçando-se, absortos, sobre projetos e fazendo ajustes no equipamento. Havia dias que algumas delas apresentavam melhora e, de repente, tudo desandava de novo, dando a impressão de que os pára-brisas estavam sendo devorados por máquinas ensandecidas, com o firme propósito de levar a empresa à falência. Palpites sobre a causa do problema deram em nada.

A matriz convocou uma reunião de emergência. Ela estava dando à fábrica uma última oportunidade de se recuperar e entregou ao gerente o cartão de um guru que cobrava um milhão de dólares. Parecia razoável.

O guru perguntou qual era o índice de perdas de cada um dos operadores das máquinas. A empresa tinha tal índice de cada uma das máquinas, mas não de seus operadores, que trabalhavam em rodízio diário ou, até, horário. Ele passou um mês colhendo esses dados. E passou o mesmo tempo representando-os por gráficos e analisando-os. Os engenheiros da fábrica, intuitivamente, continuavam acreditando que o problema estava relacionado, de uma forma ou de outra, com o equipamento. Mas o guru, ao examinar os gráficos e os dados, percebeu algo de estranho – as mulheres que operavam as máquinas tinham um índice mais alto de perdas do que os homens. Havia, entretanto, uma anomalia: dois homens também apresentavam altos índices de perdas. Ele pediu para ver os operadores. Ambos eram franzinos e baixos. Uma luz de um milhão de dólares acendeu-se na cabeça do guru.

Os pára-brisas pesavam entre 10 e 20 quilos, dependendo do modelo. Os operadores tinham de se debruçar sobre as máquinas para colocar os vidros nos moldes. O local onde trabalhavam não era ajus-

NÃO DECIDA NUM PISCAR DE OLHOS! PENSE!

tável. O guru ficou observando como uma mulher se contorcia para conseguir colocar o pesado vidro no molde de forma que se alinhasse com os pinos-guia. A máquina se fechou, e o pára-brisa se estilhaçou. A mulher partiu para a peça seguinte, mas o guru a interrompeu. Ele passou a mão pela extremidade superior do vidro. Embora a peça parecesse estar corretamente alinhada com os pinos, ele percebeu que uma das extremidades ultrapassava um pouco mais um dos pinos que a outra. Ele lhe deu um empurrãozinho e mandou a operadora acionar a máquina. As mandíbulas de aço cingiram o vidro e abriram-se em seguida, para mostrar ao mundo um pára-brisa em todo seu esplendor, que mais parecia uma obra de Van Gogh.

A empresa modificou a ergonomia das estações de trabalho, alterou os pinos-guia das matrizes e treinou os operadores. O índice de perdas caiu para menos de cinco por cento. O guru foi homenageado e pago. Um suspiro de alívio percorreu a fábrica inteira. Somente o gerente estava desconsolado, pois se sentia envergonhado por ter de se submeter às habilidades de pensar criticamente de outra pessoa para recuperar sua fábrica.

Se quisesse, poderia ter se consolado. A arte de pensar de forma perspicaz, incisiva e inteligente está se esvaindo, limitando-se cada vez mais ao domínio de especialistas e gurus. A tendência é preocupante e gera a seguinte pergunta: será que os Estados Unidos estão perdendo a capacidade de pensar? Se, em prol do debate, definirmos "pensar" como o uso do conhecimento e do raciocínio para resolver problemas, planejar e produzir soluções favoráveis, então a resposta, aparentemente, será positiva.

Considere a avaliação sensata de John Bardi, professor da Universidade de Penn State, que há mais de 25 anos leciona uma variedade de cursos de filosofia e estudos culturais. Em um ensaio de 2001 sobre o declínio do pensamento crítico, Bardi afirma o seguinte: "As quali-

Think!

dades intelectuais que vejo em minhas classes (...) estão ficando piores a cada ano, sendo que a presente safra (de estudantes) é a pior de todas." O pensamento crítico é uma habilidade cognitiva que permite a uma pessoa investigar logicamente uma situação, problema, questão ou fenômeno, de forma a poder fazer um julgamento ou tomar uma decisão. Bardi afirma que o colapso dessa habilidade no país pode ser "sistemática e histórica, e até inevitável", embora ele admita que muitos de seus colegas tenham uma explicação mais simples – que o problema não seja nem histórico ou cultural, mas sim que os estudantes de hoje, qualquer que seja o motivo, "carecem de habilidades para o pensamento crítico necessário para um aprendizado mais elevado".

Naturalmente, nossas universidades, principalmente as de elite, ainda atraem muitos estudantes esforçados e dotados, que conseguem resolver uma série de equações diferenciais como se fosse um desenho de unir os pontos. Se a avaliação rigorosa de Bardi e seus colegas aborrecem alguém, pense nisso como uma "média" aplicada. É claro que isso ainda significa que as habilidades necessárias para o pensamento crítico também se reduziram, em média, nas universidades de elite. Se esse é o caso, não é de surpreender que os testes independentes aplicados nos alunos confirmaram que as notas de leitura, matemática e ciências vêm caindo anos a fio. A Organization for Economic Cooperation and Development's Program for International Student Assessment (PISA)* realiza uma análise a cada três anos das habilidades em matemática, leitura, ciências e na solução de problemas em alunos de 15 anos, nos principais países industrializados. Na avaliação "PISA 2003", os alunos norte-americanos ficaram em 28º lugar dentre quarenta países na habilidade de resolução de problemas. O desempenho

---

*Organização para Cooperação e Desenvolvimento Econômico que coordena o Programa Internacional de Avaliação Estudantil. (*N. da T.*)

NÃO DECIDA NUM PISCAR DE OLHOS! PENSE!

equiparava-se ao de alunos da Sérvia, do Uruguai e do México, enquanto estava bem aquém dos japoneses, franceses, alemães e canadenses. A mais recente National Assessment of Educational Progress* constatou alguma melhora nos resultados de leitura e matemática em alunos da quarta e oitava séries, desde 2000. Em média, no entanto, os resultados sem retoques mostram que mais de dois terços dos alunos de quarta e oitava séries não têm média satisfatória em matemática e leitura.

Se a redução nas habilidades de raciocínio fosse limitada a estudantes universitários desmotivados ou boêmios, determinados a desperdiçar o dinheiro dos pais, provavelmente poderíamos dar de ombros, acreditando inocentemente que padrões acadêmicos mais rigorosos acabariam por eliminar os inúteis. Raciocínio medíocre e inépcia crescente, de acordo com essa visão mais otimista, serão cortados pela raiz, reprimidos em tempo hábil no campus, antes de atingirem o mundo real. É óbvio, no entanto, que esse não é o caso. Muitos desses estudantes tornam-se especialistas em alcançar seus objetivos, escolhendo uma miscelânea de cursos menos exigentes e acabando por conseguir um diploma. Cada um desses formandos leva seu conhecimento limitado e habilidades de raciocínio deficientes para a área profissional escolhida, formando a geração seguinte de professores, enfermeiros, representantes de vendas e administradores de empresas. Portanto, temos professores, profissionais da saúde e administradores com habilidade de raciocínio crítico historicamente inferior dando aulas, cuidando de pacientes e administrando empresas.

Pelo menos um executivo de alto nível, Robert Lutz, da General Motors, lamentou a inferioridade da capacidade resolutiva de engenheiros formados nos Estados Unidos. Parece que ainda há outras ha-

---

*Avaliação Nacional de Desenvolvimento Educacional. (*N. da T.*)

THINK!

bilidades mentais mais refinadas, cruciais para o desempenho no local de trabalho, que estão deixando a desejar. Em 2004, em um estudo publicado pela National Commission on Writing*, um grupo de educadores reunidos pelo College Board** trouxe à tona o crescente descontentamento das empresas com as habilidades de redação dos empregados. O relatório *Writing: A Ticket to Work... or a Ticket Out****, incluiu um estudo realizado com diretores das maiores empresas do país. Os resultados não foram bons. Aproximadamente um terço das empresas afirmou que apenas um terço ou menos de seus empregados sabia escrever clara e objetivamente.

Conseqüentemente, como que preenchendo um nicho de mercado, uma psicologia/filosofia pop de bem-estar, estilo nova era, surgiu para embasar a idéia de que a compreensão oriunda de uma análise crítica e lógica não merece toda essa exaltação. Esse ponto de vista, que parece tanto mais atraente quanto mais cervejas se consome em um bar ruidoso, sugere que o modelo racional é, às vezes, desnecessário, podendo ser até obsoleto. Recentemente, Malcolm Gladwell chegou ao ápice dessa filosofia com a publicação do livro *Blink – A decisão num piscar de olhos*. Gladwell afirma que a mente possui um poder subconsciente de absorver grande quantidade de informação e dados sensórios, avaliar corretamente uma dada situação, resolver problemas e assim por diante, independentemente da mão pesada e rígida do pensamento formal.

A título de demonstração da onipotência de julgamentos instantâneos, feitos num piscar de olhos, definidos como uma compreensão alcançada "em questão de dois segundos", Gladwell relata a história de uma suposta estátua grega, comprada pelo Museu J. Paul Getty,

---

*Comissão Nacional de Escrita. (*N. da T.*)
**Conselho Universitário. (*N. da T.*)
****Redação: uma passagem para o emprego... ou não. (*N. da T.*)*

NÃO DECIDA NUM PISCAR DE OLHOS! PENSE!

em Los Angeles, em 1984. A escultura era de um jovem nu, e o marchand afirmava tratar-se de uma das estátuas estilizadas conhecidas como *kouros*, produzidas na Grécia Antiga. Desde o início, os funcionários do museu pareciam desconfiar das origens da estátua, por ela irradiar "um brilho ligeiramente colorido" que não era comum em estátuas antigas. Apesar disso, após longos exames científicos terem comprovado que o mármore no qual a estátua havia sido esculpida originava-se de uma pedreira antiga na Grécia, e que ela era coberta por uma fina camada de calcita – substância formada no decorrer de milhares de anos por processos naturais –, o museu comprou o *kouros* por milhões de dólares.

Depois, segundo o relato de Gladwell, os fatos começaram a se esclarecer. Todos os peritos em arte que foram levados à estátua, menos um, tiveram a mesma sensação instantânea de que havia "algo errado". O museu ficou tão preocupado, que a estátua foi embalada e enviada para o país de origem, para ser examinada pelas autoridades máximas em escultura da Grécia Antiga. Um dos especialistas, o diretor do Museu Benaki de Atenas, sentiu uma onda de "repulsa intuitiva" no momento em que pôs os olhos na estátua. Todos os alarmes soaram, e o museu americano deu início a uma ampla investigação, revelando um rastro de falsificação e trapaça que acabou na triste descoberta de que a estátua havia sido feita no ateliê de um falsário, em Roma, na década de 1980.

Resumindo, a "estátua que tinha algo errado" tornou-se uma advertência sobre os limites e fracassos de métodos científicos aprovados e da análise racional, e demonstrou o enorme alcance do poder e do sucesso de sensações e intuições viscerais e subestimadas (*Blink*, em essência, seria intuição). Mas quão significativa será essa história para corroborar a tese do autor de que julgamentos instantâneos freqüentemente produzem resultados iguais ou até melhores do que os produzidos por análise crítica e refletida?

Think!

Primeiramente, os exames científicos não falharam. O mármore dolomítico da estátua estava coberto de uma fina camada de calcita. O esperto falsificador parece ter usado fungos de batata para induzir a formação de calcita em apenas dois meses. Outras evidências iniciais confirmavam a autenticidade aparente do *kouros*, inclusive registros de propriedade que eram, na verdade, falsos.

Em segundo lugar, se você ler a história com cuidado, fica claro que há mais do que simples pressentimentos e intuições passando pela cabeça dos especialistas. Ao ver o *kouros*, a primeira palavra que veio à mente de Thomas Hoving, ex-diretor do Metropolitan Museum de Nova York, foi "frescor", ou seja, com uma aparência nova demais para ter alguns milhares de anos. O diretor do Museu da Acrópole, de Atenas, George Despinis, disse que ele "tinha certeza de que aquilo nunca estivera soterrado". A "repulsa intuitiva" do diretor do Museu Benaki se baseava, aparentemente, no fato de o estilo da estátua não condizer com a origem do mármore, que vinha de uma pedreira específica na ilha grega de Thasos.

Em outras palavras, por trás desses julgamentos instantâneos, havia impressões apreendidas e formadas durante anos de estudo, reflexão e análise. E esses pressentimentos fundamentados em instrução prévia acabaram sendo confirmados por uma análise mais profunda, que comprovou, por exemplo, que a estátua grega era um "pasticho desconcertante de diversos estilos oriundos de regiões e épocas distintas".

Um dos atrativos de *Blink* é que todos nós temos intuição e dependemos dela para tomar decisões e chegar ao fim do dia. Há certo mito em torno do poder das primeiras impressões. Mas o mito não é científico. Numa passagem sobre "namoro rápido", um evento fechado durante o qual um grupo de homens e mulheres tem alguns minutos para conversar e decidir se quer namorar, Gladwell mergulha na crença de que a primeira impressão é o melhor método de julgar o caráter e a personalidade de uma pessoa, principalmente quando se refere à relação entre homens e mulheres. Mas quão inequívoca será essa verdade? Se a primeira impressão é tão importante para alicerçar relações íntimas na sociedade moderna, então por que o índice de divórcio é tão alto? É bem verdade que não temos nenhuma vontade de contabilizar ou saber com que freqüência a primeira impressão que temos ou o julgamento instantâneo que fazemos falham. Ao saber que um assassino em série vivia na comunidade, os vizinhos costumam ficar surpresos. "Ele parecia ser um sujeito legal, normal" é uma afirmação que se ouve com freqüência no noticiário. Durante milhares de anos, a primeira impressão que o homem teve do planeta é que ele era plano. Quando Galileu viu, através do telescópio recém-aperfeiçoado, manchas escuras no Sol, a Igreja acusou-o de heresia. A primeira impressão que se tinha do Sol era que Deus o havia criado com brilho uniforme.

Na verdade, Gladwell faz apologia para uma das metades do clássico falso dilema. O falso dilema, também chamado de "falácia do meio-termo excluído", é uma proposição alternativa apresentada de tal forma que parece que apenas uma das opções é verdadeira, não as duas. Esse artifício costuma ser utilizado na política, em frases como a seguinte: "Você vai reeleger o deputado X ou prefere encarar a probabilidade de aumento do desemprego?" Neste caso, o falso dilema opõe intuição à análise em etapas e ao raciocínio crítico. Gladwell não só separa e destila a intuição como um poder mental em si mesmo, mas também a promove como uma fonte em potencial de um bem funcional e irrestrito. "O que aconteceria", pergunta-se ele, "se levássemos nosso instinto a sério? Acho que isso mudaria (...) o tipo de produtos que encontraríamos nas prateleiras, o tipo de filmes que seria produzido, o treinamento que policiais receberiam e (...) se misturássemos todas essas pequenas mudanças, terminaríamos tendo um mundo diferente e melhor."

THINK!

Ele admite que os preconceitos desvirtuem os julgamentos que fazemos automaticamente, mas não esclarece outra forma de aperfeiçoar esses julgamentos instantâneos, a não ser com a "prática". Na verdade, o raciocínio crítico-científico quase sempre tem uma dose de intuição; e a intuição geralmente está baseada na experiência e no conhecimento científico conquistado através da dedução. Quando Einstein estava debruçado sobre sua teoria da relatividade, ele "intuiu" que a energia e a matéria eram duas versões da mesma coisa. Essa intuição só passou a ter valor a partir do momento em que ele conseguiu chegar ao famoso $E = mc^2$, usando sua espantosa capacidade de raciocínio crítico para resolver equações.

A técnica por meio da qual conseguimos tomar decisões acertadas e ser bem-sucedidos no trabalho é um processo mental balanceado e entrelaçado de porções de emoção, observação, intuição e raciocínio crítico. A emoção e a intuição são as partes fáceis, "automáticas", enquanto as habilidades de observação e raciocínio crítico são as difíceis, adquiridas. Essencial para viabilizar tudo isso é uma base sólida de conhecimento. Quanto maior a base, maior a probabilidade de uma pessoa dominar, após refletir sobre o assunto, uma série de conceitos, modelos e formas de interpretar o mundo. Quanto maior a base, maior a probabilidade de as peças do quebra-cabeça se encaixarem. E, da mesma forma que cada um de nós pode fazer uso da intuição, também pode fazer uso da capacidade de pensar e raciocinar criticamente. Um dos princípios fundamentais do Século das Luzes, período de descobertas durante o qual ficou em evidência o grande poder do raciocínio humano, foi o de que *todo* ser humano tem capacidade de se livrar de dogmas e superstições e começar a pensar por si só. Grande parte da filosofia moderna do século XX está fundamentada na concepção de que o ser humano é livre e capaz de criar o próprio destino através do raciocínio, livre-arbítrio e senso de responsabilidade.

NÃO DECIDA NUM PISCAR DE OLHOS! PENSE!

E é exatamente aí que *Think!* e *Blink* divergem: a idéia de que, na vida atual, as pessoas são cautelosas ao fazerem julgamentos instantâneos; de que temos, pela própria natureza humana ou hábito cultural, a tendência de fazer um estudo metódico e analisar dados antes de chegar a alguma conclusão. Se Gladwell limitasse o escopo de seu livro a laboratórios de pesquisa renomados ou equipes de gerenciamento corporativo, sua afirmação poderia ter algum peso. Na sociedade como um todo, no entanto, essa mesma sociedade bombardeada por um excesso de informações, propagandas tendenciosas e reivindicação constante de tempo, os julgamentos instantâneos tornaram-se a norma. Vivemos e, em alguns casos, morremos devido a julgamentos instantâneos. Muitas pessoas recorrem ao pagamento de terceiros para pensarem em seu lugar. Tornamo-nos uma sociedade dependente do ponto de vista de especialistas – psicólogos, paisagistas, consultores financeiros, até mesmo orientadores familiares. O espaço que nos é concedido para refletir, entreter-nos e questionar sobre os mistérios do dia-a-dia encolheu. Por falta de hábito de treinar a mente pela observação neutra e cuidadosa e pelo raciocínio crítico aplicado, julgamentos baseados em emoções momentâneas prevalecem. Tais julgamentos foram responsáveis pelo slogan "Uma nação dividida", que foi tão alardeado pela mídia durante a eleição Bush-Kerry. Tornamo-nos uma sociedade visceral, que confia cada vez mais em seus instintos para viver e que já se satisfaz com aquilo que conhece e em que acredita. Qualquer mudança, seja de opinião ou processo mental, tornou-se um grande fator de ansiedade para a maior parte das pessoas.

Da mesma forma que a medicina naturopática se apóia nos mais profundos anseios místicos para a cura pela natureza, *Blink* explora as populares crenças da nova era sobre o poder do subconsciente, da intuição e, até, da paranormalidade. O livro dedica uma quantidade significativa de páginas à suposta teoria de leitura de pensamentos.

Think!

O autor comemora os aparentes sucessos, apesar de admitir que essa prática possa dar errado "de vez em quando", e de inúmeras experiências científicas comprovarem que os casos de clarividência dificilmente passam de adivinhação aleatória.

Embora não tenha sido comprovado por nenhum experimento rigorosamente científico, a premissa de Gladwell assume ares de legitimidade graças aos fundamentos lançados por gerações de ativistas e acadêmicos "pós-modernistas" que procuram, diligentemente, desconstruir todas e cada uma das certezas da natureza e da sociedade, tornando-as um conjunto subjacente de falsas suposições culturais. Usando-se do mesmo artifício, procura-se disseminar dúvidas sobre o próprio método de raciocínio crítico. Esses grupos afirmam que o pensamento racional e reducionista é sexista e repressivo por basear-se em suposições que já se tornaram compatíveis com os valores e opiniões de uma estrutura de poder. Assim, o status de idéias científicas, que têm origem no ceticismo e no pensamento racional, sofreu um retrocesso, enquanto o de uma série de opiniões e tendências baseadas em crenças avançou. *Blink* não só nos recomenda o julgamento instantâneo, mas também sugere sua compatibilidade com o paradigma de acuidade mental da nova era, baseado no instinto, na emoção e na intuição.

Certamente, não é minha intenção enterrar a intuição, aqueles momentos "ah-ha", ou a emoção. Como disse, todos esses elementos da psique humana são indispensáveis para o pensamento crítico e criativo. Mas, quando se trata de resultados, ou seja, de soluções favoráveis, o pensamento crítico e seus componentes principais – observação, raciocínio lógico e ceticismo – possuem um histórico comprovadamente melhor. Por isso, *Think!* também difere estruturalmente de *Blink*. Este livro não tem por objetivo ser um compêndio de estudos de caso que comprovem a superioridade do pensamento crítico sobre a intuição.

NÃO DECIDA NUM PISCAR DE OLHOS! PENSE!

Nesse sentido, eu e muitos outros simplesmente afirmamos que não há nada a ser comprovado. É um caso encerrado. Conforme documentado em livros como *Moneyball*, de Michael Lewis, estatísticas e análise quase sempre superam instinto e adivinhação, e é por isso que gerentes estudam as tendências de batedores e lançadores de beisebol, e do *Play the Percentages*.* Da mesma forma, jogadores de vinte-e-um que conhecem métodos de contar as cartas têm resultados melhores do que aqueles que improvisam; e empresas fazem uso de ferramentas analíticas sistemáticas, como "D.O.E."** ou "Seis Sigma", para resolver problemas e aperfeiçoar a eficiência. No entanto, se concordamos que é indiscutível a total superioridade do pensamento crítico ao tomar decisões, permanece o mistério quanto à razão para a subjetividade, a emoção e o instinto estarem predominando na vida das pessoas e da sociedade em geral. Este livro, portanto, analisa as causas do declínio da lógica e do raciocínio na vida dos norte-americanos, além de propor soluções para pôr fim e reverter essa tendência. Embora esta análise tenha sido feita tendo em vista os Estados Unidos, seu escopo não é limitado à sociedade norte-americana, já que outros países industrializados parecem estar sofrendo da mesma indisposição cognitiva, por motivos semelhantes. Há conotações políticas que orientam algumas dessas conclusões e recomendações, mas esse não é o aspecto essencial deste livro. Seu objetivo não é macroscópico e sim, microscópico – não é mudar instituições, e sim pensamentos e hábitos que, freqüentemente, levaram a uma disfunção institucionalizada. Se alguns autores enfocam o

---

Play the Percentages era um programa de auditório veiculado nos Estados Unidos, na década de 1980, durante o qual uma pergunta de cultura geral era feita a trezentas pessoas, e dois casais adversários tinham de adivinhar a porcentagem de entrevistados que dera a resposta correta. (*N. da T.*)
**"D.O.E." (Design of Experiment) é um método estruturado e organizado que determina a relação entre os fatores que afetam um processo e o resultado desse processo. (*N. da T.*)

Think!

valor dos "tijolos" da sociedade e da cultura, minha atenção está voltada para a importância das "moléculas" – o modo como pensamos e como esse modo de pensar dá forma a nossa vida, destino e sociedade. E, logicamente, visto a influência desse modo de pensar em milhões de decisões que tomamos todos os dias, há uma relação direta entre o modo como pensamos e a sociedade que formamos.

Na verdade, a única coisa gerada pelo crescente desejo pelo caminho mais fácil e livre de raciocínio é uma massa crítica de resultados nefastos:

- Erros de planejamento e de alerta emergencial que levaram à catástrofe em Nova Orleans, após o furacão Katrina.
- Empresas americanas, de grande e pequeno porte, que parecem ter chegado ao topo com previsões de queda do crescimento dinâmico numa economia mundial em transformação.
- Piora nas habilidades em ciências, matemática, leitura e resolução de problemas em todos os níveis do ensino norte-americano.
- Crescente número de professores que sequer é capaz de explicar, claramente, uma tarefa, e menos ainda ensinar de forma eficiente disciplinas difíceis como matemática e inglês.
- A gritante alienação automática dos norte-americanos de acordo com certa linha ideológica, qualquer que seja o assunto ou o problema.
- O declínio alarmante da saúde de milhões de norte-americanos, cujo corpo não faz mais do que seguir o declínio da capacidade crítica da mente.

Não há dúvida de que essas são situações complexas, mas, quando comparamos os fatos, a causa principal para cada um desses problemas pode ser encontrada, em última análise, no raciocínio turvo, inexato, institucionalizado e equivocado: raciocínio equivocado tanto no planejamento quanto na execução por parte do governo; estratégia corporativa concebida de forma errada; e atitude indiferente diante dos valores do conhecimento e de sua capacidade de satisfazer nossa existência diária.

É NATURAL QUE ESSA deterioração contínua da capacidade cognitiva de alunos que emergem do sistema educacional do país também gere questionamentos sobre suas causas. Muitos estudos já comprovaram que grande parte da capacidade cognitiva de uma pessoa é desenvolvida por meio da educação dada pelos pais e dos valores por eles infundidos, que encorajam o desejo de ter uma boa capacidade de raciocínio e induzem hábitos que a promovam. Se a maioria da chamada geração Y, ou geração do milênio, tem um interesse exclusivamente utilitário (ou falta de interesse) em atividades intelectuais e uma postura impaciente, e até mesmo hostil, diante do trabalho formal necessário para dominar as metodologias cognitivas – lógica, pesquisa, análise, raciocínio dedutivo –, parece razoável pressupor que a psicologia por trás desses hábitos foi adquirida no entorno de cada um. Esses entornos podem ser considerados como o ambiente dos valores morais, éticos e práticos encontrados na sociedade contemporânea. Os jovens conhecem e absorvem esses valores principalmente pela interação social com a família, amigos e mentores.

Os capítulos a seguir identificarão e registrarão os efeitos cada vez mais debilitantes da marginalização do pensamento e do intelecto em nossa sociedade. Essa busca será realizada lançando um olhar sem censura sobre algumas das tendências históricas e culturais que contribuíram para essa indisposição mental. É possível que a avaliação possa parecer rigorosa, implacável e injusta tanto no que se refere ao conteú-

THINK!

do quanto, por vezes, até mesmo à forma. Que seja! A perseverança é uma característica do povo norte-americano, talvez oriunda do estilo singular de democracia do país, que permite que ele apreenda, digira e explore a mais mordaz das críticas – crítica que desmoralizaria e ofenderia outras sociedades, muitas das quais apresentam problemas bem mais graves e insolúveis que os Estados Unidos. A história de nosso teatro, cinema e literatura testemunha uma análise e crítica contínua e autodilacerante. Desde *An American Tragedy*, de Theodore Dreiser, até *A cultura inculta*, de Allan Bloom, os Estados Unidos, seus escritores e artistas sempre se sentiram impelidos a olhar no âmago da alma e contar-nos que não gostam do que vêem. A descrição é pungente, mas, de certa forma, também estimulante e regeneradora. Neste país, a verdade cruel, depois de revolvida e examinada, torna-se sempre ar fresco que permite que nos perdoemos e continuemos com mais afinco.

Tendo mencionado Bloom, devo reconhecer a importância que algumas de suas idéias tiveram, a ponto de inspirar e contextualizar os argumentos contidos neste livro. Quando a crítica contundente de Bloom ao ensino superior americano, *A cultura inculta*, foi publicada em 1987, atingiu um ponto-chave, pois liberou a pressão reprimida causada por anos de desempenho estudantil cada vez mais medíocre e pela institucionalização do politicamente correto. Algumas das propostas do autor permanecem fundamentais para o argumento central aqui apresentado. Bloom, professor de filosofia política, sentia-se irritado com o relativismo moral dos alunos daquela época e com a indiferença gritante que nutriam pelos elementos heróicos da vida. É óbvia a relevância da crítica do filósofo para este livro. Se o bem e o mal não existem, então não há sentido em alcançar algo nem desejo em fazê-lo, não há necessidade de conhecimento nem de pensamento inspirador. Esse tema voltará a ser discutido mais detalhadamente em vários capítulos e, em especial, no Capítulo 11, "Escutar a harmonia

NÃO DECIDA NUM PISCAR DE OLHOS! PENSE!

da razão: aceitar a objetividade, pensar criticamente" (p. 281). Enquanto Bloom credita, principalmente, à introdução de idéias estrangeiras na sociedade americana a culpa pela perversão de valores morais existentes, que gera a apatia diante de atividades mais honrosas, do conhecimento e de uma mente viva, eu culpo inúmeras tendências sociais, culturais e históricas. Elas se manifestam mais claramente na cultura *trash*, no marketing, na dependência de terapias, na aversão ao risco, na indústria da auto-estima, no baixo nível de exigência no local de trabalho e na sala de aula, na criação indulgente e negligente dos pais. Juntando tudo, esses hábitos e modismos vêm institucionalizando a mediocridade e enaltecendo a indolência mental, levando ao já registrado declínio da capacidade de raciocínio crítico.

Talvez a maior diferença entre minha análise e a de Bloom seja a forma como identificamos as causas primárias e secundárias. Devo dizer que, embora a interpretação filosófica de Bloom do declínio do modo de pensar americano seja de um lirismo prodigioso e induza à reflexão, ela se encontra afastada demais das experiências diárias para ser acessível à maioria da população. Certamente, essa foi uma escolha do autor, uma vez que ele não conseguiu se identificar com o pensamento corrente da classe média norte-americana. Por outro lado, discordo de sua visão pessimista sobre as camadas profissionais e trabalhadoras do país. Já me deparei com engenheiros que estudavam francês à noite com as esposas, e com supervisores de loja, motoristas de táxi e seguranças com pendor intelectual. Minha opinião sobre os Estados Unidos e seu povo está mais em consonância com Emerson, Whitman e Ginsberg – um país com um desejo infinito, apesar de por vezes imperfeito, impaciente e confuso, de viver experiências e adquirir conhecimento. Parece óbvio, portanto, se quisermos remover os obstáculos que impedem os norte-americanos (e os povos em geral) de conseguirem o que almejam da vida, que deve-

Think!

mos começar identificando as causas imediatas e tentando mitigar seus efeitos diretos.

Não concordo com a afirmação de que o declínio das habilidades para pensar criticamente e o empobrecimento da vida intelectual da sociedade americana sejam o resultado de livre-arbítrio e, portanto, historicamente inevitáveis. Prefiro acreditar que sejam o resultado de uma forma passiva e confusa de perceber o mundo, reforçada pelo consenso de forças sociais poderosas e onipresentes. Além disso, com o envelhecimento da geração dos *baby boomers**, acredito que estejamos testemunhando evidências, pela primeira vez na história e em nível nacional, de uma maneira de pensar nova, mais voltada para a reflexão e idéias. Essa nova atitude, em parte oriunda da aversão ao marketing em massa e à cultura *trash*, pode gerar uma nova forma de expressão, na qual livros, ciência e artes ocupem igual espaço que sexo, piadas pesadas e fanfarrice em conversações diárias.

Mas por que as habilidades para pensar criticamente ainda são importantes na era do computador, internet, televisão e DVD? Pois, neste livro, a mais básica das premissas é que o pensamento racional e seu alimento fundamental, o conhecimento, seja ele geral ou especializado, têm importância crucial. Raciocinar é fundamental não só para os nossos empregos, comunidade e interesse nacional, mas também para a nossa identidade como seres humanos, felicidade e satisfação tanto na vida profissional quanto pessoal. Pensar é, literalmente, poder, sensualidade e inspiração.

Isso pode ser ilustrado pelo trabalho de Albert Einstein, considerado por muitos o maior pensador da história. Einstein, que também era um gênio em citações, ponderou uma vez que "o fato mais incom-

---

*Pessoas nascidas logo após a Segunda Guerra Mundial e antes da Guerra do Vietnã, período de alta taxa de natalidade. (*N. da T.*)

preensível sobre o universo é sua compreensibilidade". Nesta nossa era de conflito, vaivém e excesso de informação, a idéia de que o mundo e seus quebra-cabeças sucumbirão ao insight criativo e à luz da razão pode parecer uma perspectiva fantástica, de um otimismo extremado. No entanto, Einstein, que quando jovem não era nenhum gênio em cuidar da aparência, provou que era possível.

Usando nada mais do que um lápis, algumas folhas de papel e o cérebro, Einstein desvendou os mais profundos segredos do universo (veja o Capítulo 8, "Grandes pensadores", p. 193). Hoje em dia, é claro, ele é reconhecido como um dos mais brilhantes e criativos pensadores no campo das ciências. Mas é possível que sua maior façanha tenha sido demonstrar o poder extraordinário do cérebro humano e sua impressionante capacidade cognitiva. As descobertas desse gênio foram tão fundamentais, tão além da percepção das experiências do dia-a-dia e da inteligência mediana, que fazem lembrar a frase de *Hamlet*: "Que obra-prima é o homem! Como é nobre na razão! Como é infinito em faculdades!"

Na escala expressa pela poesia imortal, $E = mc^2$ empalidece se comparado ao poder da mente humana. A fissão do átomo de urânio libera grande quantidade de energia randômica e destrutiva. Mas apenas a mente consegue observar os fatos reais, refletir sobre eles, analisá-los e deduzir verdades sobre a realidade para, posteriormente, transformar as conclusões em empreendimentos úteis (ou até, infelizmente, prejudiciais) por meio das artes e de várias formas de iniciativas comunitárias, privadas e pessoais. Aristóteles, dentre outros filósofos, considerava que a mente é a única coisa que distingue o ser humano dos animais, já que todas as outras partes e funções do corpo são iguais.

Não precisamos pensar com a genialidade de Einstein, mas, para alcançar uma vida útil e satisfatória, para realizar ambições e objetivos

THINK!

pessoais e profissionais, precisamos pensar o melhor possível. Entretanto, apesar da utilidade prática e do aparente potencial ilimitado, esse poder intelectual humano permanece amplamente intocado, negligenciado e até ridicularizado. A rotina do dia-a-dia confirma que a vida da mente não passa bem. Na verdade, ela está doente. Com o surgimento dos *reality shows*, o conteúdo da televisão decaiu para o nível mais baixo em sua história. (Os diálogos e a resolução de conflitos dos seriados, pelo menos, estão enraizados em um tipo de comédia inventado pelos gregos.) Por que problemas insignificantes em empresas e cidades nunca parecem ser resolvidos? Por que a vida de tanta gente parece estar fora de controle, sufocada por atribulações envolvendo dinheiro, relacionamentos e drogas? Quando foi a última vez que alguém mencionou um livro que estava lendo? Na cidade onde meus pais moram, o jornal local fez, durante uma recente onda de frio, uma pesquisa baseada na pergunta: "Como você combate a irritabilidade gerada pelo confinamento invernal?" Três pessoas responderam que iam ao shopping; uma disse que passeava de *snowmobile*; outra, que ia caçar coelhos; e ainda outra, que passava os dias bebendo e assistindo ao canal de esportes na televisão.

Não há dúvida de que exista uma nuança mental envolvida em cada uma dessas atividades. No entanto, para mim, fã fanático de futebol, essas respostas merecem comentários que se alinham a "dá uma dura nele" ou "que diabo de jogada foi essa?".

Reconheço: não é sempre que penso de forma satisfatória e, às vezes, nem penso. Como muitos outros, imagino, às vezes sou levado a um estado reconfortante e agradavelmente irrefletido de devaneio, sem qualquer filtro. Um estado que chamo de "simplesmente existir". Em sua forma mais refinada, "simplesmente existir" é uma descrição mental muito básica de nossas percepções sensoriais (o ar está fresco, as estrelas brilham), embora esse registro geralmente venha revestido

30

Não decida num piscar de olhos! Pense!

de uma série de comentários pessoais (tenho de ligar para o Dave, consertar a torneira, ou – esse é meu favorito – ganhar mais dinheiro). Tais reflexões, embora úteis ou divertidas, se passam da conta, acabam funcionando como um bloqueio para uma melhor compreensão e maior valorização da vida. Como observou o filósofo George Santayana, a essência da experiência encontra-se na imaginação, não na percepção. "Simplesmente existir" é a percepção pura, sem informações da memória, do conhecimento ou da avaliação crítica. É a velha sabedoria popular que responde à pergunta: "O que é?" A resposta correta parece ser que "existir" não *é* nada de especial, não passa de uma espécie de condição universal de ser.

O que me leva a uma questão importante: o retrocesso das habilidades para pensar criticamente e do interesse pelo conhecimento e pela capacidade do intelecto em geral não é um fenômeno estritamente norte-americano. Lamento o seguinte comentário aviltante e insensato de Michael Moore: "Os americanos devem ser o povo mais ignorante do planeta." Ficar zangado quando alguém o chama de estúpido é uma reação natural e saudável. No entanto, uma reação mais apropriada para a opinião expressa por Moore não é nem raiva nem desprezo, e sim, pena. Isso porque, ao fazer tal comentário diante de um público de franceses bajuladores, ele não fez mais do que admitir sua própria baixa auto-estima e falta de conhecimento de história.

Os norte-americanos não são ignorantes. Nenhuma superpotência econômica, cultural, política e militar, seja ela a Grécia, Roma ou Grã-Bretanha Vitoriana, jamais foi construída por uma população de imbecis e debilóides. A população do Império Britânico ou, digamos, da Espanha sob o reinado de Fernando de Aragão e Isabel de Castela de certa forma tem mais em comum com os Estados Unidos do século XXI do que a população atual da Grã-Bretanha e da Espanha. Superpotências são culturas arrogantes, impositivas, vigorosas e materialis-

THINK!

tas, preocupadas com o comércio, negócios e a defesa do seu império contra exércitos invasores (ou, no mundo atual, de terroristas). Elas sempre se sentiram fascinadas consigo mesmas. Os antigos romanos parecem ter inventado a cultura de celebridades fazendo com que ela fosse assimilada com sucesso e autoridade. Esse axioma básico assevera que a influência cultural e política de um poderio imperial sobre outras nações sempre excede a influência dessas outras nações sobre ele. E é o poder que está, em grande medida, na origem da conseqüente presunçosa estreiteza mental, e não a ignorância. Limitados por oceanos a leste e oeste, os Estados Unidos também estão isolados, em grande parte de sua extensão geográfica, de influências de culturas, idiomas e sociedades estrangeiras.

Moore cai na tentação, bastante comum no decorrer da história, de admitir a superioridade de culturas ou grandes civilizações que antecederam as atuais. A Europa, com seus museus e teatros líricos magníficos, suas gerações de escritores, artistas e compositores famosos, é a guardiã daquilo que muitos estudiosos consideram ser o apogeu da razão e inteligência humana – a ordem clássica. Esta ordem clássica, com ênfase em questões humanísticas e raciocínio especulativo, originou-se na Grécia e foi restaurada na Itália dos séculos XIV e XV por escritores e filósofos como Petrarca, Boccaccio e Pico della Mirandola. Com os gregos como guia e inspiração, os italianos e, posteriormente, outros europeus, produziram um dos períodos mais prolíficos de virtuosismo em criatividade artística e investigação científica – o Renascimento.

Pode-se concluir que o indivíduo europeu moderno pensa melhor do que o norte-americano? Alunos europeus têm médias mais altas em matemática, ciências e resolução de problemas do que os norte-americanos, mas muitos professores argumentam que os resultados são distorcidos em virtude da maior diversidade étnica, social e econômica nos Estados Unidos. Portanto, trata-se mais de uma pergunta retórica. Mas, tendo em vista as recentes divergências políticas que enfatizam as diferenças entre a Europa e os Estados Unidos, não deixa de ser uma pergunta fascinante. A minha resposta? *Non, mes amis.* Com a exceção da habilidade de aprender idiomas, que é mais uma conseqüência das condições geográficas e históricas, não creio que os europeus, em média, sejam mais inteligentes ou pensem melhor criticamente do que os norte-americanos. É possível que os europeus tenham, em média, um conhecimento mais abstrato, erudito, enquanto os americanos sejam melhores na prática e no dia-a-dia. Pelo que pude observar durante freqüentes visitas à Europa, seus habitantes são tão fascinados por fofocas e escândalos envolvendo celebridades quanto os americanos, senão mais. Na Europa, apesar da abundância cultural, existe a mesma atração por uma vida fácil de indolência, jogos de futebol e incontáveis horas perdidas bebendo e sonhando em cafés, como a versão local do futebol americano e do shopping. Apesar de o europeu ser mais cônscio da nossa presença do que a maioria dos americanos da dele, essa consciência geralmente se baseia em noções estereotipadas sobre a cultura e a sociedade norte-americanas, recebidas por meio da mídia e dos filmes. (O diretor e escritor dinamarquês Lars von Trier, ao fazer o filme *Dogville* – um retrato dos Estados Unidos em estilo neandertal – aparentemente inspirou-se em sua própria visão mítica, desprovida de qualquer tipo de pesquisa, já que ele admitiu, durante uma entrevista, que jamais havia posto os pés neste país.) Além disso, o pensamento crítico europeu costuma ser corroído pelos mesmos hiatos no conhecimento, pelo preconceito e por uma lógica capenga que freqüentemente afligem o pensamento crítico norte-americano. (Uma vez, dentro de um ônibus, uma conhecida britânica me passou um sermão de 45 minutos sobre os pecados ambientais cometidos pelos Estados Unidos.

THINK!

Estava claro que ela ignorava que a nossa regulamentação ambiental, contida nas leis Clean Air Act* e Clean Water Act**, entre inúmeros outros atos regulatórios, é a mais rigorosa entre as nações industrializadas.) Há, também, um aspecto político desfavorável na natureza do pensamento crítico europeu. Na verdade, parece que o raciocínio e a análise crítica do velho continente estagnaram, cerceados por alguns sacrossantos princípios pós-modernos e de esquerda, que parecem ditar todas as variações da lógica e possíveis resultados. Em busca de soluções para problemas que vieram à tona, como o crescente desemprego e formas de cobrir os enormes custos do bem-estar social com uma população decrescente, os interesses políticos singulares e bem arraigados das sociedades européias impedem que os europeus façam um questionamento verdadeiramente racional e isento.

Os Estados Unidos, por outro lado, estão se tornando cada vez mais dependentes de uma classe de pensadores de elite, produzidos nas universidades de maior prestígio do país. Muitos dos lá diplomados acabam em profissões muito bem remuneradas na área de direito, medicina e investimento. Numa economia globalizada, fundamentada mais no conhecimento do que no muque e know-how prático, os Estados Unidos precisam de toda a ajuda de que possam lançar mão. Precisamos de professores inteligentes, enfermeiros inteligentes, representantes de vendas inteligentes.

Se posso fazer uma generalização muito ampla, o declínio do raciocínio crítico na Europa parece ser, principalmente, produto de forças políticas, enquanto a qualidade do debate intelectual e da análise crítica nos Estados Unidos definhou sob o ataque de uma série de tendências sociais, históricas e culturais. A difusão dessas tendên-

---

*Lei do Ar Puro. (*N. da T.*)
**Lei da Água Limpa. (*N. da T.*)

NÃO DECIDA NUM PISCAR DE OLHOS! PENSE!

cias e a aparente inevitabilidade da falência das habilidades de argumentação e raciocínio abriram espaço para uma larga indústria de serviços, cujo objetivo é não só dar conforto às massas de ignorantes, mas também se aproveitar delas. Pais costumam concordar com uma intervenção psicológica ou farmacêutica ao menor sinal de dificuldades na sala de aula. Não importa se você é produtor de TV, profissional de marketing ou desenhista industrial, o objetivo é não fazer pensar, algo tão óbvio que o significado atinja o destinatário antes mesmo de a mensagem ter tempo de ser absorvida pela tão perigosamente imprevisível unidade de processamento mental. Marqueteiros convidam-nos a exaltar a nossa inépcia. "Life is Random" é o slogan usado pela Apple para promover o iPod Shuffle*. Um comercial repetidamente veiculado na televisão baseia-se não só no fato de termos menos tempo hoje em dia, mas também na nossa aversão a detalhes complicados. Nele, várias pessoas em um escritório conseguem se livrar de situações difíceis ao simples toque do botão "easy" do iPod. Como se a vida fosse fácil!

Pensar errado é o resultado de dois fatores distintos, embora interligados: a inabilidade de pensar criticamente e a falta de vontade de pensar claramente. Às vezes, a habilidade está presente, mas a vontade ou capacidade de fazer uso dela pode não estar ou ser formalmente restrita. Por exemplo, o pensamento crítico e criativo em uma grande organização – seja numa empresa, universidade ou ministério – costuma ser o resultado de um desejo coletivo ou consenso. A organização pode ter bons pensadores analíticos e críticos, mas existe a possibilidade de suas opiniões serem reprimidas. Portanto, também devemos estar cônscios de que o papel da censura institucionalizada

---

*O slogan "Life is Random" ou "A vida é aleatória" não foi utilizado pela Apple no Brasil. (*N. da T.*)

THINK!

contra verdades, idéias e criatividade em nossos padrões sociais é uma evidência patente do declínio da capacidade de raciocínio.

Este tema será aprofundado no decorrer do livro. Mesmo assim, ainda neste contexto, gostaria de declarar que os Estados Unidos acabaram se tornando uma burocracia complexa e mais preocupada em controlar as regras e evitar problemas do que em estar comprometida com o conhecimento, o progresso, a busca da verdade, e o raciocínio claro, inovador e analítico. Esta sociedade teme o discernimento e é conduzida por um tipo de interação neurótica entre ideologias antagônicas, políticas tendenciosas, interesses mercadológicos e comerciais, e questões litigiosas.

Parece que foi um tipo de neurose ou talvez, dito de forma mais pertinente, uma paralisia envolvendo interesses governamentais, legais e burocráticos conflitantes, que provocou o colapso durante o processo decisório antes, durante e depois de o furacão Katrina haver assolado Nova Orleans. Começou quando deixaram de executar melhorias no sistema de barragens, apesar de uma pesquisa realizada pela Lousiana State University, anos antes, ter deixado claro que os diques cederiam diante de um maremoto provocado por uma tempestade com a intensidade do Katrina. Além disso, o Katrina não foi nenhuma surpresa. Tanto as autoridades quanto os peritos já haviam admitido que não se tratava de "caso" uma tempestade dessas se formasse, e sim de "quando" isso aconteceria. Depois, quando a água realmente rompeu os diques e inundou a cidade, ela causou a interrupção na comunicação entre as autoridades municipais e as equipes de emergência. Sete milhões de dólares destinados à melhoria do sistema de comunicação emergencial aparentemente desapareceram, conforme artigo da revista *Time*. "Não esperávamos a água", teria dito a governadora da Louisiana, Kathleen Blanco, no mesmo artigo. Os planos de evacuação também sofreram hiatos semelhantes na falta de antecipação e de pre-

Não decida num piscar de olhos! Pense!

paração para o pior. O mais surpreendente é que uma das principais causas para a catástrofe parece ter sido a covardia das autoridades em assumir riscos legais ou pisar em calos políticos alheios. No final do artigo, a revista conclui que "em todos os níveis governamentais, havia dúvidas sobre quem estava no comando durante os momentos cruciais. Os líderes tinham medo de, simplesmente, liderar; relutantes em cobrar de empresas, transgredir leis locais ou provocar uma série de ações judiciais". A única reação cabível é aquela palavra usada como eufemismo universal para a indignação – "inacreditável".

Nós nos tornamos uma sociedade na qual o primeiro instinto não é pensar claramente, e sim proteger a retaguarda.

Hoje em dia, visto o nosso raciocínio crítico ter sido paralisado por uma série de tendências culturais, políticas e sociais, costumamos optar por uma "análise" emotiva de qualquer situação ou questão. Esta se tornou, de fato, a Era da Emoção. Ela é caracterizada por "debates" estridentes, inúteis e bombásticos veiculados no jornalismo televisivo e em programas de entrevistas, além de tornar-se prática recorrente entre políticos, parentes, amigos e vizinhos. Por outro lado, também é uma era de rancor em ebulição e controle rígido, de retração e reiteração da versão oficial. Obviamente, essas farpas e agressões inarticuladas, de pendor político, têm mais a ver com as glândulas do que com o cérebro. Elas são a antítese da investigação científica, excluída pelas regras do jogo por ser capaz de levar a reconsiderações, concessões, admissão de erros e desagradáveis nuanças de compromisso ou, no pior dos casos, até a uma censura perversa. A idéia e estratégia por trás da Era da Emoção é assumir uma posição, convencer-se de algo – nem que esse algo seja tirado do nada – e acabar filtrando apenas o tipo de informação que leve a confirmar a posição escolhida.

A emoção e a subjetividade – e não o pensamento crítico – tornaram-se o método popular por excelência de avaliar o mundo e tomar

37

THINK!

decisões. É bastante provável que livros como *Inteligência emocional: A teoria revolucionária que redefine o que é ser inteligente*, de Daniel Goleman, possam ter tido certa influência na percepção errônea de que a emoção assemelha-se à inteligência. A culpa não é, necessariamente, de Goleman, já que muitas questões por ele levantadas são válidas, uma vez que a emoção não deixa de ser uma "parte" essencial da inteligência. Pesquisadores no campo da inteligência artificial, por exemplo, descobriram que emoções – especificamente, aquelas relacionadas com lembranças – desempenham um papel importante na inteligência. É justamente esse componente que cientistas de IA têm dificuldade de recriar, no afã de construir máquinas com inteligência comparável ao cérebro humano.

A supremacia da emoção sobre o pensamento crítico e raciocínio pode ser, em parte, ou o resultado ou a causa da crescente polarização política da nação. Opiniões e posições arraigadas são muito exigentes do ponto de vista emocional. É possível que a música, especialmente o rock and roll, tenha tido grande influência na crescente percepção de que a emoção e a paixão artística e pura são superiores ao raciocínio e à educação formal. Três gerações americanas do pós-guerra cresceram fascinadas por essa emoção (poesia, nos dias de hoje) e por artistas e músicos que parecem apreender a essência tanto de seus sonhos quanto decepções. A emoção está relacionada à boemia e à criatividade. Essa visão, no entanto, é algo como um mito criado. Poucos fãs esperariam que Mick Jagger, Bono ou Bruce Springsteen fossem cultos e reflexivos; mas é exatamente isso que eles são. Alto nível de inteligência e pensamento crítico não são incompatíveis com criatividade. Eles são, isso sim, sua essência.

A cultura do rock and roll ajudou a exaltar certos mitos monossilábicos e machistas sobre o ensino e a inteligência em geral. Como canta Pink Floyd:

NÃO DECIDA NUM PISCAR DE OLHOS! PENSE!

We don't need no education
*We don't need no thought control**
(*Another Brick in the Wall*, 1979)

É só multiplicar o hino acima por mil variações para se ter uma idéia. Pensar e aprender 'é coisa de conformista puxa-saco', destinado a uma vida de rato de laboratório.

Ou outra versão do tema, cortesia fornecida por um ator de cinema famoso:

*No one I know reads books***

E agora, quem é o conformista?

Ou uma cena mais corriqueira, encontrada naquele mundo valentão dos adolescentes, inclusive dos eternos adolescentes: ler, refletir e pensar é coisa de intelectual e gênio. Também aqui, detectamos uma alusão à exclusão social que aguarda o intelectual inocente, assim verbalizada: "Você é inteligente. Que coisa mais arrogante e pretensiosa, cara!"

Mas o gênio por excelência, Albert Einstein, não era pretensioso nem obediente, nem excepcionalmente inteligente quando jovem. Em seu livro de memórias, a irmã de Einstein, Maja, escreve que ele "havia desenvolvido uma suspeita contra qualquer tipo de autoridade", antes mesmo de chegar ao ensino médio.

Em última análise, no entanto, temos de pensar criticamente e buscar o conhecimento, independentemente se é considerado ou não bacana, pois satisfaz uma profunda necessidade humana prática e até espiritual. Se avaliamos o mundo apenas através da lente das emoções

---

*Não precisamos de ensino. Não precisamos que manipulem nosso pensamento. (*N. da T.*)
**Ninguém que conheço lê livros. (*N. da T.*)

Think!

voláteis; se tateamos o caminho durante o dia, fazendo uso de julgamentos instantâneos com os instintos como guia; se nos deixamos levar ao "simplesmente existir" e nos acomodamos, então estamos bem piores do que os animais – ignorantes e conscientes disso. Bertrand Russell escreveu, num ensaio sobre a matemática, que é apenas pelo conhecimento e pelo raciocínio crítico que somos capazes de vivenciar "o verdadeiro espírito de encantamento, exaltação, a sensação de ser mais do que um ser humano". Acredito que Bruce Springsteen concordaria com ele.

Capítulo 2

Analisar o quê?

No caso de você morrer afogado ou enforcado, não deixe de anotar tudo que sente

– Edgar Allan Poe

Você não precisa ser um Einstein ou administrar uma empresa para compreender a importância do pensamento crítico. Quando problemas surgem no dia-a-dia, as pessoas não começam a procurar nas Páginas Amarelas o telefone de alguém que lhes dê uma opinião instantânea ou simplesmente adivinhe a solução. O que elas querem é o melhor raciocínio crítico pelo seu dinheiro.

O cano que não queria funcionar

A experiência pessoal de um amigo comprovou o valor de uma abordagem crítica mais demorada para a resolução de um problema. Ele é do tipo que não gosta de ter trabalho com a manutenção da casa, por isso, quando se mudou para a residência atual, ficou surpreso ao perceber quanta tecnologia estava envolvida no funcionamento da piscina que tem no

THINK!

quintal. É um modelo bem "antiquado", uma piscina revestida de um tipo de concreto e cavada bem fundo no solo. A tubulação sob a borda segue até a casa, para um quartinho no porão, onde uma bomba mantém a água circulando e fresca. Um cano traz a água, passando-a por um filtro, enquanto outro cano a leva de volta para a piscina.

Quando meu amigo começou a usá-la, no fim da primavera deste ano, ele percebeu – bem como todos na casa – que havia algo errado. Um sonoro e repetido estampido vinha do porão, que parava assim que ele desligava a bomba. Aquele barulho, portanto, tinha algo a ver com a água da piscina que circulava na tubulação e era maior na despensa do porão, onde os canos estavam a descoberto antes de seguirem pelo túnel subterrâneo até a piscina. Quando ele foi ao quartinho e ficou escutando, conseguiu distinguir o que parecia ser um som metálico e o triturar de pequenas partículas no cano. Palpite número um: quando ele mandara consertar a borda da piscina no início do ano, areia e cascalho acabaram entrando na tubulação.

O rapaz da empresa de manutenção foi chamado e percebeu que a bomba estava trabalhando com apenas 75 por cento da capacidade, e concluiu que um pouco de areia e cascalho não poderia provocar tamanha redução. Ele achava que o problema era ou o palpite número dois, um cano entupido, como o ralo tampado de uma pia; ou número três, um cano danificado, provavelmente durante a reconstrução da borda.

Meu amigo sentiu o corpo fraquejar. Um cano danificado parecia, intuitivamente, correto. Quando os canos foram colocados alguns meses antes, havia equipamento pesado para cavar no quintal. Ele estava diante da perspectiva de gastar uma fortuna para cavar o quintal atrás da causa do dano. Antes de continuar, no entanto, ele chamou um bombeiro para ouvir mais uma opinião. O encanador começou a acompanhar o curso do cano desde onde se encontrava a bomba, pelo banheiro no subsolo, quando percebeu uma mancha de mofo no canto

42

ANALISAR O QUÊ?

do teto. "Parece haver umidade aqui", disse e apertou a chave de fenda contra a parede de gesso, que parecia manteiga ao ceder à pressão, liberando uma pequena torrente de água.

Três opiniões instantâneas, todas aparentemente plausíveis, todas erradas. Uma pequena rachadura no cano de entrada fazia com que a bomba sugasse ar, formando bolhas que, por sua vez, provocavam o som metálico da turbulência da água chocando-se contra as paredes do cano. O conserto do vazamento custou-lhe algumas centenas de dólares (o seguro cobriu o estrago decorrente do vazamento), mas, se ele tivesse seguido cegamente um dos palpites, o custo teria sido muito maior.

O pensamento é crítico porque impede que se tirem conclusões rápidas. A avaliação fica em suspenso até todas as evidências terem sido analisadas. Na verdade, um dos objetivos do raciocínio é obter as evidências necessárias para aceitar ou descartar um palpite. Mas o que faz com que o pensamento crítico seja mais importante ou especial do que qualquer outro tipo de pensamento? Ou seja, o que quero dizer com o imperioso imperativo "Pense!"? Seja ele especialista em informática, funcionário público, assistente executivo, corretor de valores, contador, encanador, supervisor ou vendedor de loja, enfermeiro, engenheiro ou corretor de seguro, cada leitor em potencial deste livro passa grande parte do dia ocupado, concentrando-se em algum tipo de pensamento. Quem sou eu para sair apregoando, de fato, que as pessoas deveriam voltar à escola? O que me leva a implorar que os Estados Unidos (e o mundo todo) pensem mais e melhor, pondo em prática as habilidades que fazem o intelecto respirar e crescer? Sobre o quê, exatamente, peço que se pense mais e de que forma sugiro que isso vá nos ajudar?

Todo ser humano pensa. É da natureza de nosso cérebro produzir pensamentos. Por vezes, estes pensamentos ocorrem aleatoriamente, sem relação aparente com o momento em que vivemos. Em outras, eles surgem espontaneamente, em resposta aos estímulos gerados pelo

Think!

entorno imediato. Ainda outras, eles tomam a forma de um "diálogo" interno, objetivo, reflexivo, gradual, registrado em nossa língua materna. O desafio que enfrentamos não é produzir pensamentos, e sim produzir pensamentos *úteis*, capazes de analisar a espantosa e não menos fascinante complexidade do mundo, de forma a guiar nossas ações para conseguirmos os melhores resultados ou os mais apropriados. Chamo isso de pensamento crítico e criativo (C&C). Crítico, porque requer coletar, processar e avaliar a informação. Criativo, porque, no final das contas, essa informação será usada para produzir um resultado que seria impossível sem o nosso esforço. Daqui em diante, vou me referir tão somente ao pensamento crítico, deixando o elemento criativo implícito, sem mencioná-lo.

A palavra "crítico" pode ter uma conotação negativa e censuradora para certas pessoas, como em "estamos passando por uma fase crítica". Mas essa é uma impressão incorreta. O pensamento crítico, quando utilizado para avaliar o desempenho profissional de alguém, por exemplo, pode chegar a um resultado negativo, bem como pode encontrar muitos motivos de elogio. No sentido mais amplo, trata-se, simplesmente, de um método de investigação para chegar à essência de algo e à sua compreensão. Freqüentemente, chegamos a uma nova compreensão, o que torna o pensamento crítico altamente motivador – é uma busca. O historiador Bert James Loewenberg disse, uma vez, que "a crítica é o fermento do pensamento criativo".

"Saltos" intuitivos e criativos que contornam o raciocínio consciente, como a descoberta da estrutura hexagonal da substância benzeno, durante uma soneca do químico August Kekule, são muito bem documentados. Geralmente, como comprovam os estudos, anos de pesquisa e de pensamento crítico sobre determinado tópico construíram o arcabouço mental que propiciou tais saltos. Visto que o criativo geralmente deriva do crítico, é justamente essa metade primária do pensamento crítico que constitui a chave para a liberação das capacidades cognitivas superiores da mente. O sociólogo e economista político William Graham Summer definiu o pensamento crítico como "a averiguação e verificação de proposições de toda sorte, apresentadas para comprovar se correspondem ou não à realidade [...] É a nossa única garantia contra a decepção, fraude, superstição e interpretação equivocada sobre nós mesmos e nossa existência na terra".

Todos nós nascemos com a capacidade de pensar criticamente, mas, como qualquer outra habilidade, ela deve ser estimulada e aperfeiçoada com a prática. O pensamento crítico exige uma infra-estrutura intelectual que, à semelhança da estrutura de aço de uma construção, deve ser montada aos poucos, para dar-lhe formato e sustentabilidade definitivos. Vincent Ryan Ruggiero, autor do livro *Beyond Feelings: A Guide to Critical Thinking*, revela que as três atividades básicas envolvidas no pensamento crítico são encontrar uma evidência, descobrir seu significado e chegar a uma conclusão a respeito. Assim, observação aguçada, conhecimento tanto geral quanto especializado, boa memória, informações corretas e ferramentas analíticas são importantes para impulsionar o pensamento crítico. No problema da tubulação da piscina, a informação primordial foi a descoberta de que a bomba estava trabalhando com apenas 75 por cento da capacidade, eliminando, assim, um dos palpites.

Admito! Estou aqui para exaltar o pensamento crítico, bem como a vida da mente em geral. Mas não sem certa cautela, pois ele nem sempre é perfeito. Ele erra, como nós erramos, pelo simples fato de ser produto de seres humanos imperfeitos. O mundo é complexo e é avaro com seus segredos. A percepção pode falhar, e assim, também, a memória. Freqüentemente, durante eventos esportivos, a repetição imediata de imagens expõe falhas na percepção de árbitros. Ou é possível que nos falte uma informação essencial. Da mesma forma, até o mais

Think!

esforçado, original e virtuoso de todos os pensadores, Sir Isaac, nem sempre pensou criticamente. (Newton, na verdade, tinha uma queda pela alquimia, a mais desacreditada das feitiçarias, que tentava transformar o chumbo e outros metais em ouro.) Por sermos seres humanos, emoções, superstições e preconceitos conseguem, por vezes, penetrar até mesmo na mente mais bem treinada. E, finalmente, não existe um único molde para o pensamento crítico, existem vários. Por exemplo: há o pensamento crítico aplicado à avaliação de situações e problemas (energia e matéria são equivalentes?), à argumentação (deveríamos cortar custos, e não aumentar impostos), à persuasão (se desenvolvermos a zona portuária da cidade, criaremos empregos e, em cinco anos, teremos recuperado o que investimos). Apesar disso, até essas variações têm algo em comum.

Também podemos achar que estamos pensando criticamente, quando não estamos. É verdade, todos nós pensamos. Alguns, até mesmo muitos, pensam muito bem, obrigado. No entanto, baseado em evidências, continuo afirmando que a maioria das pessoas não chega nem perto de pensar crítica ou criativamente, de forma consistente e transformadora para sua vida. Pelo contrário, a maioria de nós rendeu-se ao hábito de se limitar a certos modos predefinidos de nosso cérebro atuar. A variação começa, por baixo, no estado sensorial puro do simplesmente existir, até o extremo oposto, na condição de perspicácia aguçada e foco mental no desempenho de certas funções.

O pensamento voltado para a realização de certas atividades não é ineficiente. Na verdade, quando acrescentado da percepção intuitiva, torna-se um dos processos mentais mais valorizados e é desempenhado pela mente humana com uma aparente eficiência monótona. Ainda assim, não passa de uma pálida sombra do pensamento crítico e criativo.

Existe uma diferença substancial entre o pensamento especificamente relacionado a funções como, por exemplo, planejar o orçamento de um departamento, e a habilidade de pensar criticamente e de resolver problemas em geral. O primeiro, geralmente, é aprendido mecanicamente, como dominar os passos de uma receita e não precisar consultá-la mais. Podemos tornar-nos melhores no que fazemos se, por exemplo, combinarmos ou reorganizarmos certos passos para tornar a operação mais eficiente; mas o tipo de pensamento que prevalecerá será ditado pela função a desempenhar. É um método de pensar menos crítico, analítico ou criativo e mais organizacional, predeterminado por rotinas ou realidades pragmáticas. Outro exemplo: para calcular corretamente o orçamento de viagem para o próximo ano, você precisará saber quantas viagens de negócios fará e de que tipo serão. Para planejá-las, provavelmente será necessário projetar iniciativas de marketing, priorizar necessidades de clientes, pesquisar feiras importantes e assim por diante. Esse tipo de pensamento forma quase uma linha reta, ele é praticamente linear.

O pensamento crítico é produto do hardware mais desenvolvido no cérebro humano, o córtex cerebral, a camada mais externa. Essa posição geográfica confere-lhe uma importância biológica e simbólica. Pense no desenvolvimento do cérebro humano, desde as características mais primitivas do sistema nervoso, como o tronco encefálico, certas porções glanduliformes do cérebro e o cerebelo, partes que temos em comum com animais em patamares inferiores da escala evolutiva. Quanto mais observamos a parte superior no próprio cérebro, mais singularmente humano ele se torna. Durante a evolução da espécie, nosso cérebro tornou-se 250 por cento mais pesado que o do nosso parente mais próximo, o chimpanzé, que ainda tem a maior parte da massa cinzenta por baixo do córtex.

O pensamento crítico combina e coordena todos os aspectos cognitivos produzidos por nosso supercomputador biológico: percepção, memória, emoção, intuição, modos de pensar linear e não-linear, bem como

Think!

raciocínio indutivo e dedutivo. Portanto, não é de surpreender que estejamos dispostos a contratar "gurus" e pagar por uma opinião especializada, produzida por tamanha explosão mental e evolucionária.

Em sua melhor forma, tal raciocínio pode avaliar uma miríade de variáveis, como, por exemplo, os fatores que afetam o tempo que sua empresa leva para produzir e despachar um produto, e descobrir um padrão – o estoque está no máximo às quartas-feiras. A partir dessa constatação, conjectura-se sobre a causa, ou projeta-se um modelo do funcionamento de um sistema, ou propõe-se uma melhoria no sistema. Para pensar dessa forma e distinguir padrões, geralmente é necessário usar ferramentas analíticas, como estatísticas ou análises de dados. Nem sempre, mas com bastante freqüência, não conseguimos reconhecer tais padrões de imediato. Por exemplo, ao aplicar um método de análise crítica conhecido como Enterprise Value Stream Mapping (Mapeamento do Fluxo de Valor), um cliente da firma de consultoria Lean Advisors descobriu uma falha operacional grave, que estava atrasando o envio dos produtos e custando à empresa milhares de dólares por semana. O responsável? Nada mais do que um formulário complicado e confuso, que estava gerando papelada desnecessária, confusão e erros.

O pensamento crítico não pode ser associado, diretamente, a modos de pensar revolucionários ou àqueles divulgados em larga escala pela nova era, como sintetizado em *Creative Solution Finding*, escrito por Gerald Nadler e Shozo Hibino. Este livro, que mais se assemelha a uma longa apresentação em PowerPoint, cheia de listas e termos técnicos, reduz a "descoberta de soluções criativas" a um método voltado para o desempenho de funções. Ele também contém dicas, das quais algumas merecem certa reflexão, como, por exemplo, estudar a solução e não o problema. Ainda assim, essa obra – e muitas outras – promete mundos e fundos, como se uma capacidade excepcional de raciocínio e habilidades para resolver problemas pudessem ser

ANALISAR O QUÊ?

aprendidas numa espécie de pacote promocional, um processo ou método à margem de todos os outros aspectos da vida da pessoa. Em lugar algum se menciona a importância de um vasto conhecimento geral, não-técnico; da erudição; do dom de fazer descobertas ao acaso; do pensamento horizontal, não-linear.

Ruggiero lista várias características que definem pensadores críticos e não-críticos. Os críticos admitem aquilo que não sabem, enquanto os não-críticos fazem de conta que sabem muito mais do que realmente sabem. Os críticos encaram problemas e questões controversas como desafios instigantes, enquanto os não-críticos só vêem transtornos e ameaças ao próprio ego. Os críticos justificam suas avaliações a partir de evidências e não de preferências pessoais, enquanto os não-críticos vão atrás da primeira impressão e têm reações irrefletidas.

Manter as reações emotivas e impulsivas sob controle é essencial para pensar bem e com clareza. Conhecimento geral amplo também é importante, pois nos provê de um arcabouço intelectual perspicaz, necessário para podermos avaliar informações novas que recebemos. A informação ou conhecimento adquirido por meio da leitura (ou de conversas, palestras, etc.) nos permite acrescentar mais dados à reflexão, o que promove o pensamento lateral e a habilidade de resolver problemas, mesmo que aquele conhecimento específico não esteja diretamente relacionado ao problema em questão. Stephen Jay Gould*, o falecido paleontólogo de Harvard, recorreu a uma forma criativa de pensamento crítico para chegar a uma interpretação alternativa da visão evolucionista tradicional de adaptabilidade, enquanto examinava os tímpanos sob a cúpula da catedral de São Marco, em Veneza.

---

*Um dos mais lidos escritores de divulgação científica do pós-guerra. Escreveu inúmeros ensaios sobre o evolucionismo, embora não se limitasse à defesa dessa teoria. Chamado de "perfeito cidadão público" por um ex-colega, ele também se interessava por causas gerais da humanidade. (*N. da T.*)

Think!

Gould era fascinado por arquitetura e percebeu que aqueles espaços triangulares – os tímpanos – apareciam, automaticamente, entre as áreas onde os arcos se encontravam, sem aparente planejamento prévio. Fazendo um paralelo, Gould afirmou que era igualmente fútil especular sobre o "objetivo" biológico de cada característica física de dado animal ou planta, como se forças naturais pudessem prever todos os possíveis empregos que certo projeto específico – por exemplo, o cérebro humano – poderia vir a ter milhões de anos mais tarde.

A capacidade de compreender o que está escrito é de grande ajuda no desenvolvimento de habilidades para pensar criticamente. A alfabetização, por sua vez, depende, em grande parte, de uma cultura que valorize a leitura, e da informação e do conhecimento que ela transmite sobre a sociedade, a própria cultura e o mundo. Não é de surpreender, portanto, que haja crescentes evidências de um retrocesso na capacidade de resolver problemas e de raciocinar de forma mais sofisticada, à medida que nos afastamos, inexoravelmente, de uma cultura letrada para uma cultura visual e, cada vez mais, digital. De acordo com estudiosos da University of California, Berkeley, os norte-americanos passam, em média, 170 minutos por dia assistindo à TV e a filmes. Em contrapartida, um norte-americano de 40 anos passa 35 minutos por dia lendo, enquanto um de 30 anos destina ainda menos tempo à leitura, apenas 28 minutos.

A relação entre a televisão e o desempenho escolar, a inteligência e a competência na leitura e na escrita tem sido estudada extensivamente desde a década de 1960. A televisão vem sendo tratada como bicho-papão e bode-expiatório por várias gerações de educadores e pais, que se queixam da influência negativa da "caixa idiota" sobre mentes jovens e impressionáveis. Sua reputação caiu, com razão, para níveis baixíssimos nos últimos anos, a tal ponto que chega a ser um clichê dizer que ela faz mal ao cérebro. Naturalmente, o simples fato de ela ser criticada por pais

ANALISAR O QUÊ?

e autoridades torna-a extremamente atraente para jovens e não tão jovens assim. Recentemente, deparei-me com um garoto que vestia uma camiseta com a imagem de uma televisão e os seguintes dizeres: "O que quer que acabe com os neurônios não pode ser tão ruim assim."

É claro que muito disso é exagero. A televisão pode transmitir informação útil e criteriosa, e até motivar pessoas à ação tomando como modelo as histórias de seus próprios heróis. Na forma de programas educativos, pode chegar a ter um efeito salutar sobre o desenvolvimento da linguagem e de habilidades críticas e criativas. Beber duas taças de vinho por dia pode ser bom para você; entornar duas garrafas, nem tanto. Como tudo na vida, moderação e equilíbrio são palavras-chave.

A sociedade norte-americana, no entanto, tornou-se viciada em televisão, e parte de sua publicidade negativa, seja ela clichê ou não, tem razão de ser. Apesar de pesquisadores haverem encontrado pouca ou nenhuma relação entre o tempo dispensado em frente ao aparelho e o grau de alfabetização, a maioria deles concorda com um "deslocamento", ou seja, quanto mais se assiste à televisão, menos desenvolvidas serão as habilidades ligadas à alfabetização. Por exemplo, um estudo realizado pelo National Opinion Research Center*, entre 1974 e 1990, concluiu que "assistir à televisão é inversamente proporcional ao volume vocabular de uma pessoa" enquanto "ler o jornal é diretamente proporcional".

O depauperamento das habilidades vocabulares e de leitura resultou na gradual simplificação de livros escolares e outros materiais didáticos produzidos no decorrer dos anos, o que, por sua vez, contribuiu para nova redução nas habilidades de leitura. Especialistas em leitura descobriram que a média dos jornais norte-americanos é escrita levando-se em conta o nível de compreensão de um aluno de oitava série – uma estimativa que, a julgar por alguns periódicos metropolitanos

---

*Centro Nacional de Pesquisa de Opinião. (*N. da T.*)

THINK!

que tive a oportunidade de ler, chega a ser alta. Essa tendência também significa que, inevitavelmente, um número crescente de pessoas está perdendo a habilidade de compreender e acompanhar o desenvolvimento de idéias, argumentações e informações técnicas apresentadas por escrito, numa narrativa. Segundo o National Institute for Literacy*, apenas um em 12 alunos brancos, de 17 anos, consegue ler e apreender informações de textos especializados. Essa proporção cai consideravelmente nas comunidades hispânicas e negras.

Nos próximos capítulos, nos aprofundaremos na influência da televisão e do computador sobre as habilidades relacionadas ao pensamento. Mas a pergunta mais premente para algumas pessoas deve ser a seguinte: se idéias, informações, histórias, conhecimento e atividades profissionais vêm sendo comunicados com maior freqüência através de meios visuais e digitais, para que incomodar-nos com a leitura?

Em poucas palavras, porque, mesmo em um mundo cada vez mais visual e digital, a palavra escrita continua sendo a melhor maneira de passar adiante e obter conhecimento detalhado, profundo, básico, tanto técnico quanto social, sobre o mundo. Citando Donald A. Norman, em seu livro *Things That Make Us Smart*:

> *Uma das qualidades da literatura séria é abrir espaço para várias interpretações. A compreensão que o leitor tem das personagens e das questões sociais abordadas pela obra é enriquecida no momento em que ele explora alternativas além das possibilidades sugeridas pelo autor. Isso requer tempo para interromper, refletir e inquirir sobre as questões, e explorá-las. Semelhante atividade torna-se difícil quando assistimos a uma peça de teatro, filme ou programa de televisão.*

---

*Instituto Nacional pela Alfabetização. (*N. da T.*)

ANALISAR O QUÊ?

É também uma questão de bits e bytes, ironicamente, a moeda corrente do computador, que nos leva a tirar de circulação a palavra escrita. Uma das sabedorias convencionais mais tediosas e freqüentemente citadas afirma que uma imagem vale mais que mil palavras. Pode até ser, mas mil palavras ainda são um décimo do conteúdo de um típico artigo de fundo do *New Yorker*, ou um centésimo da informação contida em um romance pequeno. Pense em palavras em termos de pixels ou dots, os grãos de luz e cor que compõem uma imagem. Um artigo de vinte mil dots (documento do word) descrevendo uma cidade terá, sem sombra de dúvida, uma resolução bem melhor e será uma representação mais nítida do que uma foto dela.

Filmes projetam uma quantidade muito maior de informações sobre determinado assunto, por meio de seqüências de centenas de imagens em movimento e diálogos que criam um enredo. Ainda assim, se nos fiássemos apenas em filmes como fonte de conhecimento sobre a vida, a sociedade e a cultura, nosso arcabouço intelectual necessário para o pensamento crítico e criativo se assemelharia a um pedaço de queijo suíço: uma topografia bizarra, carente de continuidade consistente. O filme *Sideways – entre umas e outras*, tão aclamado pela crítica, por exemplo, continha muitas informações sobre a complexidade da produção e da degustação do vinho – tipos de uvas e de vinhedos, paladares, aromas e assim por diante. Ao sair do cinema, no entanto, um assíduo freqüentador como eu, por exemplo, não poderia afirmar que havia ampliado seu conhecimento sobre vinhos muito além daquilo que já sabia antes de assistir ao filme. Para adquirir o nível de especialização do protagonista, eu teria de aprender por mim mesmo, o que envolveria uma combinação de degustação, instrução, estudo e leitura sobre vinhos durante muitos anos.

Um filme é uma progressão de cenas interligadas. Através de flashbacks, cortes, diálogos, narrativas e outras particularidades cine-

Think!

matográficas, podemos abarcar o contexto de certo personagem – digamos, um professor – e alguns aspectos das circunstâncias nas quais se encontra. Quando se abusa dessas digressões, um filme de duas horas perde a naturalidade. A história deve progredir rapidamente, até mesmo instantaneamente, sugerindo a própria vida.

Uma narrativa escrita, por outro lado, é mais fluida. Ela se movimenta facilmente pelo passado, presente e futuro. Ela pode entrar e sair do pensamento das personagens, ser subjetiva ou objetiva, estar na primeira pessoa como personagem principal ou secundário, ou na terceira pessoa com onisciência total ou parcial. Ela pode discorrer sobre nuanças do ambiente, fazer uma digressão pela história, detalhar em filigranas sensações olfativas, táteis e gustativas, ou enredar uma história completamente diferente; e tudo em questão de páginas. É por isso que a maioria das pessoas prefere o livro ao filme. De fato, há um motivo para tantos filmes se basearem em livros, e para idéias e roteiros beberem dessa fonte. A história do cinema baseia-se na tentativa de recriar em filme, de forma seletiva, aquilo que um escritor é capaz de articular, na íntegra, em prosa.

Os filmes imitam o fluxo de consciência que vivenciamos mental e visualmente. Uma narrativa escrita refreia esse fluxo. Os filmes têm a capacidade de nos fazer sentir de determinada forma. Eu me sinto ótimo quando saio do cinema, pois, durante duas horas, passei por uma dúzia de experiências emocionais e continuo ileso. Percebi, pelos conflitos dos personagens, que a vida tem sentido. Os filmes também são uma forma de arte compactada, um tipo de poesia visual. Como a poesia, eles se baseiam mais na arquitetura, no ritmo (no pulsar), na alusão e no simbolismo do que na expressão literal e livre. Aspirando tornar-se poesia encenada cinematograficamente, e trabalhando nesse sentido, os filmes são singularmente expressivos e freqüentemente esclarecedores e interessantes. Apesar disso, pelo fato de precisarem se

ANALISAR O QUÊ?

ater a certas regras, a informação que têm a nos oferecer sobre a sociedade, cultura e vida interior dos seres humanos é, segundo os críticos, cada vez mais limitada.

Hoje em dia, há um consenso de que os filmes estão deixando de ser a encenação da poesia no cinema, graças a diálogos e atuações primorosas, para se assemelharem mais e mais a videogames – seqüências de efeitos especiais gerados digitalmente e criados para homens imaturos de todas as idades. Esse pode ser um dos motivos para a redução de espectadores. De acordo com uma pesquisa de 2004, realizada pela CNN/Gallup/*USA Today*, 48 por cento dos adultos diz freqüentar menos o cinema do que faziam em 2000. A maior sombra projetada sobre a atual produção de filmes é, no entanto, a do dinheiro. Um filme implica um investimento altíssimo e arriscado e é esse aspecto comercial predominante que impõe uma estrutura extremamente artificial aos filmes, embora ela seja universalmente acatada. Se observarmos o aspecto mais inofensivo dessa estrutura, ela limita a história a um elenco de personagens arquetípicos (herói, mentor, sombra, trapaceiro), intrigas de um enredo arquetípico (mocinha encontra rapaz) e finais arquetípicos (felizes). O aspecto mais intelectualmente abominável, por outro lado, é a fórmula baseada em concepções de mundo estereotipadas, com o propósito de alcançar a mais ampla audiência por meio da mensagem mais politicamente palatável e menos ofensiva – mulheres fortes, inteligentes e idealistas; homens ignorantes, choramingas, gananciosos, violentos. Richard Krevolin, um famoso consultor de roteiros de Hollywood, assinou um artigo na revista *Scriptwriting Secrets*, no qual formulou essa regra prática da seguinte forma: "Geralmente, as pessoas não se identificam nem com os ricos, nem com os vilões e tampouco com os ignorantes. Assim, os protagonistas tendem a ser personagens bem-intencionadas, da classe trabalhadora, que procuram melhorar a si mesmos." A insinuação de que os

55

THINK!

ricos (ou bem-sucedidos, ou espertos) são, na verdade, o arquétipo do mesquinho, ganancioso, vilão e ignorante (excluindo-se, naturalmente, a autoridade estabelecida de Hollywood) é mais um elemento na popularização da mitologia antiintelectual que permeia todas as camadas da sociedade americana. É, também, um tema que será retomado e analisado no decorrer deste livro.

Os meios visuais e digitais existem em profusão para estimular a visão e as emoções, mas não os pensamentos. Para eles, há a linguagem, tanto escrita quanto falada. Muitos psicólogos acreditam que a evolução e o progresso da linguagem abriram as portas para o raciocínio e a capacidade cognitiva. A importância da linguagem, da palavra escrita e falada, para a leitura e o pensamento crítico é incontestável. Curtis White, em seu livro *A mente mediana – por que deixamos de pensar por nós mesmos*, diz o seguinte: "Mas sem a autoconsciência que a leitura nos proporciona, não conseguimos pensar nossa cultura, só conseguimos ser pensados por ela. Resumindo, ser capaz de ler é, essencialmente, o que significa ser humano, em vez de ser uma mera função social."

O significado é claro. Nós, norte-americanos, precisamos aumentar o tempo que passamos lendo e melhorar nossa competência de leitura. Acredito que essa advertência seja recebida, em certos meios, da mesma forma como Ebenezer Scrooge* recebeu o aviso de que seria visitado por três espíritos. Acredito que o pressentimento de Scrooge seja oportuno, pois, da mesma forma que o fantasma envolto na manta negra previu, também tenho o palpite de que as conseqüências serão

---

*Ebenezer Scrooge é o personagem principal do romance *Canção de Natal*, de Charles Dickens. Sovina e anti-social, ele é avisado que receberá a visita de três espíritos (Passado, Presente e Futuro), que o levarão para ver sua própria vida através da linha do tempo. Depois disso, ele se arrepende e não consegue pensar em outra coisa senão mudar. (*N. da T.*)

ANALISAR O QUÊ?

terríveis se não mudarmos nosso comportamento e prestarmos mais atenção à nossa vida mental.

Vamos refletir sobre a importância do pensamento crítico e criativo para algo de suma importância: nosso emprego. Talvez houvesse um tempo em que podíamos confiar numa elite para pensar por nós. Tinha-se a certeza de que esse grupo de ricaços arrogantes formado por executivos, pesquisadores, administradores sempre sabia a quantas andava a economia e o mercado. Eles pareciam infalíveis em adivinhar o que queríamos, tomar as decisões certas e, justamente quando o mercado parecia estar em baixa, produzir algo do nada: bambolês, malhas colantes, carros maiores, mais rápidos e mais "descolados", pequenas churrasqueiras a gás, scanners para código de barras, aparelhos de som para a elite, medicamentos e drogas mais eficazes, computadores individuais, walkmans, palmtops. Pesquisadores inventaram e refinaram, executivos investiram, e administradores supervisionaram e produziram. Os produtos e os processos mudavam, mas você podia estar certo de que, o que quer que fosse, seria feito por uma empresa norte-americana, em máquinas norte-americanas, com mão-de-obra norte-americana, em solo norte-americano. Haveria emprego para o sobrinho do administrador, a sobrinha dele e para o filho do vizinho. Haveria uma infinidade de empregos.

De seu escritório no fim do corredor, nesse dia e época imaginários, o administrador poderia estar sentado confortavelmente em sua cadeira, satisfeito com a produtividade e a qualidade da empresa, pensando na volta para casa no carro novo da companhia. Enquanto olhava janela afora, um veículo pequeno e aparentemente frágil, que estava justamente entrando em uma vaga no estacionamento para visitantes, poderia ter-lhe chamado a atenção. O fato de o carro não ser muito maior

THINK!

do que o conversível de brinquedo do filho, movido a pedais, faria com que o homem risse, zombando do modelo japonês, como muitos fizeram na época. Mal sabia ele, obviamente, que o prédio em que se encontrava viria a ser derrubado, algum dia, para dar lugar a uma fábrica de carros e caminhões produzidos pela empresa japonesa que havia feito aquele carro. Mal sabia ele que o filho, o filho do sobrinho e o neto do vizinho trabalhariam para aquela empresa no futuro.

Durante as últimas duas décadas, diversas firmas e a comunidade acadêmica norte-americanas produziram centenas, talvez até milhares, de livros sobre administração de negócios, não só mostrando à população do país como trabalhar de forma mais objetiva, conseguir resultados melhores e competir com os astutos asiáticos, mas também incitando-a a fazê-lo. De *Reimagine! Excelência nos negócios numa era de desordem*, de Tom Peters, a *The Art of Corporate Success*, de Ken Auletta, essas obras cruzam os oceanos atrás de exemplos das técnicas de administração mais bem-sucedidas. Em geral, elas encorajam empresas e seus administradores a alcançar o sucesso ouvindo o que o cliente tem a dizer, procurando inovar, delegando poderes, promovendo lideranças e forçando o incremento da qualidade. Muitas empresas tiveram excelentes resultados seguindo esses conselhos. Outras, não. Tal inconsistência no resultado deve-se a duas falhas óbvias da maioria desses best sellers. Os livros, com raras exceções, são escritos para administradores e, geralmente, pregam o uso de técnicas baseadas no pensamento voltado para a ação, e não para o raciocínio.

Essas práticas voltadas para a ação foram levadas ao extremo – fato no qual me aprofundarei no próximo capítulo – ou, como costuma ser dito em conferências de negócios, "todas as frutas mais baixas já foram colhidas". Hoje, empresas "transplantadas" – não só japonesas, mas estrangeiras em geral – são muito bem-vindas por compensarem os milhões de empregos perdidos, no decorrer dos anos, em empresas

ANALISAR O QUÊ?

americanas forçadas a fechar as portas ou a procurar países de mão-de-obra mais barata. Nessas empresas transplantadas, são poucos os chefes e administradores. Os funcionários têm autonomia e aprenderam a tomar decisões por conta própria. Em todo lugar, as mensagens são as mesmas: "construir a base de conhecimento" e "transformar as empresas em organizações de ensino contínuo". É o ritmo e o interesse dos membros que determinará a qualidade da organização. De certa forma, todos nos tornamos inventores, empreendedores, executivos. No momento, o bem mais procurado no mercado de trabalho não é a mão musculosa para manusear uma chave inglesa, e sim um cérebro estimulado, capaz de pensar criativa, crítica e espontaneamente.

Mas mesmo autômatos como Dilbert, que têm um daqueles empregos cada vez mais raros que requerem apenas que o funcionário se sente pacificamente diante da tela do computador, com o pensamento voltado para a execução de tarefas e em constante meditação subliminar, ainda teriam motivos de sobra para procurar mais e melhor conhecimento.

A cultura *trash*, degeneração moral, sexo, sensacionalismo, violência explícita e vulgaridade nos acompanham desde o tempo dos gregos. Pois é, a mente humana sente uma atração por baixeza. Por outro lado, ela também sente atração por arte, poesia, história, música e ciências. Como disse Oscar Wilde certa vez: "Estamos todos na sarjeta, embora haja alguns olhando para as estrelas."

Mas a cultura *trash* e seus patrocinadores parecem determinados a fechar o cerco e obstruir até mesmo as poucas frestas abertas para o céu. Dispenso 90 por cento da programação televisiva e assisto aos míseros 10 por cento com modesta aspiração intelectual se evaporarem diante dos meus olhos. Recentemente, para matar o tempo num hotel, tarde da noite, liguei a TV no canal Discovery. Estavam passando um episódio de duas horas sobre maus-tratos em animais domésti-

THINK!

cos! Após 15 minutos de perversidade, eu estava pronto para sair à procura do bar mais próximo.

A proliferação da cultura *trash* não é um jogo de soma-zero. Ainda existem livros, filosofia, arte e teatro por aí. Através da internet, as idéias de grandes escritores, filósofos modernos, colunistas premiados e cientistas brilhantes tornaram-se acessíveis a mais pessoas do que em qualquer outra fase da história. É óbvio, no entanto, que a supremacia da cultura ignóbil, promovida, principalmente, pelos meios de comunicação em massa, não é tão inofensiva quanto muitos críticos culturais querem fazer crer. Seu alcance e imediação reduziram a percepção da cultura de qualidade, de idéias refinadas e da importância do pensamento crítico e criativo tanto para a nossa própria saúde e bem-estar, quanto das instituições democráticas. E, como falsos aforismos costumam lembrar-nos, a percepção é a realidade.

Pode-se dizer que um verdadeiro libertário sempre defenderia a idéia do livre-arbítrio e hesitaria em impor opiniões e escolhas pessoais a outros, mesmo tendo em mente que essa imposição poderia ser em benefício de amigos e vizinhos. Essa responsabilidade é real, até certo ponto, e é justamente aí que reside minha imperfeição perante libertários mais puristas. Parece-me que uma definição restritiva dessas deveria vir acompanhada de pílulas envenenadas* ou à prova de erro. Uma dessas permitiria opiniões prescritivas ou, até, impositivas quando escolhas individuais começassem a cercear ou restringir escolhas alheias, ou, pior, a minar a autonomia e qualidade de vida de todos, das quais depende a liberdade de que gozamos. E é essa a força motriz por trás de *Think!*. Afinal, espero que o leitor acredite em meus instintos libertários. Meu desejo é que minhas opiniões sejam avaliadas segun-

---

*É a chamada "suicide pill" ou "poison pill". Tática usada para tornar uma empresa menos atraente a uma tomada hostil de controle. (*N. da T.*)

ANALISAR O QUÊ?

do seus méritos, por indivíduos com livre-arbítrio, e não impostas por uma autoridade superior.

Em sua maioria, são os liberais – e não os conservadores libertários – que reclamam sobre a decadência das habilidades intelectuais dos norte-americanos. É claro que a qualidade do pensamento é motivo de preocupação em ambos os lados da cerca política. Os liberais condenam a ala fundamentalista dos conservadores pelo questionamento da validade da evolução e da teoria do Big Bang, enquanto os conservadores discordam do apoio tácito dos liberais a causas politicamente corretas, que enfraquecem as bases do sistema político e econômico norte-americano – a noção de responsabilidade pessoal e de recompensa baseada no mérito.

Geralmente, uma ideologia política radical e raciocínio crítico não formam uma boa combinação. Mas a ideologia não é a única razão para o pensamento turvo e preguiçoso entre pessoas astutas. Muitas pessoas curiosas, lidas e inteligentes construíram opiniões aceitando inocente e indiscriminadamente informações e conhecimento não filtrado. Costuma haver uma relação entre ideologia e informação recebida passivamente, como se um artigo de jornal validasse crenças. Da mesma forma, também poderia não haver nenhuma relação ideológica clara. Freqüentemente, ouço alguém perguntar: "Você sabia que chá verde reduz o risco de doenças cardíacas?", logo depois de haver lido um artigo no jornal do dia sobre uma pesquisa a respeito. Esses estudos costumam provar uma relação, e não a causa. Pessoas que bebem chá verde podem, simplesmente, ter um estilo de vida que leva a uma taxa mais baixa de colesterol. Não basta ter uma mente aberta. Para pensar criticamente de forma efetiva, é necessário ser cético.

Hoje em dia, ideologia, conhecimento adquirido e banalidades são responsáveis por grande parte do raciocínio imperfeito e dos resultados desastrosos obtidos no trabalho, na escola, no governo e em casa.

THINK!

David Mamet*, ao escrever sobre a dignidade da dramaturgia do falecido Arthur Miller, disse que o colega conseguia evitar obviedades que "nos dizem aquilo que já sabemos – os fracos têm direitos, homossexuais também são gente, é difícil morrer". Ele tem razão, é claro. Não podemos esperar que a mente tenha uma vida criativa e crítica se nos mantivermos presos ao óbvio, ou que algo brilhante surja a partir do mundano. As funções mais elevadas da mente existem para sondar o desconhecido e não-intuitivo, e para construir um senso refinado de observação e apreciação da vida diária baseado no conhecimento.

O pensamento crítico, entretanto, também não é meramente uma procura abstrata por significados. Pelo contrário, ele desempenha papel significativo, até necessário, para o bem-estar físico e mental.

Melhor ainda, o uso do cérebro torna-o mais forte. Um estudo realizado por pesquisadores da University College de Londres descobriu que o hipocampo – uma parte do cérebro crucial para a memória de longo prazo e tomada de decisões – de motoristas de táxi londrinos era maior do que do grupo de controle. Os resultados sugerem que o esforço de construir um mapa mental detalhado da cidade acrescentou circuitos neurais a essa região do cérebro dos taxistas.

Melhorar as habilidades necessárias para pensar criticamente e explorar a enorme capacidade e potencial do cérebro humano são nossa fronteira final. Essas qualidades não só são necessárias para assegurar empregos em um mundo no qual o bem mais elogiado e valorizado é o conhecimento, mas também por serem indispensáveis para o funcionamento saudável de uma sociedade democrática e aberta, e para a restauração e reforço dos pilares sobre os quais este país está fundamentado: a liberdade individual e a responsabilidade pessoal.

---

*Escritor, dramaturgo e cineasta norte-americano, mais conhecido por seus diálogos rápidos e inteligentes. (*N. da T.*)

ANALISAR O QUÊ?

É possível que os norte-americanos tenham podido contar com uma elite de pensadores, empreendedores, pesquisadores e executivos para inovar, criar riqueza e manter empregos neste país. Não há dúvida de que os Estados Unidos continuam tendo milhões de pensadores críticos e criativos de elite em seu meio. Na verdade, esta é uma advertência para essas pessoas. No entanto, como já afirmei antes, não podemos mais contar, exclusivamente, com elas para mantermos os empregos que temos, o nível de vida e a auto-estima.

Mais perturbador, a longo prazo, talvez seja o efeito que a decadência do pensamento crítico parece estar tendo nos discursos e debates públicos, e na democracia do país. O resultado final é um crescente sectarismo político radical que parece eliminar da vida pública e privada debates e discussões úteis.

Como chegamos a esse ponto? À medida que o arcabouço intelectual, necessário para perceber e avaliar o mundo, começa a definhar e se fragilizar, passamos a confiar mais em ideologias, conhecimento adquirido, sabedoria convencional e fé cega para viver a vida. O efeito psicológico disso é uma tendência a construir carapaças para proteger nossa identidade, construída a partir daquilo que nos contaram e de visões de mundo engendradas para nós. Procuramos nos afastar de discussões sobre assuntos "desagradáveis". O ditado maternal, bem ao gosto da Gestapo, "Política e religião não se discutem", expandiu-se para "Nunca arrisque aventurar-se além das observações triviais e das anedotas simplistas".

Mas as pessoas têm de conversar e debater idéias. Como o filósofo da ciência Karl Popper afirmou: "Se ignorarmos o que as outras pessoas estão pensando, ou pensaram um dia, então a discussão racional terá chegado ao fim."

Ironicamente, essa tendência à retração não elimina o desejo que temos de debater intelectualmente e resolver conflitos que desejamos

THINK!

evitar – ela o enterra, tão-somente. Quando essas energias mentais reprimidas abrirem caminho para a superfície – o que é inevitável –, elas o farão de forma violenta e desagradável. Uma sociedade de pessoas explosivas ou a ponto de explodir é consistente com uma sociedade que perdeu a autoconfiança intelectual. É a medida de uma cultura que está se retraindo para uma zona de conforto cada vez menor, evitando riscos e se separando da renovadora força vital de idéias. A cura não é o gerenciamento da raiva, e sim um curso de história ou de biologia, uma discussão, uma aula de piano ou um livro de contos de Hemingway.

O pensamento crítico é um pré-requisito para a contínua prosperidade dos Estados Unidos, um país no qual grande parte do poder está nas mãos do povo, de acordo com a Constituição. Conforme Jamie McKenzie* afirmou em recente artigo publicado no *Education Technology Journal*: "As sociedades democráticas requerem cidadãos capazes de desafiar a sabedoria convencional, a propaganda gerada por fanáticos e demagogos, bem como as banalidades e garantias superficiais daqueles que estão no poder e que gostariam de nos ver abrir mão de nossa capacidade de julgamento crítico quando o sistema entrar em colapso."

Hoje, os fanáticos que temos de desencorajar e derrotar não se encontram apenas nos Estados Unidos, mas espalhados pelo globo. Desde o 11 de setembro e o início da guerra no Iraque, uma nova onda de histeria antiamericana varreu o mundo. Até mesmo no Canadá, país que depende do comércio com os Estados Unidos para 50 por cento de seu PIB, dois terços da população afirmam que os Estados Unidos exercem uma influência negativa no mundo. Dois terços! Essa é a mesma nação que tem um caso de amor com Cuba, país onde não há eleições democráticas há cinqüenta anos. A opinião dos

---

*Jamie McKenzie é pedagogo e editor da publicação eletrônica *From Now On – The Educational Technology Journal*. (*N. da T.*)

64

ANALISAR O QUÊ?

canadenses não se baseia em pensamento crítico ou pesquisa, mas em mitos e bobagens divulgadas por uma horda local de estudiosos e sábios com tendências esquerdistas, bem como, ironicamente, pela mídia hollywoodiana e norte-americana. Mas não basta gritar: "Hipócritas! Ingratos!" Os Estados Unidos fracassarão na batalha em prol dos corações e das mentes dos povos, se não conseguir comprometer-se com o mundo em nível intelectual. O país precisa de uma nova geração de líderes, diplomatas e cidadãos treinados na arte de empenho crítico, debate e argumentação. O ensino norte-americano precisa dedicar uma parte maior de seu currículo ao estudo da política, do idioma e da história de outros países.

Talvez esse roteiro pareça um pouco ambicioso demais. Mas não peça reembolso ainda. Você pode iniciar esta viagem em qualquer ponto, a qualquer hora. A vida é suficientemente longa (embora não o bastante) e profusamente estranha; e, certamente, um cérebro bem sintonizado e estimulado virá a calhar. Pense! Particularmente nos benefícios, ou seja, um corpo mais saudável, um trabalho mais estável, interesse renovado e aperfeiçoado na vida, além de um país mais poderoso e seguro.

Tudo isso sem custar um centavo sequer.

CAPÍTULO 3

Pensamento,
no melhor estilo americano

Toda democracia que desfrutou de prosperidade por um período considerável desenvolve, começando a partir da própria natureza, uma atitude de descontentamento diante da ordem existente.

— POLÍBIO, HISTORIADOR GREGO (200-118 A.C.)

Há um século, aproximadamente, um grupo de estudiosos norte-americanos reuniu-se, informalmente, para discutir uma importante descoberta. Eles haviam se conscientizado, cada qual a seu tempo, que as diferenças sociais e intelectuais entre os Estados Unidos e a Europa não eram um espasmo involuntário da história que passaria com o tempo ou se eles começassem a beber vinho francês e a assimilar o humor britânico. Elas eram, isso sim, algo profundo, real e permanente. Com o propósito de comunicar e pesquisar o verdadeiro significado dessa descoberta, fundaram uma nova escola de filosofia, chamada, apropriadamente, de "pragmatismo", e aclamada com freqüência como a contribuição norte-americana para a filosofia mundial. Cornelis de Waal, autor do livro *Sobre o pragmatismo*, interpretou

THINK!

a essência do pragmatismo da seguinte forma: "Nós, seres humanos, determinamos nossas crenças baseados em realidades externas que guiam nossos pensamentos, em vez de deixarmos que nossos pensamentos sejam seus próprios guias."

Espere aí! Houston, temos um problema! Pense, por favor, no que acaba de ser dito: determinamos nossas crenças baseados em realidades externas que guiam nossos pensamentos. Ouvi bem? Sou compatriota de William James, um dos fundadores do pragmatismo, que, após muitos anos de observação cuidadosa e reflexão sobre as nuanças do pensamento norte-americano, deve ter dado um pulo da cadeira, em seu escritório, e exclamado algo parecido com: "Por Deus, acho que descobri! Os Estados Unidos e os norte-americanos trabalham de fora para dentro, e não de dentro para fora!"

Chega de falar do momento heureca do nosso amigo James. Obviamente, aqueles eram outros tempos. Hoje em dia, a sociedade norte-americana parece ser tudo, menos pragmática. Ela é dogmática (do meu jeito ou de jeito nenhum), didática (deixe-me dizer-lhe como funciona), frenética (não tenho tempo para pensar, o que dirá ler), solipsista (a realidade: tudo tem a ver comigo!), relativista (tanto faz) – há uma legitimidade perturbadora por trás de cada uma dessas generalizações sobre o cenário cultural moderno norte-americano. Mas, pragmática? Uma sociedade que examina evidências factuais, cuidadosa e ponderadamente, antes de formar uma opinião e expressá-la? "Depende do significado da palavra 'se'", entoou o presidente Bill Clinton, sob juramento, uma vez. Aí está um exemplo perfeito do esforço do pensamento para invocar a realidade, em vez de a realidade inspirar o pensamento de forma natural. Naquela época, essa era a evidência mais contundente de que o país havia se afastado do pragmatismo como filosofia nacional. Ela sinalizou que a vida pública deste país e suas instituições haviam se tornado imunes à retórica jurídica, ardilosa e ilógica, a ponto

PENSAMENTO, NO MELHOR ESTILO AMERICANO

de o presidente questionar publicamente o significado de um dos primeiros verbos que uma criança aprende, e isso, aparentemente, sem temer ser ridicularizado.

Nós nos tornamos uma sociedade tão acostumada às mais surreais racionalizações de comportamentos ou a opiniões de credibilidade instantânea, que muitos norte-americanos vêem a verdade como algo manufaturado, como um cano de descarga ou um iPod, construídos a partir de uma série de especificações predeterminadas. Ou, talvez, as pessoas simplesmente não acreditem mais em algo chamado "verdade". Mesmo se há informações específicas disponíveis e elas são conhecidas (nossas vendas estão caindo, e nossos vendedores passam a maior parte do tempo no escritório – será que existe uma relação?), prefere-se igualar a subjetividade à objetividade, forçando escolas, empresas e outras organizações a agir como se todas as opiniões fossem válidas (se os vendedores saírem para vender, custará caro – o mercado é que deve estar em baixa no momento).

É isso que acontece. A primeira coisa que um administrador deve fazer diante de qualquer projeto, nos dias de hoje, é consultar. "Coletar insumos" e "chegar a um consenso" praticamente substituíram o esforço outrora voltado para a administração analítica e decisória. Não há dúvida de que recolher dados e procurar soluções satisfatórias para todos valha a pena, mas somente se formarem a base para uma análise, e não a substituírem. Chamo de "inteligência igualitária" a busca pelo conhecimento, não pelo conhecimento em si, mas para chegar a uma solução favorável a todos. A inteligência igualitária é a modelagem do conhecimento e do ensino de forma a se adaptar ao cérebro de um indivíduo, e não a formatação de um cérebro para aprender métodos formais de resolução de problemas, raciocínio dedutivo e conhecimento factual. Nenhuma criança pode ser ignorada, nenhum adulto pode ser humilhado e – nem pensar! – nenhum ser humano pode ser discriminado.

Think!

A "inteligência" que resulta da inteligência igualitária não deve ser vista como conseqüência de um governo democrático, que seria o poder de legalizar políticas aprovadas pela maioria popular. Na verdade, a inteligência igualitária é uma forma de populismo, é a presença marcante de carências, idéias, opiniões e comportamentos do povo. É fruto da psicologia de massas e tem como ponto de referência o "consciente coletivo". Na virada do século passado, Emile Durkheim fundou uma disciplina nova, a sociologia, para estudar a psicologia social e seus efeitos em indivíduos e na sociedade. A unidade fundamental desse novo campo, comparada ao átomo na ciência, é o fato social. Como o átomo, o fato social carece de contexto. Pense nos levantamentos encontrados em boxes, na primeira página do *USA Today*, que fornecem detalhadamente "as principais razões para ninguém usar exclusivamente o celular" e informações semelhantes. O princípio é estudar uma "situação" social, e não uma série de eventos interligados. Se todas as situações são iguais, como os átomos, então, o conhecimento que delas advém e as decisões nelas baseadas serão, geralmente, cheios de "verdades" subjetivas e falácias lógicas.

Um brilhante estudo de caso com inteligência igualitária em ação foi o conjunto de projetos para o Ground Zero*. À medida que mais pessoas e organizações partilhavam seu parecer com o comitê que inspecionava os projetos, os planos eram substituídos ou sofriam alterações. Parece que a imponente torre retorcida, em forma de cunha, originalmente aprovada para a Torre da Liberdade, foi preterida, vítima de preocupações com a segurança. Assim, esse projeto deu lugar a outro, com a torre sobre um pedestal de concreto, conferindo-lhe a aparência de uma fortaleza. O desenho do prédio foi alvo de escárnio dos críticos, que o chamaram de "pesadelo". A falácia na decisão é que, par-

---

*Espaço ocupado pelas Torres Gêmeas, antes do 11 de setembro. (*N. da T.*)

PENSAMENTO, NO MELHOR ESTILO AMERICANO

tindo de um ataque terrorista de enormes proporções na história da cidade, a segurança deva se tornar a maior preocupação no projeto da nova torre. No entanto, o maior risco, de longe, do ponto de vista não só da segurança, mas econômico, é, antes de mais nada, o simples fato de se construir uma nova torre. Ao permitir, porém, que a questão da segurança prevaleça sobre toda a lógica, o comitê está deliberando sobre a aprovação de um prédio que marcará a parte baixa de Manhattan, para todo o sempre, com um repugnante monumento ao medo.

Um artigo de Benedict Carey, no *New York Times*, "At Ground Zero, Vision by Committee", tomou como ponto de partida os projetos do Ground Zero para examinar como decisões de comitês oscilam devido a certos fatores políticos ou à dinâmica de determinados grupos sociais, e não necessariamente em função do bom senso. O artigo cita Ralph Cordiner, ex-presidente da General Electric, que disse o seguinte: "Se você conseguir mencionar uma grande descoberta feita ou decisão tomada por um comitê, eu lhe direi o nome do membro do grupo que teve a inspiração solitária [...] que resolveu o problema por trás da decisão."

Há inúmeras provas de que o raciocínio crítico, empiricamente fundamentado, tem sido freqüentemente substituído, na sociedade americana, por um consenso induzido pelas massas, uma inteligência igualitária.

- Desde 1985, o número de diagnósticos de hiperatividade em estudantes norte-americanos cresceu 15 vezes. Muitos desses jovens acabam sendo medicados, embora não haja um único estudo médico endossado por especialistas que confira embasamento clínico à hiperatividade.
- Um crescimento vertiginoso na indústria da incapacitação e da terapia, na qual tudo, desde o vício do jogo ao estresse e às compras em excesso, é visto ampla e condescendentemente como

Think!

uma "deficiência", rotulando pessoas e desobrigando-as da responsabilidade por seus atos.

- Um número crescente de americanos acredita em superstição, comportamento paranormal e pseudociência (de acordo com uma estatística de 2000, 43 por cento dos norte-americanos acreditam em discos voadores).

A expansão da inteligência igualitária é uma bênção para advogados, psiquiatras e consultores de auto-estima, embora seja um problema e tanto para este povo, por demonstrar que ele está se igualando por baixo, e não por cima. Tal inteligência significa ganho rápido e sofrimento prolongado. Em seu cerne, ela rejeita a mentalidade norte-americana, tradicionalmente empírica e pragmática, e os valores de uma sociedade na qual os resultados têm primazia. Esta era uma sociedade preparada, por toda a experiência durante sua história como nação, bem como pelo temperamento de seus indivíduos, a acreditar na existência de algo chamado "verdade", que se realizava por meio da experiência e da evidência.

Por herança intelectual, ensinamento, hábito e pendor, os norte-americanos sempre tenderam ao empirismo, tanto no que diz respeito ao ponto de vista quanto ao modo de pensar. "Empirismo" é uma única palavra que engloba toda uma doutrina segundo a qual o conhecimento do mundo, da vida, de outros e de você mesmo é obtido, exclusivamente, pela observação. Um empirista acredita que vivemos em um mundo real externamente, independentemente de nossa vida ou percepções, embora seja acessível pelos sentidos com alto grau de precisão. A verdade é o que é vivido por nossos sentidos.

A inteligência empírica e pragmática dos Estados Unidos foi bem-sucedida. Neste início do século XXI, o país é uma superpotência econômica, cultural e militar em escala jamais igualada na história. Ele

PENSAMENTO, NO MELHOR ESTILO AMERICANO

é a maior e mais produtiva economia do mundo. Só no período entre 2001 e 2003, a produtividade por hora cresceu quase 20 por cento, de longe o maior crescimento em produtividade de qualquer país industrializado. Os norte-americanos têm uma fatia maior de salário disponível do que os cidadãos de qualquer outro país, acesso ao serviço médico mais avançado, baixa taxa de desemprego e um dos padrões mais altos de proteção ambiental no mundo industrializado.

É claro que o empirismo, a crença de que praticamente todo o conhecimento é assimilado pela experiência, e não por princípios idealistas ou sentimentos subjetivos, não é o único fator que contribuiu para a ascensão dos Estados Unidos no cenário mundial. Também as circunstâncias históricas, político-econômicas e as idiossincrasias da democracia política americana desempenharam um papel na criação de uma sociedade naturalmente progressiva, empreendedora, diligente e dadivosa em oportunidades. Mas, sejamos justos, o empirismo por si só não chega a lugar algum. O filósofo alemão Immanuel Kant bem disse que o fator mais importante para ativar a inteligência e realizar algo é a força de vontade. Em 1784, ele escreveu que "o iluminismo é a emergência do homem de sua menoridade". Essa menoridade, ou imaturidade, continuou ele, não seria o resultado de "falta de inteligência, mas de falta de determinação e coragem para usar a inteligência sem a orientação de outrem. Tenha a coragem de usar sua própria inteligência!".

Tradicionalmente, nunca faltou coragem a este povo, para seguir seu caminho e usar da inteligência para inovar e explorar, pois ele sempre foi incentivado. Em seu livro *They Made America*, Sir Harold Evans afirma que a capacidade inigualável do norte-americano de produzir inovadores e inventores deve-se a uma combinação da geografia do país, estrutura econômica, sistemas educacional e político e estrutura psíquica. Desde Samuel Morse (inventor do código Morse) a Thomas Edison e Sergey Brin (criador do Google), o legado norte-americano

Think!

de ser uma fábrica de invenções delirantes não se deve tanto à genialidade, segundo Sir Harold, mas ao desejo obstinado de indivíduos que querem que as coisas funcionem no mercado. "A originalidade não é o fator primordial", diz ele, reproduzindo Kant, "mas a eficácia é."

Afinal, até cantou Madonna: "Vivemos em um mundo materialista." O pensamento crítico e criativo é a ponte necessária entre observar o mundo e alcançar resultados positivos e eficazes. Nós queremos, e queremos mais ainda, mas antes devemos observar, e observar mais ainda, para depois imaginar, experimentar, projetar, revisar e calcular. Civilizações predominantes foram particularmente bem-sucedidas em unir os pontos. Os egípcios adoravam o Sol, mas inventaram métodos de engenharia e construção surpreendentes, enquanto administravam a logística hercúlea de organizar e alimentar mão-de-obra de milhares de homens durante a construção das pirâmides. Os gregos, embora sejam mais conhecidos pela mística por trás de seus filósofos especulativos, eram práticos e inventaram a bomba de parafuso, a catapulta e os princípios básicos da geometria. Os romanos se atinham tanto a detalhes que construíram estradas e pontes que, após dois mil anos, continuam em uso.

Sinais aparentes demonstram que os Estados Unidos estão no apogeu da capacidade produtiva e criativa. Historiadores, que gostam de discorrer sobre a natureza fugaz do poder e da glória, relatam como mudanças internas, que geralmente incluem releituras de valores tradicionais e maior tolerância com vários tipos de comportamento supersticioso e irracional, costumam preceder o declínio visível de grandes civilizações. Será que o desvanecimento do tradicional bom senso americano e da perspectiva objetiva sobre a vida são os primeiros sintomas de um país em decadência? Será que o surgimento da própria inteligência igualitária, sempre atrás de consenso, é um subproduto de uma sociedade menos motivada, interessada e apta a correr

PENSAMENTO, NO MELHOR ESTILO AMERICANO

riscos, aplicar o conhecimento para a resolução de problemas práticos e inovar? Será que as idealizações do marketing, o politicamente correto, a nova lei*, a obsessão com a aparência e uma cultura voltada para a satisfação pessoal reduziram o apetite dos norte-americanos pelo esforço e complexidade do aprendizado, pela aplicação do raciocínio crítico e do conhecimento factual?

Não há dúvida de que existem muitos sinais indicando que os Estados Unidos, uma cultura originalmente empírica, racional e prática, estão se tornando uma sociedade emocional, complacente e "qualquer". Um indicador de peso é a gradativa e constante redução de padrões e responsabilidade – pré-requisitos para a inteligência igualitária.

Vale a pena salientar que a queda nos padrões pode denotar uma tendência cultural que não está limitada ao aprendizado. Nas corridas de revezamentos das Olimpíadas de 2004, os Estados Unidos perderam duas medalhas de ouro porque atletas deixaram cair os bastões; e ficou dolorosamente patente que os jogadores de basquete perderam terreno para os adversários do resto do mundo por não dominarem os princípios básicos do jogo: passar, defender, driblar e lançar. No ensino, a primeiras mostras de decadência ocorrem nas áreas que mais dependem de pensamento crítico e criativo, como redação, matemática e resolução de problemas.

Em 2005, durante a conferência anual da Society of Automotive Engineers, o executivo da GM Bob Lutz deu uma palestra. "Estamos treinando nossos engenheiros para se tornarem administradores, enquanto o resto do mundo treina os seus para se tornarem fazedores", disse ele. Lutz, que passou a maior parte da vida projetando veículos da GM, afirmou que engenheiros de outros países conseguem chegar a so-

---

*USA Patriot Act, lei que surgiu duas semanas após o 11 de setembro e neutralizou todas as leis que protegiam a privacidade do cidadão americano, em casos de investigações antiterroristas. (*N. da T.*)

THINK!

luções mais rápida e eficazmente que seus colegas americanos, que, por vezes, têm de pedir ajuda a especialistas para revisar os projetos – procedimento que pode levar semanas e encarecê-los em milhares de dólares.

O comentário de Lutz também é significativo por ter sido feito por um dos altos executivos de uma firma que perdeu mais da metade de sua participação no mercado norte-americano, nos últimos quarenta anos, caindo de 60 para, aproximadamente, 25 por cento, sendo que 3,5 por cento apenas nos últimos três anos. Praticamente, todas as suas cotas acabaram nas mãos de fabricantes japoneses, principalmente Toyota e Honda, que têm construído carros e caminhões de forma mais eficiente, a custos mais baixos, com modelos e estilos bem mais atraentes para o consumidor. A Toyota superou a Ford como a segunda maior fabricante de carros do mundo em 2004, e alguns analistas prevêem que será apenas uma questão de tempo antes que ela ultrapasse a GM e se torne a primeira. Qual seria uma forma objetiva de medir essa enorme diferença de desempenho? A classificação dos títulos da GM chegou a um padrão abaixo da crítica de acordo com duas empresas avaliadoras. Enquanto escrevo este livro, ao preço negociado na bolsa, você poderia comprar todas as ações da GM por meros 22 bilhões de dólares. Somando todas as ações da Toyota, você teria de pagar quase sete vezes mais, ou seja, 140 bilhões de dólares.

Havia um ditado, tido como realidade irônica e desafortunada, que dizia que o que era bom para a GM também era bom para os Estados Unidos. Só podemos esperar que esse não seja mais o caso. Mas o que foi que aconteceu com esse respeitável gigante do mundo empresarial americano? Para quem tem propensão a acreditar em teorias conspiratórias, seria hora de se lamuriar e dizer que a derrocada da GM deve-se ao sentimento de antiamericanismo mundial. Mas há um problema: os novos compradores de carros japoneses são, em sua maioria, americanos. Então, a culpa é do malfadado governo japonês e

PENSAMENTO, NO MELHOR ESTILO AMERICANO

sua política de manter o yen baixo, levando o cidadão japonês a trabalhar como um mouro para ver seus produtos serem vendidos mais barato no exterior. Também não devemos nos esquecer da maldição que paira sobre o gigante, conforme descrito em detalhes em recente artigo da revista *Economist*: "A causa principal dos problemas da GM não se encontra na fábrica nem na mesa dos projetistas. Os fabricantes de carros de Detroit foram sufocados com todas as concessões que fizeram aos United Autoworkers* [...] no tempo das vacas gordas." Com custos muito mais altos de aposentadoria e de assistência médica do que os fabricantes japoneses, não há como contestar que o UAW é o motivo primordial para a desintegração da GM. Estamos falando de macro e microeconomias em um mundo globalizado, pura e simplesmente. É de se supor que ninguém afirmaria que algo intangível como a derrocada da capacidade de pensar crítica e criativamente tivesse desempenhado algo mais do que um pequeno papel no retrocesso e queda de uma companhia que já empregou quase um milhão de pessoas em todo o mundo.

Mas não só posso afirmar que a deterioração dessa capacidade tornou-se uma corda cada vez mais apertada no pescoço da General Motors, como também estaria negligenciando meus deveres jornalísticos se eu não declarasse isso explicitamente. Em meados da década de 1980, na época um entusiasmado e diligente recém-formado, fui trabalhar numa fábrica da General Motors que produzia uma transmissão tão complexa que apenas uma pessoa em toda a empresa sabia como funcionava. Quando fabricantes automotivos estrangeiros pareciam já ter compreendido, intuitivamente, o princípio da navalha de Ockham (quanto menos, melhor), a GM ainda estava projetando máquinas que

---

*United Autoworkers (UAW) é o sindicato de trabalhadores da indústria automobilística, entre outros. (*N. da T.*)

Think!

invocavam a imagem de Frankenstein. O 700R4, como era chamado, foi parar sob o capô de muitos caminhões e carros da empresa com ótima vendagem. Todas as segundas-feiras, na parte da manhã, na sala de reuniões da diretoria, uns vinte gerentes e supervisores de terno e gravata aguardavam ansiosos a chegada de Dave (um funcionário pago por hora, com "contrato especial", em sua indefectível camisa quadriculada), para avaliar, com a fala calma e arrastada típica dos Apalaches, as prováveis causas do mais recente defeito na transmissão. Lembro-me de um executivo que se lamuriava: "Meu Deus! Ela travou na hora do rush, na residência do vice-presidente de administração financeira." O fato de mandarem Dave, e não os engenheiros que haviam projetado o 700R4, cruzar o país para acalmar os ânimos de executivos, revendedores e clientes irados, chamava a atenção de todos.

O 700R4 não era o único culpado pelos crescentes problemas da GM nas décadas de 1980 e 1990. O que estava maltratando a companhia era a mentalidade corporativa por trás do 700R4. Uma mentalidade incapaz de aprender novos truques – ou se recusando a fazê-lo –, mergulhada numa soberba que a mantinha longe do uso eficiente do pensamento crítico e criativo, fazendo com que operasse, ano após ano, da mesma maneira, abrindo cada vez mais as portas para os japoneses.

Como parte de meu treinamento, acabei passando por vários departamentos, onde permanecia por algumas semanas. A experiência tornou-se o meu próprio *"Education of Henry Adams"**. No setor de Garantia de Qualidade, conheci Charlie, homem dado a monólogos verborrágicos e ruidosos sobre a incompetência da empresa em todos os

---

*Livro de autobiografia de Henry Adams (1838-1918), no qual ele criticava a educação tradicional que havia recebido e que não o preparara para as rápidas mudanças que ocorreram social, tecnológica, política e intelectualmente durante sua vida. Assim, a única opção era o auto-aprendizado. (*N. da T.*)

PENSAMENTO, NO MELHOR ESTILO AMERICANO

níveis, sempre audível ao supervisor, que, vez por outra, perguntava enfadado: "E aí, Charlie, conseguiu extravasar tudo?" O que parecia escapar ao supervisor, no entanto, era o fato de Charlie fazer pouco para merecer o generoso salário que a GM lhe pagava. No setor de Expedição/Recepção, conheci um funcionário obeso, um rebelde mal-humorado, com o apelido de Wild Bill. Ele operava uma empilhadeira e tinha muitos anos de casa. Para a direção, ele devia encarnar o típico funcionário sindicalizado do UAW, provindo diretamente do inferno. No meu primeiro dia no departamento, ele me puxou para o lado e se gabou por haver formalizado 365 queixas contra a administração, uma para cada dia do ano. Quando estava de folga, eram duas queixas, para compensar. Em todos os setores da fábrica por que passei, na atitude de quase todos que encontrei, havia uma tendência incontestável ao escárnio e ao cinismo no que se referia ao emprego, à companhia e à vida.

Na época, não me era tão patente quanto agora que a GM cometera o maior dos pecados no mundo dos negócios. Ela havia criado e sancionado, diariamente, a cultura da irresponsabilidade. Após dominar a indústria, tornou-se a síntese do projeto administrativo, independentemente dos clientes, de novas idéias e da dinâmica do mercado. Uma cultura de irresponsabilidade é uma cultura sem motivação, e uma cultura sem motivação é a morte para o pensamento crítico e criativo. Culpar a complexa economia global e as decisões erradas tomadas há anos pela redução da participação no mercado é, simplesmente, afirmar o óbvio. É impossível imaginar que um fabricante de carros japonês ou alemão tolerasse um dia de trabalho numa fábrica cheia de aproveitadores como Charlie e Wild Bill. A inteligência, lembra-nos Kant, não é tanto o resultado da genialidade, mas sim a conseqüência da determinação de usá-la.

Até que ponto a cultura na GM tornou-se irresponsável, displicentemente desconexa dos consumidores difíceis e enervantes, pode ser de-

Think!

monstrado por alguns comentários de Peter Davis, diretor de estratégia interna e qualidade da empresa. Ao falar durante a mesma conferência de 2005, durante a qual Lutz havia palestrado, Davis fez a seguinte observação: "A clientela está se tornando cada vez mais diversificada. As minorias, mulheres e pessoas com menos de 35 anos de idade têm necessidades singulares e preferências de compra." Parece que Davis estava se referindo ao mercado voltado para carros menores e mais econômicos, aquele mesmo que a GM já havia oferecido aos japoneses numa bandeja de prata. Esse grupo representa um enorme segmento do mercado há 15 anos, mas, aparentemente, só apareceu no radar da GM há pouco.

As circunstâncias dos Estados Unidos contemporâneo espelham, de certa forma, a situação da General Motors. É claro que ainda existe um alto índice de responsabilidade e de motivação, bem como pequenos milagres de eficiência e inovação inseridos no sistema econômico norte-americano, que, em grande parte, ainda recompensa generosamente o esforço e a produtividade. Mas o país está sendo vítima do próprio sucesso, como o foi a GM. Seu tamanho e riqueza permitem que a incompetência seja acalentada e, até, recompensada. A GM foi a maior e a pior um dia, agora é a vez dos Estados Unidos. A sociedade norte-americana, à semelhança da empresa, amadureceu uma aceitação passiva, cínica e complacente dos problemas que tem.

Há dez anos, teria sido difícil encontrar uma avaliação positiva de algum carro ou caminhão da GM na mídia automotiva. Mas desde então a GM tem se empenhado em melhorar a qualidade dos veículos que fabrica, recebendo críticas iguais, e até melhores, que as dos japoneses. A empresa também está cortando custos operacionais e substituindo a hierarquia bizantina de divisões e departamentos para uma estrutura organizacional descentralizada, que permita maior agilidade na tomada de decisões e melhores resultados. O tempo dirá se essas e outras mudanças na empresa motivarão os funcionários a usar e me-

PENSAMENTO, NO MELHOR ESTILO AMERICANO

lhorar as habilidades para pensar de forma crítica e criativa, mas uma coisa é certa, todos sabem que esse é o objetivo. Como disse Dennis DesRosiers, conhecido consultor da área automotiva, o futuro dos negócios depende de capacidade intelectual.

O mesmo vale para o futuro da educação, assistência médica, setor bancário, tecnologia da informação, propaganda e cinema. John Kenneth Galbraith já havia previsto que a universidade substituiria os bancos como um dos maiores provedores de valiosa fonte de capital. O conhecimento não só é o bem mais valioso do mundo, mas o acesso a ele também é instantâneo e universal. O mundo está conectado, e todas as companhias, instituições e empreendimentos procuram fazer uso da interconectividade para produzir mais com menos custos. O espólio deste mundo pós-industrializado não irá para indivíduos, empresas e nações que improvisam e confiam em decisões instantâneas e intuição, mas para aqueles que se preocupam com detalhes e têm o melhor raciocínio crítico e criativo.

HÁ MUITAS PESSOAS NO mundo que consideram os Estados Unidos uma simples fábrica de tijolos antiintelectual e acham que o país terá uma desvantagem intransponível na economia globalizada atual, tão embasada no conhecimento. Claro que essa é uma visão condenatória e humilhante, mas a intenção é essa mesmo. Ela se baseia, em parte, em observação e análise cultural; em outra parte, em mitos; e, ainda, em uma gama de hostilidades e ressentimentos com bases políticas. Mas quanto desse rótulo antiintelectual é justificável? Quanto dessa generalização gigantesca de um país inteiro é real e quanto é apenas uma paródia ou fruto de um juízo rápido.

Para começar, essa avaliação condenatória omite ou simplesmente ignora a pergunta crucial: o que é inteligência ou, já que estamos to-

Think!

cando no assunto, o que é um intelectual? Hoje em dia, os psicólogos reconhecem a maestria do cérebro e sua capacidade de produzir variados tipos de inteligência. A julgar por resultados produzidos pela atividade mental, como criatividade, inventividade e prosperidade, não resta dúvida de que os Estados Unidos devem ser a nação mais bem-dotada intelectualmente na história da humanidade.

Esse rótulo antiintelectual também tem o som oco do absolutismo ilusório, do tipo "ou um ou outro", expresso por truísmos como "Ou você está conosco ou contra nós" e "O inimigo de meu inimigo é meu amigo". No mundo real, as pessoas podem ser neutras, e o inimigo de seu inimigo também pode odiá-lo. A sociedade e cultura americanas não são mais antiintelectuais ou hostis ao uso da inteligência do que a sociedade européia é antipragmática. Qualquer inteligência, seja ela em negócios, na música ou matemática, deve ser traduzida para uma forma real e concreta, como um empreendimento, uma composição musical ou uma série de equações resolvidas. A inteligência sempre tem um lado prático, enquanto a prática sempre tem um lado inteligente.

O que significa, portanto, dizer, como muitos fazem, que os Estados Unidos são antiintelectuais? Richard Hofstadter, em seu livro *Anti-Intellectualism in American Life*, sugere que é a natureza igualitária da fundação da nação, sua história e sociedade contemporânea que predispuseram o povo a acreditar que o bom senso puro e simples é superior ao conhecimento adquirido, formal e abstrato. A análise de Hofstadter, que lhe rendeu o Prêmio Pulitzer, em 1964, na categoria de não-ficção, lançou nova luz sobre a relação tempestuosa entre os Estados Unidos e os intelectuais, e seu desprezo, freqüentemente beirando uma hostilidade patente, por conceitos abstratos, conhecimento e raciocínio distanciados demais da experiência diária. Ele relata como os Federalistas atacaram o ambicioso e erudito Thomas Jefferson, por suas sublimes atividades intelectuais, algo que seria inconcebível na

PENSAMENTO, NO MELHOR ESTILO AMERICANO

Inglaterra ou na França, tanto na época quanto hoje em dia. Em última análise, a conclusão de Hofstadter resume-se a um ponto essencialmente político: os norte-americanos preferem conhecimento aplicado e cotidiano ao intelectualismo refinado e à erudição, pois consideram este último um resquício do poder elitista e hierárquico, privilégio hereditário contra o qual o país se rebelou. Essa interpretação resiste ao tempo. O antiintelectualismo americano não é, diretamente, contra idéias, conhecimento ou pensamento. É, isso sim, uma oposição ou um desafio ao elitismo, que é freqüentemente associado ao ensino adquirido e formal, e ao pensamento obscuro e abstrato. É, também, uma relutância em dar credibilidade – e, assim, status e poder – a uma pessoa, só porque ela sabe de algumas coisas sobre as quais passou a vida estudando. E, ainda, é uma aversão aos ares de superioridade, uma repulsa à sensação de ter toda a vida depreciada ou questionada em prol do privilégio de alguns filósofos fazerem troça da ignorância.

E, mesmo assim, uma subcultura de norte-americanos está profissionalmente envolvida em atividades intelectuais do ensino básico ao acadêmico, em pesquisas científicas e outras áreas. Outro segmento da população é composto de intelectuais "leigos" e de especialistas em incontáveis assuntos e atividades, desde xadrez e jardinagem à história e ornitologia. É de se supor que esses sábios e *connoisseurs* não são vistos como párias desprezíveis por suas comunidades e famílias, a ponto de terem de manter em sigilo sua identidade em função das atividades desonrosas que exercem. Dentro de seu círculo de colegas e relacionamentos, muitas dessas pessoas com pendor intelectual são, certamente, admiradas, respeitadas e até queridas. O tema do antiintelectualismo em livros como o de Hofstadter faz referência a uma avaliação cultural mais ampla. O autor relata um comportamento predominante em relação a intelectuais e atividades intelectuais.

THINK!

Trabalhos mais recentes sobre o tema também refletem, do ponto de vista político, o relacionamento difícil do país com a intelectualidade. Em um ensaio na revista on-line *Context*, Mark Crispin Miller sugere que a ascendência de George W. Bush e dos republicanos pode ser explicada pelas intermináveis concessões feitas às tendências antiintelectuais da cultura norte-americana. Miller cita Roger Ailes, presidente da Fox News: "As pessoas se ressentem profundamente porque a população dos estados 'azuis'* se considera mais esperta." Em outras palavras, muitos moradores dos estados vermelhos simplesmente votam contra o elitismo intelectual. A intenção de Miller ao citar Ailes é apoiar a afirmação de que os democratas são, realmente, mais inteligentes e, com isso, menos elegíveis em certas áreas do país. Se, porém, analisarmos cuidadosamente tanto o comentário quanto as evidências, a nossa inferência será bem diferente. Partindo da premissa de que o divisor de águas político mais significativo neste país baseia-se em uma aversão instintiva a intelectuais elitistas, é provável que os votos indecisos pouco tenham a ver com ideologia, preferência partidária ou, simplesmente, inteligência. Para ser bem-sucedido, um político norte-americano deve, inicialmente, projetar uma imagem de antiintelectualidade. Ele ou ela só precisa se conectar com o público. Bill Clinton e George W. Bush ganham; Bob Dole, Al Gore e John Kerry perdem.

A teoria de que o antiintelectualismo americano está enraizado na sensibilidade instintiva das massas diante das regras sociais de igualdade, além de intrigante, gera uma série de perguntas: por que uma fatia significativa da sociedade norte-americana só considera elitista a manifestação de conhecimento amplo e arcano, e não a excessiva ostentação de riquezas? Enquanto a profunda desigualdade salarial existente nos

---

*"Blue States" – estados azuis – são os estados que votam, predominantemente, nos democratas; enquanto os "Red States" – estados vermelhos – são aqueles que votam, predominantemente, nos republicanos. (*N. da T.*)

PENSAMENTO, NO MELHOR ESTILO AMERICANO

Estados Unidos incomoda muitos estrangeiros, principalmente os europeus, inúmeras pesquisas mostram que esta questão não é considerada importante para a maioria da população local. E, mais relevante para este tema, o que gerou a associação entre o intelectual e o elitista? Como, especificamente, o tecido cultural e social da vida norte-americana deu forma às crenças, mentalidade e atitudes de seus habitantes no que diz respeito ao esforço intelectual e ao pensamento crítico e criativo?

Se os Estados Unidos fossem uma oração gramatical, ela seria, necessariamente, em voz ativa. Esta é uma nação de fazedores, construída a muque, suor e idéias de mais de uma dúzia de gerações de indivíduos trabalhadores, que acordam todos os dias, espantam o sono dos olhos e saem mundo afora para fazer coisas. O povo julga os outros e a si mesmo a partir dos resultados. Costumamos dizer que "falar é prata, calar é ouro" e costumamos ser muito céticos com boas intenções, "a grande idéia"* e projetos geniais. A tolerância da população diante de fracassos e recomeços é quase infinita, enquanto a compreensão diante da indolência e degeneração é limitada. Não é por acaso que o mote de um dos estados centrais do país, Missouri, seja "Show Me"**. Uma versão mais atualizada para a atitude nacional seria: "Yeah, right."*** O empirismo, na forma de observação organizada, é um dos dois pilares do método científico inventado por Galileu, Bacon e outros pensadores dos séculos XV ao XVII. Segundo o astrônomo Sir

---

*"A grande idéia" se refere ao programa de televisão *The Big Idea*, no qual inventores podem apresentar suas grandes idéias à nação e a um grupo de especialistas, que os submetem a um verdadeiro interrogatório a respeito dos produtos e, depois, avaliam seu potencial e riscos. (*N. da T.*)

**Embora haja diversas versões sobre a origem da expressão, ela denota, hoje em dia, a coragem, o conservadorismo e a incredulidade da população do estado: "Show me" ou "Prove". (*N. da T.*)

***Expressão que denota sarcasmo. Quem respondeu não pretende provar nada. ("Até parece!"). (*N. da T.*)

Think!

John Herschel, a ciência tem início com uma "atração imediata pelos fatos". Durante uma breve conversação com a moça do caixa de uma loja de conveniências, ela disse "ver para crer", sem saber que concorda com a exaltação de Sir John referindo-se a uma das idéias-chave por trás do progresso da civilização ocidental, que também inspirou e modelou a experiência americana inicial.

Outras idéias e filosofias também desempenharam um papel na formação cultural e política do país. O transcendentalismo, o movimento social-filosófico "turn on, tune in, drop out"* original, havia sido popularizado no século XIX por escritores como Ralph Waldo Emerson e Henry David Thoreau. O trabalho de muitos escritores e artistas americanos oscilava pelos movimentos intelectuais europeus como o romantismo e existencialismo. O socialismo – outra invenção européia –, sob diversas aparências, deixou sua marca no tecido político e social do país durante o século XX. Essas idéias são amplamente conhecidas pela população do país, mas o esforço de vê-las aceitas se assemelha à sobrevivência de uma palmeira numa floresta boreal. O empirismo prático, objetivo e materialista foi a única "filosofia" ética e moral que conseguiu fincar raízes no solo intelectual e nativo dos Estados Unidos.

Mas, por quê? Analisando *a posteriori*, o empirismo parece ser o que melhor se encaixa no sistema político e econômico e no ânimo nacional. Essa atitude foi fielmente captada pelo historiador americano, Richard Hildreth, que escreveu, no século XIX, o seguinte: "Não

---

*Algo como: "Se ligue, se entregue e caia fora". Expressão da contracultura dos anos 1960, dita por Timothy Leary para incentivar mudanças culturais por meio do uso de drogas e do abandono das convenções existentes. Posteriormente, o autor diria que suas palavras haviam sido mal interpretadas. Na verdade, ele queria denotar com "turn on" a necessidade da introspecção para a descoberta dos diversos níveis de consciência e de sua ativação (com drogas, por exemplo). "Tune in" seria um incentivo à interação harmoniosa com o mundo, e "drop out", a descoberta da singularidade de cada indivíduo e o conseqüente restabelecimento da autoconfiança. (*N. da T.*)

PENSAMENTO, NO MELHOR ESTILO AMERICANO

dou nenhum valor aos ensinamentos que recebi, a não ser que possa confirmá-los com minhas próprias observações." A importância de fazer uso do fato concreto para estabelecer a veracidade de qualquer afirmação, seja ela mundana ou profunda, foi expressa na Declaração de Independência, quando Thomas Jefferson escreveu: "Acreditamos que estas verdades falem por si." Os princípios sublimados pela declaração são uma conseqüência lógica, não de idéias abstratas, mas de experiências tangíveis e visíveis. Elas não são incontestáveis, mas Jefferson e os 56 homens que endossaram o documento confiaram que as evidências eram conclusivas.

Jefferson e os Fundadores* foram profundamente influenciados pelos pensadores do Iluminismo europeu, em especial, pelas idéias de Francis Bacon, John Locke e David Hume. O trabalho de Hume, um solteirão escocês peripatético, que morou parte da vida em Paris, tem relevância para o desenvolvimento do espírito e pendor intelectuais norte-americanos. Talvez a mais importante e influente implicação das idéias de Hume tenha sido a noção de que nações e sistemas de governo que aleguem defender os direitos de seus cidadãos deveriam se orientar pela natureza humana, e não por um conjunto de ideais pré-formulados, independentemente da qualidade que aparentem ter. Mas o empirismo de Hume era uma faca de dois gumes. Não só as idéias nas quais um governo está fundamentado devem se basear na experiência, ou seja, nas evidências que dão testemunho do comportamento humano, mas as próprias idéias, conceitos e padrões de juízo dos quais as pessoas fazem uso para pensar, raciocinar e governar devem ser modelados pela experiência e cultura.

A noção de que a experiência influencia idéias e formas de pensar é a chave para compreender o intelecto norte-americano. Que con-

---

*Membros da convenção que formulou a Constituição Americana em 1787. (*N. da T.*)

Think!

frontos são esses que acabam predispondo o povo a adotar uma perspectiva primordialmente empírica, prática e cética? A resposta parece ser a singularidade das experiências históricas, sociais e políticas sobre as quais a nação foi construída.

Os Estados Unidos (pós-nativos) foram fundados por intrépidos homens e mulheres ingleses, que procuravam aventura, fortuna ou distância da perseguição religiosa – ou todos os três. Os puritanos, certamente, não eram empiristas, pelo menos não no sentido precípuo do termo. À semelhança do filósofo clássico grego Platão, eles acreditavam que o conhecimento que advinha da experiência sensorial era uma projeção imperfeita de formas e idéias eternas. Segundo os puritanos, essas idéias estavam presentes na mente de Deus. Isso não significava, porém, que eles defendessem a tese de que os seres humanos estavam presos num lamaçal de ignorância. Muito pelo contrário. Eles acreditavam que idéias e percepções nasciam da observação e do raciocínio para se tornarem úteis e, no final das contas, provarem a unidade entre a fé e a ciência. Segundo John Cotton, líder puritano, "o conhecimento não seria conhecimento sem a fé", e "a fé não passa de um incêndio florestal sem o conhecimento".

Muitos historiadores reconheceram o importante papel dos puritanos, não só por terem sido os primeiros a chegar, mas por prepararem o terreno para o crescimento da democracia norte-americana. Eles toleravam outras crenças religiosas, e respeitavam e prezavam as vantagens do raciocínio e do aprendizado baseado na experiência. Em seu livro *American History in American Thought*, Bert James Loewenberg relata: "Peregrinos e puritanos atravessaram o oceano, lutaram contra os índios e escreveram a história com um objetivo em mente. Independentemente do que gerações posteriores possam ter dito sobre o modo de vida puritano, ele foi o berço de grande parte da tradição intelectual americana."

PENSAMENTO, NO MELHOR ESTILO AMERICANO

A natureza comercial das primeiras colônias americanas foi outro estímulo para dar forma ao pendor pelo imediato, real e pragmático. A Virginia Company e a Massachusetts Company foram sociedades anônimas criadas com a dupla missão de colonizar e comerciar. Elas necessitavam de fazendeiros e de servos, contratados por um período de até sete anos, oferecendo em troca a viagem, alimentação e moradia. Findo o contrato, o trabalhador recebia um pedaço de terra e estava dispensado das obrigações para com a companhia. Jamestown, Plymouth e outras colônias iniciais não surgiram por caridade nem formavam missões de reconhecimento que viviam livre e indolentemente, sustentadas pelos cofres reais. Elas não só tinham a árdua incumbência de se auto-sustentarem em uma terra desconhecida, mas também de dar lucro ao rei e investidores. Desde o primeiro instante, os colonos pioneiros neste país tiveram de focar a totalidade de suas energias mentais e físicas no "aqui e agora".

Por uma variedade de motivos – ataques indígenas, inanição, incêndios e incapacidade – os empreendimentos deslancharam com enorme dificuldade. Na opinião de Thomas J. DiLorenzo, autor de *How Capitalism Saved America*, os problemas relacionados com más colheitas e escassez de alimento tiveram origem na propriedade comum da terra, pela companhia, durante os primeiros sete anos. Em 1611, quatro anos depois da fundação de Jamestown, o governo britânico mudou o sistema e permitiu a cada um três acres de terra. Em troca, pediu apenas um mês de trabalho como contribuição à companhia. Se a mudança no sistema teve influência direta no aumento da colheita, não se sabe, mas não resta dúvida de que produziu uma profunda mudança na cabeça dos primeiros colonos. Da noite para o dia, agricultores e trabalhadores passaram da condição de subalternos e dependentes para a de homens livres, que podiam seguir seu caminho do jeito que quisessem, independentemente das escolhas e da ética de

THINK!

trabalho dos outros. As colheitas realmente melhoraram após essa mudança, e a teoria de DiLorenzo se baseia em provas concretas, ainda que circunstanciais. Mas a afirmação é consistente com a visão de Hume sobre a natureza humana, da mesma forma que pesquisas no campo da psicologia moderna e da economia concluíram que, em havendo uma grande possibilidade de lucro pessoal, as pessoas se tornam melhores pensadores críticos e criativos. O historiador Charles Beard acreditava que foram, predominantemente, os interesses econômicos de cada indivíduo e as oportunidades que influenciaram o curso da história do país, desde seus primórdios. Grande motivação pelo sucesso (e medo das conseqüências do fracasso) estimulou os primeiros americanos a serem bons observadores e trabalhadores, exercendo criativamente o bom senso e o conhecimento aplicado.

No entanto, a experiência colonial dos primeiros tempos foi apenas um prólogo para o acontecimento que mais influenciou a formação do temperamento intelectual norte-americano. Os ideais incorporados pela Revolução Americana e suas conseqüências foram a pedra de toque da moral, ética e vida intelectual do país durante dois séculos de reviravoltas globais, crises sociais internas e mudanças étnicas e culturais. A essência do ideal é uma profunda fé no ser humano e no vigor do raciocínio.

Os Estados Unidos e seus fundadores não foram os primeiros a adotar a liberdade e a dar enorme valor à perfeição humana e às capacidades da mente. Esses ideais foram inventados, essencialmente, pelos gregos e redescobertos, modernizados e trazidos à tona da consciência social por escritores e artistas do Renascimento italiano e do Iluminismo europeu. Se, por um lado, os norte-americanos estavam se apropriando desses princípios, por outro, os Estados Unidos seriam o primeiro país a empregá-los como fundamentos de uma nação constitucional e política. O governador britânico Thomas

PENSAMENTO, NO MELHOR ESTILO AMERICANO

Pownall escreveu, em 1783, que "a liberdade genuína sobre a qual os Estados Unidos estão fundamentados é um completo e inteiramente 'Novo Sistema de Coisas'".

O raciocínio crítico não só desempenhou um papel crucial no funcionamento desse "novo sistema de coisas", bem como foi indispensável para deslanchar esse recém-adquirido conceito na íntegra. Se alguma vez houve um povo que viveu pelo intelecto, então foi aquele grupo de revolucionários. Eles passaram o mesmo tempo, ou mais, envolvidos em conflitos de idéias quanto preparando os mosquetes. "A Revolução foi uma batalha de palavras antes de passar para as ações", escreveu o historiador Loewenberg. Repetidas vezes, uma nova questão política ou social ameaçava o bem-estar dos norte-americanos ou o princípio da independência, exigindo um exame empírico dos fatos e uma resposta prudente. Era uma época em que se escrevia intensamente, se lia vorazmente e se debatia ruidosamente, mas com propósito. O panfleto era a CNN da época. Entre, aproximadamente, 1763 e o fim da guerra, em 1783, por volta de dois mil panfletos foram impressos sobre os assuntos mais controversos possíveis. Livros, diários, cartas e jornais espalhavam o debate para todos os cantos do país.

O panfleto de 44 páginas, *Common Sense*, de Thomas Paine, usou tanto uma linguagem evocativa quanto uma argumentação lógica para atiçar uma fagulha extremamente refinada e potente de febre revolucionária nas mentes dos leitores. Paine censurava os que acreditavam que devia haver uma reconciliação com a Grã-Bretanha em prol da relação natural e permanente com a pátria-mãe. "A pátria dos Estados Unidos é a Europa, e não a Inglaterra", afirmou Paine. "O primeiro rei da Inglaterra da presente linhagem (Guilherme, o Conquistador) era francês, e metade dos nobres da Inglaterra são descendentes do mesmo país; portanto, pela mesma lógica, a Inglaterra deveria ser governada pela França."

Think!

Após a revolução, a liberdade sem precedentes da população norte-americana e a expansão para o oeste, a perspectiva prática e empírica enraizou-se ainda mais na cultura nacional. Em seu respeitado livro *The Frontier in American History*, Frederick Jackson Turner descreve a fronteira em expansão contínua como o fator determinante do caráter da vida americana. O embate constante com um ambiente primitivo não só demandava um individualismo exacerbado, mas também nivelava qualquer distinção de descendência, classe e educação. O oeste lança uma sombra mitológica. Seus vestígios ainda podem ser vistos em valores norte-americanos, padrões de comportamento e psicologia nacional, principalmente na visão igualitária, não-elitista, e nas exigências que costumam impor ao discurso nacional.

Hoje, o Oeste tornou-se o Leste, representado nas ameaças e oportunidades de países como a China e a Índia. Se, daqui a cem anos, os Estados Unidos pretendem estar à frente das inovações, da qualidade de vida e da influência política, terão de refrear e reverter a redução dos padrões, que está levando a uma inteligência igualitária baseada na emoção e intuição. Habilidades para pensar bem criticamente serão imperiosas para a prosperidade contínua deste país no novo mundo que se aproxima mais e mais de nós. Os Estados Unidos precisam reavivar a crença no valor da perspectiva singularmente americana, baseada em valores pragmáticos e numa visão empírica. Ela deve, inclusive, transcender o meramente empírico e prático.

Pensamento crítico e criativo de qualidade começa a partir de observações pessoais do mundo externo. Mas, como afirmou, enfaticamente, John William Burgess, da Columbia University, conhecido como o fundador da história "científica", uma pessoa só poderá apreender o significado dos fatos, sejam eles históricos ou não, depois de ter construído um arcabouço conceitual.

PENSAMENTO, NO MELHOR ESTILO AMERICANO

Não se pode viver apenas baseado em fatos. É provável que isso nunca tenha sido possível, mas hoje em dia certamente é impossível. O mundo é plano. É assim que o colunista do *New York Times* Thomas Friedman caracteriza a situação em seu livro com o mesmo título. Neste mundo, os fatos relativos à experiência pessoal só adquirem real valor e significado se forem complementados pelos fatos vivenciados por outros. E esses "fatos" extras, informações adquiridas para além do domínio da experiência pessoal, só podem ser obtidos por meio do discurso, da mídia digital ou da antiquada palavra escrita. Aqueles que forem bem-sucedidos, sentem-se realizados e vivem bem sob estas novas condições e compreenderão que os ditames atuais que questionam a relevância do aprendizado formal, erudito e o conhecimento em si são, eles próprios, antiquados. Não se trata de resolver os enigmas do "motor imóvel" ou do universo em expansão. Trata-se de ser capaz de expressar opiniões e debater questões importantes com a família, amigos e colegas. Trata-se de fechar um contrato com uma empresa na Índia por saber recitar alguns versos do Bhagavad Gita. Trata-se de salvar a floresta tropical provando que árvores e comércio podem co-existir.

Isso é que se chama ser prático.

Capítulo 4

Alimentando o monstro do bem-estar

Todos os dias, em milhares de escolas norte-americanas, professores facilitam o processo do pensamento. A seguir, uma descrição detalhada de um dia na vida de uma criança, numa escola de primeiro grau na agradável periferia da cidade, conforme descreveu Lawrence Diller no livro *Running on Ritalin*:

O sinal do almoço acabou de tocar, e as crianças saem das salas para o pátio, fazendo grande estardalhaço. Elas terão um breve recreio antes da refeição. Dentro da escola, na sala adjacente à do diretor, a secretária acomoda frascos de remédio sobre uma bandeja. As fotos de 14 crianças estão coladas na bandeja com fita adesiva, cada qual etiquetada com o nome do aluno e relacionada a um dos frascos. Embora ela já tenha decorado quem recebe o quê, esse sistema a ajudou, no início do ano letivo, a não cometer erros – e a saber qual a pílula de Ritalin e qual a dose para cada uma delas [...]

Numa escola das redondezas, aproximadamente do mesmo tamanho, as crianças que tomam Ritalin são organizadas em turnos de dez minutos, já que passam de trinta alunos. E esse ritual diário é repetido [...] em escolas de leste a oeste dos Estados Unidos.

THINK!

Ritalin é um estimulante psicotrópico que aumenta a quantidade do neurotransmissor "dopamina" no cérebro. Ele é receitado para crianças (e adultos) com rendimento inferior ou hiperativas – ou ambos. Por que dar um estimulante para uma pessoa hiperativa? Foi comprovado, pelo menos em crianças, que um estimulante pode ter o efeito oposto e reduzir a falta de concentração. Nos meios farmacológicos, dá-se o nome de "efeito paradoxal" a esse fenômeno.

Apesar de o remédio ajudar a "normalizar" o comportamento, há certas controvérsias a respeito. Não existe nenhuma prova conclusiva de que ele auxilie no desempenho do aluno a longo prazo. Um estudo concluiu que a reação de crianças que se medicam é mais forte diante de uma possível punição do que de uma possível recompensa. Se assim for, o remédio, na verdade, reduz o incentivo para obter sucesso. As drogas, em geral, não costumam aumentar a motivação. Além disso, ainda há o inconveniente de Ritalin ser uma droga que causa dependência. A Drug Enforcement Agency* classifica Ritalin como uma substância controlada classe II, a mesma dos narcóticos heroína e cocaína. O Dr. Fred Baughman, conhecido crítico do Distúrbio de Déficit de Atenção, descobriu que, das 2.993 reações adversas do Ritalin registradas pelo FDA** entre 1990 e 1997, 160 eram o que se pode chamar de caso extremo, ou seja, a morte. Por último, mas nem por isso menos importante, Ritalin é um remédio caro. Cem pílulas de Ritalin podem chegar a custar mais de 150 dólares.

Estima-se que 4,4 milhões de crianças norte-americanas, de 4 a 17 anos, tenham sido diagnosticadas com DDA ou seu afim DDAH (Distúrbio de Déficit de Atenção com Hiperatividade). Há vinte anos, eram aproximadamente meio milhão. Entre 10 e 12 por cento de to-

---

*Agência de Combate às Drogas. (*N. da T.*)
**Food and Drug Administration: repartição do governo americano que regula e fiscaliza alimentos e remédios (entre outros). (*N. da T.*)

ALIMENTANDO O MONSTRO DO BEM-ESTAR

dos os meninos com idade entre 6 e 14 anos, nos Estados Unidos, foram diagnosticados com DDA. Cinqüenta e seis por cento das crianças diagnosticadas com DDA usaram Ritalin alguma vez. Mas quem está fazendo o diagnóstico? Como foi que um mal que praticamente não existia há trinta anos tornou-se um problema, nas palavras do Dr. Diller, "de proporções epidêmicas"?

A resposta se encontra no que pode ser considerado, cada vez mais, como um marco na história do ensino norte-americano. O grandioso evento, aparentemente destinado a mudar a ênfase e os objetivos do ensino no país, foi a reunião do comitê da American Psychiatric Association*, que ocorreu em 1980. Durante esse encontro, o DDA foi definido e classificado como distúrbio mental. A seguir, alguns dos "sintomas" do DDA, conforme listado na "bíblia" da associação, o *Diagnostic and Statistical Manual (DSM)***:

- Não pára quieto na cadeira.
- Costuma correr ou subir (em árvores) em situações inapropriadas.
- Está sempre ativo ou age como se fosse movido a motor.
- Costuma responder antes de a pergunta ter chegado ao fim.

Ainda há outros cinco sintomas e, se o pediatra ou o professor achar que a criança demonstra ter seis deles durante um período de meio ano, ela será diagnosticada com DDA.

Eu já havia deixado o primeiro grau muito antes de 1980, mas tenho certeza de que o meu segundo ano teria sido uma mina de ouro para os psiquiatras, se eles estivessem atrás de novidades na época. Ao que parece, eu e, pelo menos, metade dos outros garotos

---

*APA – Associação Psiquiátrica Americana. (*N. da T.*)
**Manual de Diagnósticos e Estatísticas. (*N. da T.*)

THINK!

da turma, teríamos sido material de primeira categoria para o estudo do DDA.

Ao rotular o DDA como um distúrbio mental e associá-lo à droga Ritalin como tratamento mais indicado, o sistema educacional norte-americano sofreu conseqüências práticas e filosóficas de enormes proporções. Abriram-se os diques para uma série de diagnósticos de incontáveis outros "distúrbios" mentais e de aprendizado, que eram raros ou até desconhecidos até então. Uma lista parcial da APA, que considera como distúrbios certos estados físicos, inclui disfunção cerebral mínima, distúrbio impulsivo, distúrbio do desenvolvimento da leitura, da escrita e da aritmética.

O DDA acabou levando à autorização e, até mesmo, ao endossamento do uso de psicotrópicos, drogas potencialmente causadoras de dependência, nas salas de aula da nação. A ironia não é agradável: se as habilidades necessárias para a resolução de problemas e de leitura decaíram, por outro lado, nossos alunos ganham do resto do mundo em consumo de drogas. Não é de se surpreender que a exposição precoce das crianças norte-americanas a tais medicamentos tenha levado à dependência na idade adulta. Um estudo publicado na *Journal of American College Health**revelou que 17 por cento de adultos do sexo masculino e 11 por cento do feminino usam drogas para crianças com DDA.

Estima-se que o mercado norte-americano de Ritalin e de outros medicamentos para controlar o DDA movimenta um total de quase três bilhões de dólares por ano. No primeiro trimestre de 2005, o laboratório Pfizer vendeu 644 milhões de dólares do antidepressivo Zoloft nos Estados Unidos, e menos de 1/3 desse valor no resto do mundo. Em 2002, o FDA aprovou o uso de Prozac para aliviar a depressão em crianças a partir dos 8 anos. Na década de 1990, a quantidade de recei-

---

*Revista de Saúde das Instituições de Ensino Superior Americano. (*N. da T.*)

ALIMENTANDO O MONSTRO DO BEM-ESTAR

tas de Ritalin e medicamentos semelhantes quintuplicou para quase 20 milhões, no país, de acordo com o IMS Health*, firma que faz auditoria em receituários. Quase todo o Ritalin fabricado no mundo é vendido nos Estados Unidos. Deduz-se que, fora do país, ou o distúrbio não existe ou, se existe, ele é tratado de forma diferente, por métodos menos intrusivos. Isso também gera questões sobre a legitimidade dos critérios que a APA usa para determinar distúrbios mentais.

De 1952 a 1994, o número desses distúrbios listados no *DSM* da APA subiu de 112 para 374, um crescimento de mais de 300 por cento. Mas como é que eles chegam a fazer parte de tão nobre manual? Anos de pesquisa científica, sem dúvida? Segundo Renee Garfinkel, psicólogo e representante da APA que participou de reuniões do *DSM*, o processo é um pouco menos rigoroso. Garfinkel contou à revista *Time* que "o baixo nível de esforço intelectual era surpreendente. Os diagnósticos eram feitos por votação majoritária, como se estivéssemos escolhendo um restaurante. 'Estou com vontade de comer comida italiana.' 'E eu, chinesa.' 'Então, vamos para a lanchonete.' E, no final, passava-se tudo para o computador".

Isso realmente não inspira muita confiança. Em seu livro *And They Call It Help*, Louise Armstrong comenta os métodos "científicos" usados para determinar doenças mentais no *DSM*. "Se você ler sobre a evolução do *DSM*, descobrirá o seguinte: trata-se de um documento político em sua totalidade. O que está incluído, o que ficou de fora, tudo é resultado de uma campanha intensa, negociações prolongadas, rivalidades e jogos de poder."

Isso é exatamente o que se espera quando há pouca ou nenhuma evidência para sustentar determinado ponto de vista. Armstrong cita

---

*Intercontinental Marketing Services Health – Serviços de Marketing Intercontinental (na área da) Saúde. (*N. da T.*)

Think!

o episódio da "descoberta" de um distúrbio chamado de "distúrbio da personalidade autodestrutiva". O presidente da comissão *DSM-III-R* na época, Robert Spritzer, tinha inventado a expressão durante uma pescaria e, ao retornar, convenceu um número suficiente de membros da comissão para incluí-la no "manual".

De acordo com Dr. Sydney Walker, muitos médicos escolhem a psiquiatria porque, depois de haverem decidido estudar medicina, descobrem que não era bem isso que queriam. Em seu livro *A Dose of Sanity*, ele revela que "a aversão visceral de muitos psiquiatras pela medicina é a principal razão para o sucesso do *DSM* – afinal, você não precisa tocar no paciente para receitar um rótulo do manual – e o desagrado com diagnósticos que pressupõem uma participação ativa".

No cerne da epidemia do DDA e seu tratamento com Ritalin, surge à discussão se os supostos sintomas do distúrbio têm uma origem incontestavelmente biológica ou médica, ou se eles são causados por fatores ambientais e sociais, como condições escolares ou negligência parental. Da mesma forma que o processo decisório sobre um comportamento ser ou não um distúrbio, esta discussão acabou degenerando para a arena política. Se nos fiarmos puramente na lógica, no entanto, a afirmação de que o DDA é uma condição neurológica e genética *anormal* parece-nos bastante débil.

Primeiro, não há como testar de forma direta, seja física ou quimicamente, se uma pessoa tem DDA ou DDAH. Não há exames físicos porque, ao contrário de diagnósticos de enfermidades como a gripe ou cardiopatias, não existem sintomas mensuráveis. O único método de diagnosticar o distúrbio é pela observação subjetiva de uma pessoa. Segundo, estamos falando de uma enfermidade sem sintomas autenticamente clínicos ou médicos, semelhantes aos apresentados em doenças genéticas como anemia da célula falciforme ou fibrose cística. O DDA não passa de um padrão de comportamento. A timidez é um padrão de

ALIMENTANDO O MONSTRO DO BEM-ESTAR

comportamento que, aliás, pode se tornar socialmente debilitante para algumas pessoas, mas a American Medical Association* jamais endossou a prescrição de medicamentos fortes em massa para tratar crianças contra tal epidemia. Visto que a maioria das crianças diagnosticadas com DDA são meninos, deduz-se que exista uma correlação genética com o remexer, correr e subir em árvores. Mas, anormal?

O fato de a maior parte das crianças diagnosticadas com DDA e DDAH ser do sexo masculino naturalmente levanta a suspeita sobre a tendência fazer parte de uma conspiração feminista. Em *The War Against Boys*, Christina Hoff Summers afirma que grupos de mulheres têm se empenhado, sistematicamente, por tratamento preferencial para as meninas em escolas, onde os meninos são vistos como uma presença hostil e agressiva. Ela escreve que "líderes de movimentos por direitos iguais desaprovam garotos rebeldes, e referem-se aos brigões do pátio escolar – com a cara mais séria – como os espancadores, estupradores e assassinos de amanhã". Visto sob este ângulo, parece que Ritalin está sendo usado no tratamento de nada mais do que o "gene de garoto", e não de uma doença de verdade.

Inúmeras associações de ensino, funcionários do governo, médicos e até mesmo psiquiatras têm questionado a validez da teoria segundo a qual DDA/DDAH tem fundamento biológico. Por exemplo, em uma carta de 1994, Paul Leber, do FDA, escreve ao Dr. Baughman que "até o momento, não foi delineado nenhum distúrbio patofisiológico característico". Apesar disso, a opinião que defende que o DDA/DDAH é produto de algum mecanismo biológico "ainda por ser descoberto" recebe enorme apoio do meio psiquiátrico.

Admitamos hipoteticamente que, primeiro, o DDA seja de fato um estado clínico anormal; segundo, que seja causado ou exacerbado prin-

---

*Associação Médica Americana. (*N. da T.*)

Think!

cipalmente por fatores biológicos, e não sociais. Isso ainda não justifica o uso de psicotrópicos para o tratamento. Como o Dr. Diller atesta em seu livro, o fato de aceitar que o DDA seja um distúrbio cerebral biológico ainda não significa que o tratamento também deva ser biológico, ou seja, com medicamentos. Ele salienta que o tratamento inicial indicado para muitas enfermidades biológicas – como a hipertensão ou a diabetes tipo II, por exemplo – é uma mudança do estilo de vida, aumento de exercícios físicos, dieta mais balanceada e perda de peso.

Quanto mais se vasculha a proliferação do DDA-Ritalin, mais se tem a impressão de que se trata de um revoltante logro profissional-político. Muitos críticos do DDA e de toda a indústria por trás dos distúrbios de aprendizado acreditam que psiquiatras tenham usado a psicoterapia com uso de drogas para conseguir igualar sua profissão, tanto profissional quanto financeiramente, com a medicina tradicional. Os próprios medicamentos utilizados no tratamento de um crescente número de distúrbios mentais e psicológicos são, eles próprios, a base de uma indústria multibilionária. Até mesmo as escolas ganham uma fatia. Há muitas delas que recebem fundos extras com os bônus que recebem por cada estudante diagnosticado com determinado distúrbio de aprendizado.

Estou longe de querer parecer um alarmista, mas creio que é patente o crescimento excessivo do número de alunos diagnosticados com DDA, depressão e outros distúrbios de aprendizado na escola, e o encorajamento de um tratamento profissional à base de medicamentos está mudando a natureza do ensino norte-americano, com conseqüências preocupantes tanto para os alunos quanto para o pensamento crítico e criativo. Estudos demonstraram que Ritalin, por exemplo, não *melhora* substancialmente o aprendizado. Pelo contrário, produz um efeito sedativo recompensado pela redução de irritabilidade. Estudos antiquados sobre a natureza humana dizem que a motivação e o incen-

102

ALIMENTANDO O MONSTRO DO BEM-ESTAR

tivo, mesmo que não tenha em vista uma retribuição, são a chave para extrair o magnífico potencial do cérebro. Ainda que um aluno em particular reaja positivamente ao Ritalin e outros medicamentos, o aumento da probabilidade de ele levar uma vida dependente da droga não é um antecedente particularmente saudável para a agudeza mental e um futuro estável a longo prazo. Finalmente, a introdução de remédios nas escolas da nação mudaram, radicalmente, o papel da educação. Em vez de ensinar leitura, redação e habilidades para a resolução de problemas, os professores passaram a gerenciadores da dinâmica social em sala de aula e do ajuste do comportamento, das atitudes, valores e crenças. Não é de surpreender que os alunos americanos estejam perdendo terreno para o resto do mundo nas habilidades básicas de aprendizado, necessárias para o sucesso profissional e acadêmico!

No entanto, em escala muito maior, esse aumento, sem precedentes, de uma gama de distúrbios do aprendizado está em conformidade com a transformação dos Estados Unidos de uma cultura auto-suficiente para uma de dependência. Christina Hoff Summers e Sally Satel, no livro *One Nation Under Therapy*, atribuem essa tendência a uma mudança de valores filosóficos, partindo de uma visão consensual de que os defeitos de uma pessoa são o resultado de imperfeições no caráter ou de falta de iniciativa, para a idéia do indivíduo cujas imperfeições são produto de distúrbios e males imutáveis. Portanto, os excessos cometidos – na alimentação, no jogo, nas compras – não são um problema comportamental causado por falta de autocontrole, e sim, vícios. Uma explicação usual para notas baixas nos exames é um tipo de síndrome do pânico. A inabilidade de aproveitar as oportunidades e explorar todo o potencial acaba sendo creditada ao antigo e autodestrutivo caldeirão de distúrbios da personalidade.

Think!

Assim, nem tudo pode ser invenção de psiquiatras gananciosos, médicos complacentes e professores preguiçosos. Os norte-americanos, em especial os *baby boomers*, parecem ter necessidade de serem absolvidos das próprias fraquezas e falhas, e das dos filhos. Há uma demanda crescente por motivos que justifiquem nossa inocência. No fundo, criamos um enorme mercado, tanto para os distúrbios quanto para a terapia.

Em *The Progress Paradox*, Gregg Easterbrook adverte que a melhora significativa da qualidade de vida nos Estados Unidos, durante os últimos cinqüenta anos – possibilidade de dispor de uma fatia maior do salário, menos cardiopatias, menos discriminação –, não tornou o povo mais feliz. Easterbrook sugere que a causa subjacente a essa tendência é a falta de propósito na vida das pessoas. À medida que se vão os objetivos significativos, nada é mais desgastante ou gratificante do que os próprios filhos.

A popularidade estrondosa do movimento de auto-estima é, por si só, um sinal de que muitos adultos norte-americanos sofrem de uma deficiência de propósito na vida, e que estão procurando compensá-la projetando-se na vida dos filhos. Desde 1977, mais de 17 mil artigos e dissertações contendo o termo "auto-estima" no título apareceram em revistas profissionais de psicologia. "Auto-estima" tornou-se um bordão versátil para identificar uma característica ou visão que a maioria da população acredita ser indispensável para a vida americana. O termo também adquiriu importância social ao tornar-se missão declarada de vários grupos, associações e forças-tarefa. O produto final de uma dessas forças-tarefa na Califórnia, na década de 1980, um relatório intitulado *The Social Importance of Self-Esteem*, proclamava, audaciosamente, que "muitos, senão a maioria dos problemas mais significativos que afligem a sociedade têm sua origem na baixa auto-estima de seus membros".

Alimentando o monstro do bem-estar

Já que estamos falando nisso, por que não aproveitamos e usamos a auto-estima para pagar o débito interno? É claro que a idéia de encorajá-la para resolver problemas tem certo encanto automático, do tipo "num piscar de olhos". Isso mesmo, se as pessoas se sentirem melhor na própria pele, então haverá menos crimes e consumo de drogas, e melhor desempenho no trabalho e na escola. Senso comum, certo? Os fatos, no entanto, mostram um quadro bem diferente.

O único resultado consistente de pesquisas realizadas sobre o tema parece ser que as pessoas com maior auto-estima são mais felizes. Um estudo feito por um grupo de pesquisadores da University of Iowa, que envolveu 23 mil alunos do ensino médio, achou pouca relação entre alta auto-estima e melhor desempenho acadêmico.

De fato, alguns educadores, psicólogos e pais estão começando a se perguntar se programas como No Child Left Behind* e outros projetos para criar uma sala de aula não-competitiva não seriam uma fórmula para abaixar a excelência acadêmica. No artigo "When Every Child Is Good Enough", John Tierney escreve que "alguns críticos da educação acreditam que os meninos, em particular, têm resultados piores em escolas que enfatizam a cooperação em vez da competição". Tierney também cita Joyce Clark, responsável pelo planejamento do programa para crianças superdotadas das escolas públicas de Pittsburgh. "Na prática, 'Nenhuma Criança Fica para Trás' significa 'Nenhuma Criança Progride'. Não há incentivo para se preocupar com elas (as crianças superdotadas), pois elas passarão nos testes." Em outras palavras, o objetivo dos educadores tornou-se reforçar a mediocridade, e não inspirar a excelência.

---

*NCLB – Nenhuma Criança Fica para Trás, lei de 2001 segundo a qual haveria um padrão nacional de ensino a ser seguido, para evitar que qualquer criança tivesse resultados insuficientes e ficasse para trás. Escolas que não conseguissem alcançar a média sofreriam sanções. Além disso, pais teriam maior atuação no progresso escolar dos filhos. (*N. da T.*)

Think!

Michael Barone, no livro *Hard America, Soft America,* argumenta que alunos norte-americanos ficam para trás dos europeus ocidentais e asiáticos porque, dos 6 aos 18 anos, eles são paparicados no ambiente agradável e nada competitivo das escolas nacionais. Em contrapartida, diz ele, as escolas européias e japonesas são extremamente competitivas. E isso contrasta enormemente com o ambiente de trabalho do mercado livre, nos Estados Unidos, que é muito mais competitivo e guiado por resultados do que o da Europa.

Parece haver uma fluidez nos resultados finais de ambos, a indústria de distúrbios de aprendizado e o movimento de auto-estima. Se uma criança é diagnosticada com DDA ou com distúrbio do desenvolvimento da aritmética, sua auto-estima será preservada, pois os professores usarão outras estratégias de aprendizado para ajudá-la com um problema do qual não tem culpa. Da mesma forma, quando se elimina a competição ou o reconhecimento especial, como premiações, cria-se um ambiente sem ameaças para aqueles que têm baixo desempenho ou distúrbios de aprendizado, encorajando, novamente, a auto-estima. O uso de medicação psicotrópica é a última peça do quebra-cabeça, garantindo um estado de estabilidade farmacológica induzida na sala de aula – condição na qual todos ficam, de fato, no mesmo nível.

Por trás de toda essa miscelânea fabricada de bondade intrometida, no entanto, pode não haver mais do que um egoísmo exacerbado: a mitigação da culpa, do erro e da responsabilidade.

O Dr. Diller não sugere nada tão sinistro quanto o egoísmo, embora afirme que fatores como a mudança na estrutura da vida familiar e o sistema educacional por demais exigente contribuem para o aumento de diagnósticos de DDA. Pai e mãe, quando ambos trabalham, não têm tempo, vontade nem fôlego para disciplinar de forma apropriada e consistente os filhos pequenos. No entanto, se o DDA e outros distúrbios de aprendizado tiverem causa biológica, ninguém

ALIMENTANDO O MONSTRO DO BEM-ESTAR

poderá ser responsabilizado, nem pais nem professores. Diller documenta que a intervenção parental pode ser tão eficaz quanto o Ritalin em minimizar comportamento do tipo DDA. Ele conta a história de um pai divorciado que parou de dar o remédio ao filho de 5 anos e assumiu as responsabilidades parentais que competem à mãe de forma "firme e imediata". Três semanas depois de haver interrompido a medicação, seu comportamento não havia regredido – o distúrbio biológico e imutável havia desaparecido como por milagre.

A explosão da cultura terapêutica, a indústria do distúrbio de aprendizado e o movimento de auto-estima só podem prejudicar a perspectiva de melhora do pensamento crítico e criativo dos Estados Unidos. Com um sistema educacional focado, principalmente, nos objetivos políticos de manter o status quo, suprimir o sentimento de culpa, modificar o comportamento e acudir às necessidades daqueles que aprendem devagar, não seria realista esperar um ensino excelente e inspirado. Se todos são, automaticamente, especiais, que incentivo uma criança tem para se esforçar um pouco mais e conseguir um 8 em vez de um 6, ou um 10 em vez de um 8? Baixas expectativas e mediocridade se procriam. Se eu tiver sido rotulado como portador de distúrbio de aprendizado, então estará escrito ali, preto no branco, autenticado: "SOU DEFICIENTE! TENHO GRANDES DIFICULDADES PARA PENSAR."

Portanto, parece que a forma mais rápida para sair dessa confusão é reconhecer e admitir que todos nós estamos sofrendo de um distúrbio qualquer de aprendizado, de baixa auto-estima ou de uma combinação de males. Esta afirmação não tem a intenção de desprezar as sérias conseqüências que distúrbios como autismo, dislexia e, até mesmo, sintomas parecidos com DDA podem ter no aprendizado. Mesmo assim, é bem verdade que muitos de nós são melhores em história do que em matemática, ou têm melhor memória do que visão espacial, ou cozinha melhor do que faz reparos na casa. Temos maior facilidade

THINK!

apenas em alguns desses temas ou processos de raciocínio, mas isso não quer dizer que um bom cozinheiro não possa aprender a fazer reparos na casa ou vice-versa. Ainda mais encorajadoras para aqueles dentre nós que sofrem de pequenos ou grandes distúrbios de aprendizado e baixa auto-estima são as histórias dos grandes pensadores críticos e criativos, muitos dos quais enfrentaram graves dificuldades de aprendizagem ou males psicológicos. Acredita-se que Einstein, cujo nome é sinônimo de genialidade, tenha sido disléxico quando criança. E, como foi retratado no filme *Uma mente brilhante*, John Nash, matemático em Princeton, superou a esquizofrenia para receber o prêmio Nobel.

A capacidade de a mente humana raciocinar criticamente é a essência de nossa autoconfiança e, em última instância, liberdade. Autoconfiança e liberdade são, universalmente, associadas ao estilo de vida norte-americano. Se continuarmos a alimentar o monstro do bem-estar, ele devorará esse estilo de vida com todo prazer.

Capítulo 5

A ascensão do politicamente correto e a derrocada da inteligência e da rapidez

Imagine ser acordado no meio da noite por alguém batendo com força na porta da frente. Você dá um pulo da cama, desce as escadas aos tropeços e escancara a porta. Sob a luz da varanda, distingue dois homens: um, vestindo terno, e o outro, uniforme de polícia.

– Senhor, vista-se e nos acompanhe, por favor! – ordena o homem de terno.

– Por quê?

– Seu emprego, carreira e reputação pessoal correm extremo perigo, por que não dizer, perigo até mortal.

– Por quê?

– Por ter assumido uma postura prudente, porém incompatível com o ponto de vista da sociedade.

Duvido que Larry Summers, presidente de Harvard, já tenha recebido uma visita noturna dessas, mas todo o resto da descrição acima é baseado em fatos reais.

Em 14 de janeiro de 2004, Summers fazia uma palestra para um grupo pequeno e fechado, sobre "Diversificação da Força de Trabalho

THINK!

nas Ciências e na Engenharia". A organização da conferência estava a cargo da National Bureau of Economic Research* e havia sido convocada em resposta a estatísticas que demonstravam que a proporção de mulheres em áreas científicas e matemáticas não condizia com o número de mulheres matriculadas em cursos de pós-graduação. Quando o assunto enveredou para a relativa escassez de mulheres em posições acadêmicas permanentes nas faculdades de ciências e engenharia das universidades de elite, Summers conjecturou que o fato se devia antes às escolhas feitas por elas ou às diferenças de capacidade cognitiva entre os sexos do que à discriminação.

Ele acrescentou, resumidamente, o seguinte:

> *Portanto, com o intuito de instigá-los, dou-lhes a minha opinião sobre o que considero estar por trás desse fenômeno, de longe, preponderante. Trata-se do confronto trivial entre o desejo legítimo das pessoas de constituir família e o desejo prevalecente dos patrões – de poder e dedicação. No caso específico das ciências e da engenharia há, ainda, questões de aptidão intrínseca e, particularmente, de variabilidade de aptidão. Tais considerações também são reforçadas por outras questões menores, por assim dizer, que envolvem socialização e discriminação constante.*

O furor causado pelos comentários de Summers surpreendeu até mesmo os mais indiferentes aos estrepitosos arranhões e socos da batalha dos sexos na área acadêmica. A esta altura, as autoridades parecem ter desistido de registrar o número de vezes que Summers ofereceu suas desculpas publicamente. O colunista George Will descreveu que a provação de Summers "fazia-o rastejar servilmente, distanciando-se cada vez mais da sua afirmação sobre possíveis diferenças cognitivas

---

*Agência Nacional de Pesquisa Econômica. (*N. da T.*)

110

A ASCENSÃO DO POLITICAMENTE CORRETO...

entre os sexos". Summers não só se desculpou repetidas vezes, ele ainda teve de se sujeitar – de uma forma que mais parecia uma reminiscência dos julgamentos da Gangue dos Quatro, na China – a incontáveis reprimendas de irados ex-alunos, estudantes e do corpo docente em geral. Ele instituiu um programa tornando a contratação e promoção de mulheres uma prioridade em Harvard – proposta praticamente negligenciada, mesmo antes de seus comentários – e chegou até a adotar um consultor de moda.

A cena degradante de ver Summers ser fustigado, arrastado e esquartejado pelas mesmas pessoas que ele deveria liderar, a tortura que ele próprio provocou, conquistou-lhe a simpatia de alguns liberais moderados, asseguram seus críticos. Ruth R. Wisse, que escreve na revista *Commentary* e é professora de literatura comparada, em Harvard, afirmou que Summers estava sendo censurado e excluído, embora "pouco em seus comentários já não houvesse sido dito ou especulado por outros, durante anos", talvez porque ele "fosse o primeiro presidente, em quatro décadas, a desafiar, mesmo que cautelosamente, a quase-hegemonia da esquerda radical e liberal no campus".

E quanto aos "crimes" de Summers? Numa coluna publicada em várias revistas e jornais, Linda Chavez, presidente do Center for Equal Opportunity*, comenta que, "por mais desconfortável que seja para as feministas, as evidências apontam para pequenas, mas importantes diferenças em habilidades científicas e matemáticas entre mulheres e homens". Chavez observa que, enquanto o número de garotos que precisa de aulas de recuperação em leitura é expressivamente maior do que o de meninas, o número de garotos dotados de habilidades para as ciências e a matemática excede mais ainda o de meninas. Em estudo feito pela Johns Hopkins University, sobre pré-adolescentes superdo-

---

*Centro de Oportunidades Iguais. (*N. da T.*)

Think!

tados em ciências e matemática, os meninos tiraram as notas mais altas em matemática numa proporção de 13 por um. A média das notas tiradas por meninos no College Board's 2004 Advanced Placement Test*, em disciplinas como biologia, cálculo e física, é de 3,23, 3,09 e 2,84, respectivamente (a nota máxima é 5), enquanto as meninas tiraram médias 2,9, 2,82 e 2,37 nas mesmas disciplinas.

Será que as feministas e a esquerda, em sua ira extremada contra Summers (a professora de biologia do MIT**, Nancy Hopkins, disse a repórteres que seus comentários deixaram-na nauseada), pretendem ignorar, suprimir, apagar esses dados dos registros? Se esse for o caso, elas estarão prejudicando a própria causa. A ironia, aparentemente despercebida, é que as desculpas pedidas por Summers, associadas à probabilidade de o tema jamais vir à tona novamente em qualquer fórum, tenha ele financiamento público ou privado, acabarão voltando-se contra o objetivo de empregar mais mulheres nas áreas científicas. Como será possível abordar a questão se as regras básicas já impedem um exame neutro e aberto dos fatos?

Então, o que será que significa dizer, baseado em décadas de notas e avaliações de exames, que as mulheres parecem ter menor "aptidão intrínseca" que os homens em matemática e ciências? Certamente, não significa que as mulheres, como grupo, são incapazes de se dedicar às ciências, visto a presença de muitas cientistas renomadas em todas as áreas de ciências naturais e físicas comprovar o contrário. Mas pode significar que, em média, o cérebro feminino não seja tão adequado à execução dos tipos de algoritmos mentais abstratos necessários para resolver problemas de matemática e ciência quanto a média do cérebro masculino. Pode significar também que as mulheres em geral, por

---

*APT – Teste de Colocação Antecipada – teste que garante créditos para a universidade referentes ao desempenho durante o ensino médio. (*N. da T.*)
**Instituto de Tecnologia de Massachusetts. (*N. da T.*)

A ASCENSÃO DO POLITICAMENTE CORRETO...

natureza, não tenham tanta motivação nem se interessem tanto pelos estudos de matemática, ciências e engenharia.

Esse último fato poderia ser um dos motivos para a diferença de desempenho entre os sexos em ciências e matemática. Um estudo longitudinal realizado por Jacquelynne Eccles, professora-pesquisadora sênior na University of Michigan's Institute for Social Research*, com 1.200 moças e rapazes, concluiu que as moças dão maior valor a profissões com oportunidades de interação social, aspecto que, geralmente, não está associado a ciências, que têm orientação mais técnica. Dois estudos amplamente divulgados, o Program for International Student Assessment** e o Trends in International Mathematics and Science Study***, chegaram à conclusão de que o interesse das meninas por ciência e matemática começa a se dissipar já no ensino médio.

Há, ainda, outro motivo para suspeitar que a falta de interesse e a baixa motivação sejam fatores incontestáveis para justificar o pequeno percentual de mulheres entre os melhores resultados de matemática e ciência. Em um artigo para a revista *Walrus,* Dan Falk explora a natureza da genialidade em cientistas e artistas superdotados. Segundo ele, "uma das características percebidas na quase totalidade de grandes pensadores e criadores é o empenho obstinado, que parece estar de acordo com a famosa máxima de Edison sobre a genialidade ser composta de 99 por cento de transpiração". Em outras palavras, é difícil sobressair em ciências (ou qualquer outra coisa) se não for uma paixão.

Sabendo de tudo isso, como Summers certamente sabia, por que ele cedeu? Por que, como observou Wisse****, ele se sentiu compelido a pedir desculpas "por um erro que você, eu e muitos outros achamos

---

*Instituto de Pesquisa Social da Universidade de Michigan. (*N. da T.*)
**PISA, Programa Internacional de Avaliação Estudantil. (*N. da T.*)
***Timms, Estudo Internacional de Matemática e Ciência. (*N. da T.*)
****Ruth Wisse foi a primeira professora de iídiche em Harvard. (*N. da T.*)

Think!

que nem chegou a cometer". Wisse concluiu que talvez fosse porque Summers tenha sentido remorso de verdade, "por haver enviado, involuntariamente, um sinal de desestímulo" para as mulheres. Isso pode, em parte, justificar as atitudes tomadas por Summers, embora não se possa desconsiderar os efeitos da multidão desorganizada e dos pedidos por sua cabeça na decisão que o presidente de Harvard tomou de voltar atrás em opiniões amplamente fundamentadas em evidências factuais e bom senso.

JÁ SE PASSARAM MAIS DE 15 ANOS desde que saiu, na capa da *Newsweek*, a foto de uma parede com os dizeres "Polícia do Pensamento". Nesse meio-tempo, o politicamente correto (PC), em seus vários disfarces sociais e culturais, tem ganhado – e não perdido – vigor. O sucesso do PC é resultado da adoção de ideais dos quais nenhuma pessoa razoável pode discordar. Diversidade, inclusão e tolerância são palavras-chave oficiais do movimento PC. Incontáveis educadores e executivos promovem, em alto e bom som, os benefícios do multiculturalismo e da diversidade. Praticamente todas as empresas, além de instituições e organizações públicas e privadas, têm uma política de diversidade e um plano oficial para promovê-la, geralmente voltado para os critérios de contratação. Defensores do PC avaliam ser um tipo de treinamento avançado da sensibilidade, com uso inteiramente legitimado. A intenção é manter a mentalidade Archie Bunker*, uma vez prevalecente na vida norte-americana, a distância. Diz-se que, no melhor dos casos, o PC ensina a respeitar e tolerar as opiniões alheias. Certamente, não há nada de errado com a inclusão e a tolerância, e a sociedade tem se be-

---

*Archie Bunker era um personagem do seriado norte-americano *All in the Family*, posteriormente rebatizado para *Archie Bunker's Place* (1971/1983), que girava em torno dos preconceitos do próprio Archie. (*N. da T.*)

A ASCENSÃO DO POLITICAMENTE CORRETO...

neficiado de uma predominante conscientização civil das diferenças individuais e culturais. Se, no pior dos casos, o movimento PC induzisse a um conformismo entorpecedor do tipo *Vila Sésamo* no que se refere a conceitos como jogo limpo e respeito, todos poderíamos comemorar calorosamente e festejar em honra da diversidade de cada um de nós. O PC, no entanto, também age instilando medo e incerteza nas instituições acadêmicas e sociedade em geral, tornando-se, assim, um veneno contra investigações abertas e valores do progresso material e do pensamento crítico e criativo de alta qualidade. Ao restringir certos resultados, o PC impede a realização de debates abertos e críticos, e o próprio raciocínio.

Na verdade, o PC não se restringe à diversidade, tolerância e trocas afetivas. Ele versa sobre poder e a ameaça da ação legal. A seguir, a ameaça velada que paira por trás de todos os mantras aconchegantes do PC, segundo inscrição nas costas de um panfleto divulgando os serviços do Forest Products Laboratory* do USDA**, em Madison, Wisconsin:

> *O Ministério de Agricultura dos Estados Unidos (USDA) proíbe, em todos os seus programas e atividades, a discriminação de raça, cor, país de origem, sexo, idade, deficiência, crença política, orientação sexual, estado civil ou situação familiar [...] Para apresentar uma queixa de discriminação, escreva para USDA, Diretor, Departamento de Direitos Civis.*

A discriminação é deplorável, mas onde é que ela começa e termina – uma pessoa ignorada na promoção, uma frase inapropriada, uma atitude? A polícia que cuida do PC tem de estar vigilante em tempo

---

*Laboratório de Produtos Florestais. (*N. da T.*)
**United States Department of Agriculture – Ministério da Agricultura dos Estados Unidos. (*N. da T.*)

THINK!

integral. Há alguns anos, minha esposa e eu fizemos uma visita guiada à propriedade rural de Henry Ford, em Dearborn, Michigan. O guia, de trinta e poucos anos, fez uma brilhante descrição sobre a vida do industrial, incluindo detalhes sobre hábitos profissionais, invenções, colegas e família. A certa altura, ele fez uma piada sobre um quarto no andar superior, onde Ford costumava "se esconder da esposa resmungona, Clara". Tive a impressão de que todos riram. A visita chegou ao fim e, enquanto descíamos as escadas, vimos o guia sendo censurado por duas mulheres (tenho de admitir que elas pareciam do meio acadêmico), à vista de todos, por haver feito comentários "injustos e inapropriados". Mais do que compreensível, o homem parecia petrificado.

Ao ver o rosto do guia, ocorreu-me que o PC havia se tornado o Terror de nossa era – ninguém sabe onde e quando ele vai atacar. Tal como o Terror durante a Revolução Francesa, o PC transforma os criminosos em vítimas e as vítimas em criminosos. Da mesma forma, o PC adquiriu vida e vontade próprias, para tornar-se uma força insidiosamente destruidora e desmoralizadora, com o objetivo de embotar o talento, a espontaneidade, a paixão e o pensamento crítico e criativo, em nome de ideais "superiores". À semelhança do Terror, o PC está transformando, paulatinamente, a liberdade em cárcere, sugando a energia moral e intelectual das instituições públicas e privadas dos Estados Unidos.

Suponho que tudo isso ainda seria suportável se estivéssemos vendo sinais tangíveis de que o PC está contribuindo para o mundo a que tanto aspira – um mundo de igualdade de condições, em vez de igualdade de oportunidades; um mundo em que ninguém se machuca, é humilhado ou deixado para trás. Contudo, ao impor as regras básicas que determinam a forma "correta" e "errada" de pensar, e eliminar o debate livre, aberto e racional, o PC está desfazendo tudo aquilo que poderia fazer antes mesmo de começar a fazer. Por exemplo, as femi-

116

A ASCENSÃO DO POLITICAMENTE CORRETO...

nistas têm insistido, durante trinta anos, que educadores e políticos podem abordar a questão de discrepâncias de sexo no campo da matemática e da ciência somente se trilharem o caminho da "falta da autoestima e autoconfiança", e não o das "diferentes aptidões intrínsecas". Em recente artigo na revista *Education Week*, denominado "Educators Revisit Girls' Loss of Science and Math Interest"*, Elizabeth Spelke, professora de psicologia de Harvard, descartou a mera possibilidade de existência de diferenças entre a forma que meninos e meninas aprendem. "Não temos um cérebro masculino e outro feminino. Temos um cérebro humano com uma série de atributos comuns."

Os comentários de Spelke teriam sido um ótimo estudo de caso para o livro de Harry Frankfurt, um sucesso de vendas, *Sobre falar merda*. Eu apostaria na certeza de que homens e mulheres têm cérebros diferentes antes de apostar na existência de dois átomos de hidrogênio e um de oxigênio numa molécula de água. Na verdade, se há uma área em que os psicólogos evolucionistas reconheceram o significado das diferenças de atributos comuns na evolução humana, essa área é a dos sexos. Como Steven Johnson menciona, em seu livro *Mind Wide Open*, "visto através de modernas técnicas de imagem, o cérebro de homens e mulheres é quase tão diferente um do outro quanto o corpo". Da mesma forma, não é muito provável que a engenharia reversa alcançaria algum sucesso com o cérebro, após ter sido modelado durante alguns milhares de anos de seleção natural. Como uma geração de "feministas-mães" descobriu: "Meninos são realmente diferentes." No livro *Why Gender Matters*, Dr. Leonard Sax argumenta que abordagens de ensino neutras no que tange ao sexo poderiam acabar desencorajando meninas no aprendizado de ciência e matemática.

---

*"Educadores revêem a perda de interesse das meninas por ciência e matemática." (*N. da T.*)

THINK!

Por outro lado, é possível que menos mulheres (e negros, hispânicos e aborígines) abracem profissões no campo das ciências não por terem sido desmotivadas, mas por escolherem carreiras mais compatíveis com seus interesses, habilidades, preferências e estilos de vida. (No momento, por exemplo, há uma representação acima da média de asiáticos cursando engenharia, mas não ouço nenhum protesto para conseguir aumentar o número de asiáticos nas faculdades de direito e medicina.) O Dr. Warren Farrell afirma, em *Why Men Earn More: The Startling Truth Behind the Pay Gap*, que, ao escolher uma carreira, a satisfação profissional e os benefícios adicionais, como menos horas de trabalho, são mais importantes para muitas mulheres do que prestígio e salário. Dados estatísticos comprovam esta teoria. Na área do direito, por exemplo, a porcentagem de mulheres que realmente abraça a profissão após a formatura é muito menor do que a de homens.

O "politicamente correto" substitui, em larga escala, o pensamento acurado por idéias e comportamentos virtuosos. Com o intuito de conseguir supremacia sobre a razão e a análise, o PC conta com duas potentes armas táticas: falsidade e desonestidade. Se, em um contexto formal ou socioprofissional, a visão que se tem da natureza humana, do meio ambiente, da diversidade no local de trabalho, e assim por diante, discordar da versão sancionada, não se pode esperar outra reação a não ser receber o rótulo de "Neandertal". É de cair o queixo! Por trás, como sempre, permanece a ameaça velada; a possibilidade de que suas opiniões ou postura politicamente incorretas acabem se tornando um delito a ponto de marginalizá-lo ou, até, torná-lo dispensável. Compreensivelmente, isso leva indivíduos e organizações a ocultar informações e encobrir – inoficialmente, claro – certos pontos de vista do debate público. O pensamento crítico em tal ambiente é um luxo, chega a ser até um perigo. Com o Summers pode confirmar, discussão aberta e debate são muito bons enquanto não refutarem o conjunto de convicções sobre o mundo – como ele é ou deveria ser.

Esse ponto de vista é contrário à posição da esquerda radical, que vem alegando que é a direita que impõe a pauta do debate nacional. É possível que essa afirmação seja válida na diretoria das empresas, mas na sociedade como um todo, há mais evidência de que é o PC que tem a primazia hoje em dia. O "politicamente correto" tem uma relação íntima com a inteligência igualitária e o valor que ela dá à consciência coletiva – neste caso, à consciência "moral" coletiva. Graças ao PC, há uma proliferação de platitudes e banalidades, de retórica enfadonha cuspida por diretores-executivos de empresas, políticos e outras figuras públicas. Ele também explica a visão, freqüentemente insípida, sem imaginação, desinformada de pessoas altamente instruídas. Quando alguém se torna especializado ao extremo, excluído da cultura geral, ainda pode imitar certo grau de inteligência repetindo os chavões políticos padronizados do PC. Pensamento ilegítimo, de segunda mão, é pensamento politicamente correto. É a voz nas colunas e reportagens comoventes e enternecedoras dos jornais diários. Ela pede, exige, que interrompamos o questionamento e pensamento crítico em favor de atitudes e opiniões pré-aprovadas e seguras.

"The Debate's Over: Globe is Warming"*, manchete do jornal *USA Today*, de 13 de junho de 2005, edição marcante. O artigo, escrito sem o menor vestígio de revisão crítica, foi uma jogada para promover a teoria de que o planeta está aquecendo devido às emissões de dióxido de carbono. As provas, fornecidas pelo escritor Dan Vergano, incluíam uma estimativa feita pela U.N. International Panel on Climate Change (IPCC)** de que a temperatura da Terra terá aumentado entre

---

*Debate Chega ao Fim: Aquecimento Global Confirmado. (*N. da T.*)
**Painel Intergovernamental sobre mudanças Climáticas, das Nações Unidas. (*N. da T.*)

THINK!

dois e dez graus até o ano de 2100, uma foto de uma área da camada de gelo a oeste do continente antártico caindo no oceano, e iniciativas de grandes empresas, como a General Electric, para reduzir as emissões de dióxido de carbono.

Na verdade, existe uma veemente discordância entre os especialistas em climatologia mundo afora no que tange a muitos aspectos da teoria do aquecimento global, entre eles, a hipótese de um possível superaquecimento e, nesse caso, que a emissão de carbono seja a responsável. Muitos milhares de cientistas não concordam com as conclusões do IPCC e, principalmente, com as estimativas – baseadas em uma simulação por computador – de aquecimento entre dois e dez graus nos próximos cem anos. A Dra. Claire Parkinson, do Oceans and Ice Branch, no Goddard Space Flight Center da NASA*, encontrou evidências de que a banquisa está ficando mais espessa na Antártida. A profundidade de toda a calota antártica é de mais de 2,5 quilômetros, e sua cobertura é de mais de 11 milhões de quilômetros quadrados. Aparentemente, no entanto, para não complicar, Vergano não procurou uma segunda opinião. A história, portanto, é impressionante por sua exclusão de informações. Ela não mencionou que o aquecimento total atual é de menos de um grau Celsius, sendo que a maior parte desse aquecimento ocorreu antes de 1970, antes de haver um acúmulo significativo de emissões de carbono na atmosfera. Além disso, ela negligenciou o fato de o vapor de água ser responsável por 97 por cento dos gases de efeito estufa, enquanto o dióxido de carbono constituiu menos de 2 por cento do total – é difícil acreditar como uma quantidade tão pequena pode estar cozinhando o planeta. Ela também omitiu que, há milhões de anos, existe um padrão de aquecimento e

---

* Departamento de Oceanos e Gelo, no Centro de Vôos Espaciais Goddar, da NASA. (*N. da T.*)

A ASCENSÃO DO POLITICAMENTE CORRETO...

resfriamento cíclico na Terra, padrão este que permitiu aos vikings cultivar terras na Groenlândia muito antes da invenção do automóvel. Finalmente, ela também deixou de registrar um consenso quase unânime entre os cientistas de que o Protocolo de Kyoto, mesmo executado na íntegra, ao custo de bilhões de dólares, não conseguiria fazer muito, se é que conseguiria fazer algo, para reduzir o aquecimento global.

Há dois motivos para um jornal, revista ou programa de televisão deliberadamente filtrar ou suprimir esse tipo de informação. Primeiro, por ser uma boa história aliciante, conhecida como "desastre iminente". Segundo, por ser aprovada pelo PC. Só mesmo pessoas avarentas são contra a proteção do meio ambiente. E se alguma das nuanças se perde durante um debate, quem se importa? Os únicos a sofrer serão as grandes empresas de petróleo. Dá para imaginar um jornal que omita uma segunda ou terceira opinião num artigo, digamos, sobre os baixos índices de alfabetização entre adolescentes afro-americanos?

Qual é o poder de força do politicamente correto? Uma vez, convidaram-me para dar uma palestra junto a dois outros editores de revistas, durante um seminário interno de uma empresa, sobre o tema "como escrever editoriais premiados". Naquela época, eu trabalhava para uma empresa do grupo Hollinger, baseada no Canadá, que publicava mais de trinta revistas especializadas para uma variedade de indústrias e mercados – tudo, de engenharia a saúde, de segurança a odontologia. Para dar início ao debate, o moderador pediu que cada um dos participantes da mesa dissesse qual seria, em sua opinião, o fator mais importante ao escrever um editorial de destaque, com potencial para ganhar um prêmio. Eu e um dos outros editores demos uma resposta padronizada sobre a redação, a pesquisa e a estrutura. O terceiro, na época, diretor de redação de uma revista de medicina, disse que, antes mesmo de um editorial ser escrito, o tema deveria passar pelo crivo do PC. Ele, que já havia recebido vários prêmios, disse que

Think!

escolhia, deliberadamente, editoriais que defendessem posições de centro-esquerda, bem ao gosto do PC, sabendo que, na hora de enviar o texto para seleção, ele teria material pronto. A fórmula, embora um tanto simplista, parece ser válida, também, para prêmios de literatura e do jornalismo norte-americanos.

Aceitar teorias e opiniões "virtuosas" como um autômato, sem submetê-las à crítica, não levará, necessariamente, a um mundo melhor. A solução proposta para o aquecimento global induzido pelo carbono, uma teoria que ainda não foi confirmada cientificamente por nenhuma evidência, é o aumento significativo do poder governamental na regulamentação e taxação da energia. Esse dinheiro, que poderia ser utilizado mais produtivamente sanando problemas urgentes, como a educação no país, a AIDS, a falta de água potável em países em desenvolvimento, faz mais falta, conforme comprovam estudos, em lares de baixa renda, que arcam com o maior peso dessas novas taxas.

O pensamento intuitivo, instantâneo e virtuoso, no qual as opiniões e leis do PC estão tipicamente embasadas, muitas vezes acaba prejudicando, de formas imprevistas, os interesses daqueles que pretendem ajudar. Defensores da ação afirmativa vêem o tratamento preferencial baseado em raça e sexo como um sucesso, não só para as minorias, mas para uma sociedade em que a conquista da diversidade, aparentemente, tornou-se uma das preocupações mais prementes. As preferências raciais, dizem, são a única forma de reverter eficazmente os efeitos de anos de discriminação "institucionalizada" e de possibilitar mobilidade socioeconômica ascendente às minorias. Entretanto, a exigência feita às universidades de elite, que têm de alocar certo percentual de matrículas às minorias, costuma ser o início do fim de aspirações de carreira para muita gente.

Em estudo recente, Richard H. Sander, professor de direito da University of California, Los Angeles, aventa a possibilidade de pro-

A ASCENSÃO DO POLITICAMENTE CORRETO...

gramas de ação afirmativa haverem diminuído o número de advogados negros. Segundo o estudo, publicado na *Stanford Law Review*, 19,3 por cento de afro-americanos não conseguem terminar a faculdade de direito, comparados aos 8,2 por cento dos estudantes brancos que não se formam. O professor Sander prevê, no caso de se eliminarem as preferências raciais no processo de admissão, que o índice de negros não-formados cairia para 13,5 por cento. Ele afirma que os afro-americanos que não fossem admitidos acabariam indo para faculdades menos renomadas e conseguiriam resultados melhores.

Defensores da ação afirmativa não percebem que o tratamento preferencial no processo de admissão das universidades ou nas práticas promocionais das empresas acabam minando a credibilidade das conquistas das minorias, diz John McWhorter, professor de lingüística na University of California, Berkeley, no livro *Losing the Race: Self-Sabotage in Black America*. McWhorter, que é afro-americano, acredita que manter as minorias em padrões mais baixos perpetua a mediocridade no desempenho acadêmico, além de incutir a impressão de que se tem direito de evitar a competição e de produzir menos do que o seu melhor desempenho.

McWhorter parece ter razão. Apesar de as políticas de ação afirmativa praticadas na administração, em universidades e empresas do país já contarem quase trinta anos, afro-americanos continuam ficando para trás, se comparados ao resto da população, de acordo com uma série de pesquisas sobre desempenho educacional. A extensa avaliação feita pelo National Assessment of Educational Progress*, em 1999, no que tange às habilidades de leitura, concluiu que apenas um em cem afro-americanos, de 17 anos, consegue ler e extrair informações de um texto especializado, como a página de ciências de um jornal local, comparado com um em cinqüenta latinos e um em 12 brancos. Na

---

*Avaliação Nacional do Desenvolvimento Educacional. (*N. da T.*)

Think!

conclusão do ensino médio, o aluno afro-americano está, em média, quatro anos atrás do aluno tipicamente branco ou asiático, e essa diferença tem aumentado durante os últimos 15 anos. A ação afirmativa parece desempenhar papel importante na criação de um tipo de mentalidade "dependente", que contribui para um desempenho educacional insatisfatório. Conforme provam as estatísticas, ao contrário da lógica acrítica do politicamente correto, essa, definitivamente, não é a solução a longo prazo para melhorar o desempenho das minorias e, portanto, suas perspectivas socioeconômicas.

Visto que o politicamente correto institucionaliza uma forma de desonestidade ao suprimir questionamentos abertos e livres, e filtrar – ou forjar – informações, ele transforma pessoas inteligentes em cúmplices da mentira institucionalizada. A longo prazo, ele cria uma sociedade moralmente ambivalente, uma sociedade que não tem mais disposição – ou não é mais capaz – de distinguir o certo do errado de uma forma realmente compassiva, ou de apurar a verdade analisando evidências e raciocinando. É verdade, sob a ditadura do PC, tudo se torna uma questão política, como haviam previsto as feministas, à custa do bom senso e de avaliações adequadas. Provavelmente, não há melhor exemplo para tal do que a catástrofe que acometeu o jornal *New York Times*, durante o reinado do editor-executivo Howell Raines, de 5 de setembro de 2001 a 3 de junho de 2003.

O *New York Times* é tido, pela maioria dos jornalistas e muitos leitores, como um dos melhores jornais do mundo, se não o melhor. Somente em parte, essa nobre reputação é baseada em mito. Apesar de óbvia tendência liberal (algumas pessoas supõem que o *Times* inventou o PC), o jornal simplesmente tem mais recursos à disposição para cobrir um número maior de matérias, de forma oportuna e original, do

A ASCENSÃO DO POLITICAMENTE CORRETO...

que qualquer outro grande jornal metropolitano que aspire a competir com ele. O prestígio inigualável do jornal funciona como um ímã para os jornalistas mais talentosos e esforçados do país; mas não é só isso. Se muitos jornais recorrem a agências de notícias ou a jornalistas que ligam do escritório para cobrir uma manchete, o *Times* costuma enviar um repórter – ou vários – ao local para sondar, investigar, se aprofundar e entrevistar. Pelo menos, deveria ser assim nesse jornal.

Quando o presidente do jornal, Arthur Sulzberger Jr., escolheu Howell Raines para substituir o recém-aposentado editor-executivo, Joe Lelyveld, estava lhe dando uma autorização tácita para promover mudanças. Raines, um sulista, havia conquistado a reputação de administrador exigente e autoritário; primeiro, como chefe da filial do jornal em Washington; depois, como redator-chefe. Ele já havia iniciado sua campanha pela vaga anos antes, norteando-a pela opinião de que o jornal havia se tornado relaxado e complacente. Seth Mnookin expôs, minuciosamente, em *Hard News – The Scandals at the New York Times and Their Meaning for American Media**, o fato de o futuro editor "haver forjado a imagem de que ele era imprescindível para salvar o jornal da ruína editorial e financeira". Raines sugerira a Sulzberger que o jornal deveria retomar seu passado de glória, quando dominava cada notícia, e prometeu-lhe que incentivaria os repórteres a "inundar a área" para, assim, derrotar a concorrência. Ele jurou que desfaria a "rede de veteranos", uma promessa que tinha muitas conotações capciosas, dentre as quais uma Sulzberger certamente aprovou – a diversificação dos funcionários do jornal.

Havia anos que o próprio Sulzberger vinha insistindo, junto a administradores e editores, para que as contratações para o *Times* fossem mais

---

*Cobertura dos Acontecimentos – Escândalos no *New York Times* e seu efeito para a mídia norte-americana. (*N. da T.*)

THINK!

focadas nas minorias. Raines, por sua vez, tornou a diversificação racial do jornal e a vitória no duelo por melhores textos, travado com os demais diários do planeta, as cartadas decisivas para ganhar a posição de editor-executivo. Segundo uma resenha do livro de Mnookin na revista *The Economist*, "ambos os objetivos convergiram na carreira de Jayson Blair, cujo talento como escritor equiparava-se à desonestidade como repórter".

Na verdade, o talento de Jayson Blair como escritor e repórter vinha sendo questionado desde o começo. Quando chegou ao *Times*, em 1998, o jovem estagiário afro-americano já havia granjeado "uma reputação de fofoqueiro desagradável, de ladrão de idéias alheias e de bajulador da chefia, com o intuito de ganhar os louros por trabalho feito por colegas", durante um curto estágio no *Boston Globe*, relatou Mnookin. Apesar das dúvidas que pairavam sobre seu caráter e um desempenho inconstante como estagiário, Blair foi convidado a retornar ao *Times*, em 1999, na condição de repórter iniciante e de um dos beneficiários do empenho de Howell Raines pela diversificação do jornal. Embora sua reputação de ser um leva-e-traz, de apunhalar pelas costas e de se autopromover só crescesse, ele foi promovido a repórter em tempo integral, em 2001. Após Blair pedir demissão, em maio de 2003, uma investigação interna revelou umas três dúzias de reportagens que ele havia inventado ou plagiado, no período de seis meses. A pista foi uma história que Blair alegara haver apurado e escrito sobre uma mulher do Texas, cujo filho alistado estava desaparecido no Iraque. Um belo dia, o editor do *San Antonio Express-News* estava lendo o *Times* em sua casa de campo, quando percebeu que a história de Blair era quase idêntica à publicada, anteriormente, por Macarena Hernandez, repórter do seu jornal. Blair jamais estivera no Texas. Ele havia roubado praticamente o texto inteiro de Hernandez.

De certa forma, parecia que Howell Raines e Jayson Blair haviam sido feitos um para o outro. Ambos eram criaturas políticas por instinto.

126

A ASCENSÃO DO POLITICAMENTE CORRETO...

A carreira deles progredia graças à habilidade de chamar a atenção para um dos principais preceitos do politicamente correto – a diversidade – e de tirar vantagem disso. (Blair costumava chamar de "racista" qualquer um que criticasse seu trabalho.) A psique de ambos parecia fundamentada sobre a noção de que "a verdade" é uma coisa abstrata, desconhecida, baseada menos em evidência empírica do que numa assertividade arrogante, descortinada sobre um fino véu de ideais virtuosos e impecáveis, tecido do nada, como se fosse um algodão-doce moral.

Muitos escritores puseram a culpa pelo fiasco de Blair e pela devastação que causou à reputação do *Times* nas mais-do-que-óbvias falhas no caráter de Raines – a ambição incontrolável, o ego enorme, e o jeito cáustico e arrogante que o mantinha alheio às idéias e opiniões moderadas dos demais. Sem dúvida, o caráter define o comportamento, mas o que parece ter passado despercebido é que a maior falha no caráter dele foi o fato de ser um demagogo com idéias preconcebidas sobre como o mundo deveria ser. Até mesmo na época em que escrevia os editoriais do *Times*, Raines criou uma reputação de usar aquele espaço como plataforma pessoal. Como documentado por Mnookin, durante seu primeiro ano no *Times*, Raines chegou a escrever mais de trinta artigos sobre a política de afiliação do Augusta National Golf Club, que só aceitava homens. Visto Augusta ser um clube privado, com direito de determinar suas próprias políticas de afiliação, aquela insistência jornalística sem trégua tomou formas de ameaça à diretoria do Augusta e de manipulação da opinião pública.

Pode-se dizer que essa mesma tendência a mostrar e demonstrar ao país, em vez de informar *sobre* o país, esse mesmo desejo também constituiu um dos problemas da administração de Raines durante sua estada na cúpula do *Times*. É a arrogância de um doutrinário, iludido com a idéia de ser mais virtuoso e honesto do que qualquer outro. À medida que a crise de Blair ia se expandindo e fugindo ao controle,

THINK!

Raines não deixou de ver os sinais; ele os ignorou. A certa altura, o editor da seção metropolitana, Jon Landman, enviou um e-mail para a redação: "Temos de proibir Jayson de escrever para o *Times*. Imediatamente." A partir de então, em resposta à arrogância de Raines, os sinais pararam. À medida que a equipe de investigadores foi se aprofundando no escândalo de Blair, ela chegou à conclusão de que a causa de tudo era o próprio Raines. Sabendo que ele os despediria ou tornaria suas vidas um inferno, os repórteres e editores silenciavam a preocupação com o trabalho inferior de Blair. Será que é mesmo uma coincidência que as duas armas táticas essenciais do PC, falsidade e desonestidade, são as palavras mais apropriadas para descrever o mandato de Raines? Premeditadamente, Raines usou o cânone do "politicamente correto" para progredir na carreira. Enquanto isso, foi perdendo a objetividade e acabou se tornando politicamente correto inepto para a função. Ele não conseguia mais formar opiniões, apenas ditá-las. Ele não conseguia mais reagir, apenas agir.

PELO FATO DE SEREM FREQÜENTEMENTE associadas a comportamento virtuoso, as opiniões e crenças politicamente corretas acabaram tornando-se a demagogia mais rasteira e descuidada nos Estados Unidos (e no mundo), hoje em dia. Mas o PC não é o único tipo de dogma que pode afetar de forma negativa a capacidade de pensar crítica e claramente. Qualquer ideologia, se adotada fanaticamente, pode atirar uma chave inglesa no maquinário intelectual do nosso cérebro.

No livro *Intellectual Morons: How Ideology Makes Smart People Fall for Stupid Idea**, Daniel Flynn alega que as pessoas têm uma grande

---

*Bobões intelectuais: como uma ideologia pode levar pessoas inteligentes a acreditar em idéias estúpidas. (*N. da T.*)

A ASCENSÃO DO POLITICAMENTE CORRETO...

tendência a pensar com a ideologia, e não com o cérebro. Em entrevista ao FrontPageMagazine.com, Flynn revelou que a inspiração para o livro veio ao perceber que a ideologia pode funcionar como uma camisa-de-força mental em pessoas que costumam ser inteligentes, semeando fanatismo e racionalizando desonestidade. Flynn esclarece:

> *Não importa o quão inteligente você é se não utilizar o cérebro. Pessoas inteligentes não são, necessariamente, pensadores perfeitos. Na verdade, muitas delas são mentalmente preguiçosas. A ideologia fornece aos indolentes um meio de se posicionar frente a questões, idéias, pessoas e eventos sem pensar. Para o ideólogo, a ideologia é a Pedra de Rosetta para tudo. Para que pensar, se o sistema fornece todas as respostas?*

Flynn é de direita e escreve de acordo. Ele coleta os erros e absurdos que surgem quando ativistas, feministas e intelectuais acadêmicos de todos os tipos pensam com antolhos políticos. Por exemplo, Flynn criticou discretamente Noam Chomsky por negar, em uma resenha de 1997, o genocídio em larga escala que ocorreu no Camboja, sob o *Khmer* Vermelho, e pela exagerada previsão que havia feito, antes da guerra no Afeganistão, do número de civis que seriam mortos durante o conflito. O que vale para uns, vale para todos. Opiniões rígidas podem provocar um curto-circuito no raciocínio dos de direita também. Alguns da direita religiosa rejeitam as evidências da evolução biológica, sugerindo, assim, que ciência e fé são incompatíveis – o que não é uma boa propaganda para a causa conservadora. E a ideologia do "terceiro grau", listas inteiras de sistemas de crenças enraizados em misticismo da nova era e fenômenos paranormais, cada vez mais impede as pessoas de pensar. O livro do falecido Carl Sagan, *O mundo assombrado pelos demônios*, é uma crítica elegante ao crescente número de pessoas que escolhem, voluntariamente, a paranormalidade e fantasia, em de-

THINK!

trimento da realidade e da razão, com conseqüências preocupantes para si e para a sociedade.

Mais e mais, as pessoas estão substituindo opiniões politicamente corretas, ideologia política linha-dura ou lengalenga de seitas religiosas por conhecimento conquistado a duras penas, raciocínio flexível e eficiente, e habilidades para a resolução de problemas. É claro que certa dose de discriminação e ideologia é inevitável. Todos precisam de crenças e de um sistema de valores aproveitável, não só para sobreviver, mas como parte imprescindível do maquinário mental que forma e testa pensamentos. Parafraseando um antigo ditado, a única forma de não ter qualquer preconceito ou predisposição é sendo completamente indiferente ou ignorante. A singularidade de nossos genes e experiências individuais nos legam certa opinião ou atitude. As crenças das crianças costumam espelhar as dos pais, cujas crenças foram influenciadas, por sua vez, pelos próprios pais.

Mas uma coisa é ter uma crença, uma ideologia política, um estilo de conduta, um plano de ação, e outra é deixar que isso, de fato, tome conta da mente, tornando-a doente e frágil. Volta e meia, testemunhamos sinais da mesma abordagem teimosa e obstinada, seja na sociedade, nos negócios ou no governo norte-americanos – assume-se uma posição e, por Deus, há de se mantê-la, chova ou faça sol! Nada de esmorecer ou repensar, mesmo que novas informações exijam uma reavaliação. Mudança é um sinal de retrocesso, que é um sinal de fraqueza. Mas até que ponto mudanças devem ser tidas como fraqueza ou ineficiência, se o mundo em que vivemos está mudando a cada dia, hora, minuto, e o acesso à informação que registra tal mudança é instantâneo? A estratégia pode ser a mesma, mas em um mundo de fluxo e calibragem contínuos, o pensamento e as táticas devem ser fluidas, flexíveis.

Toda organização, hoje em dia, aspira a ser rápida e fluida, mas poucas o conseguem de verdade. Será que o problema é que o racio-

A ASCENSÃO DO POLITICAMENTE CORRETO...

cínio dos indivíduos que fazem parte das organizações não é rápido, fluido e flexível?

Muitas pessoas, tanto de direita quanto de esquerda, associaram os problemas no Iraque pós-guerra a pensamento equivocado e planejamento inflexível. "Para começar, não temos tropas o suficiente", disse o senador republicano Chuck Hagel, de Nebraska, durante uma entrevista. Outros acusaram o Pentágono de não ter um plano. No livro do general Tommy Frank, *American Soldier*, fica claro que o exército tinha tanto planejamento detalhado quanto flexibilidade, muito mais do que o público em geral suspeitava. Então, por que tanta coisa deu errado na tentativa de estabilizar o país após a destituição de Saddam Hussein? Yossef Bodansky, ex-diretor da Congressional Task Force on Terrorism and Unconventional Warfare*, suspeita que o governo tenha cometido um erro de avaliação da importância da influência das condições pós-guerra na estrutura da sociedade iraquiana. Em *The Secret History of the Iraq War*, Bodansky afirma que o pior erro tem sido

> *o ignóbil fracasso de Washington em confrontar e compreender a profunda transformação que vem ocorrendo nas camadas mais baixas da população, na sua estrutura étnica e nacional, desde que as forças norte-americanas entraram em Bagdá. O ininterrupto malogro das forças de ocupação em normalizar a vida no Iraque tem encorajado a multidão a voltar-se para as estruturas religiosas e étnico-sociais, que são inerente e radicalmente antiamericanas.*

Este não é o fórum para uma análise definitiva da ocupação pósguerra do Iraque, do que foi feito e do que poderia ter sido feito, que,

---

*Força-Tarefa do Congresso contra o Terrorismo e Guerras Não Convencionais. (*N. da T.*)

THINK!

certamente, preencherá o tempo de muitos especialistas nos próximos anos. Só gostaria de observar que o sucesso de uma estratégia "deficiente", ou seja, o envio de um número reduzido de tropas a um país do Oriente Médio, reprimido durante tanto tempo por um ditador, depende, exclusivamente, de assegurar a boa vontade do populacho. Se os estrategistas militares sabiam disso, eles não agiram de acordo. Franks sugere que as rivalidades internas entre o Departamento de Estado dos Estados Unidos e o Ministério da Defesa exacerbaram os problemas do Iraque pós-guerra. Independentemente do ponto de vista, está claro que, em algum lugar ou de alguma forma, por motivos políticos ou não, o que podia ser feito não foi feito, e o que foi feito não foi o suficiente. Devemos reconhecer que, em algum momento, houve uma "grande desconexão", do mesmo tipo que levou ao fiasco jornalístico no *New York Times* e à catástrofe em Nova Orleans; a mesma desconexão que muitos norte-americanos testemunham diariamente no trabalho, nas escolas e em casa.

ENTRADA DE DADOS, mas sem saída: informação que é filtrada, ignorada ou negada. Não se trata de rejeitar oscilações provocadas pela "consciência coletiva" ou negar-se a motivar decisões com inteligência igualitária. Trata-se de refutar não só o significado de informação verificável, contextualizada em fatos, mas também nossa compreensão e habilidade de dar forma a esses fatos. Qualquer que seja a causa da "grande desconexão" – opiniões virtuosas e politicamente corretas, ideologias partidárias, maquinações políticas, obsessão burocrática, estilo despótico de administração –, o resultado final assemelha-se a regar a calçada: não importa quanto tempo você regue, o asfalto não ficará mais verde.

À medida que a sociedade norte-americana vai se tornando cada vez mais politizada, ela também se torna mais dividida e inflexível.

A ASCENSÃO DO POLITICAMENTE CORRETO...

Procuramos nossos iguais. Paramos de escutar e de prestar atenção. Aprendemos as regras e mantemos a cabeça baixa. Parece que há um motivo para a reclamação generalizada de que "nada parece estar sendo feito por aqui". Como mais de um filósofo observou, se ignorarmos o que os outros pensam ou pensaram, será o fim do debate racional. Com o tempo, uma sociedade assim se aliena cada vez mais da objetividade e do instinto de aspirar à verdade. Mudanças e progresso não passarão de sonhos para empresas, exércitos, escolas e pessoas na extremidade inferior da escala socioeconômica.

A política, que é a relação justa entre o povo e o poder, não pode ser um fim por si só. Não haverá como iniciar um diálogo e chegar a um consenso, não sobrará um *demos* na equação, a não ser que a sociedade democrática tenha um objetivo comum. Esse objetivo deve ser a razão baseada em evidência empírica, uma idéia que transcende raça, sexo, orientação sexual, religião e renda. A razão é, por natureza, tolerante e inclusiva. Ela permite erros. Ela aceita novos dados. Ela constrói, aprende e se adapta. A razão se orienta pelos resultados.

Não há como registrar uma queixa de discriminação contra a razão.

Capítulo 6

Marketing, mídia e caos: é isso que importa

N a televisão, como na política, sempre achamos que seríamos capazes de fazer melhor do que está sendo feito. Lewis Lapham, o nobre editor da revista *Harper*, resolveu tentar. Um belo dia, marcou uma reunião com o então presidente da CBS, Larry Tisch, para propor-lhe um novo programa sobre assuntos de interesse público, contextualizando os acontecimentos correntes dentro de uma perspectiva mais ampla, histórica. Em uma entrevista publicada no *Wild Duck Review*, Lapham relatou o encontro:

> *Educadamente, ele (Tisch) ficou escutando o que eu tinha a dizer para logo desencorajar-me perguntando se eu já havia assistido à televisão ou se eu conhecia alguém que costumava fazê-lo. Respondi que não tinha o hábito, pelo menos, não quando podia evitar. Ao que ele retorquiu "nem eu, nem ninguém que tenha algo melhor a fazer". A televisão, disse-me, é para pessoas pobres, preguiçosas ou deprimidas demais para fazer outra coisa.*

É reconfortante ouvir uma sumidade televisiva expressar a profunda admiração que tem por seu público. Obviamente, Tisch quis enfatizar a dura realidade da televisão: ela é o que é. O interessante é que, ao

Think!

fazer isso, ele parece ter perdido a rica ironia de sua lógica. Como é possível que no país com maiores garantias econômicas, influência cultural e poder político do planeta a melhor forma de comunicação de massa jamais inventada não passe de um escape para o desairoso, estúpido, tolo e insignificante? Os bárbaros não estão batendo à nossa porta, eles já estão jantando conosco. Seus nomes? Jennifer Lopez, Ja Rule e Paris Hilton. Pela mágica das redes televisivas, a previsão científica de universos e realidades múltiplas materializou-se nos sistemas integrados de televisão. Que *reality show* você quer ver? *Ilha da Sedução?*

Extreme Makeover*?

Fear Factor**?

São *reality shows* demais para tão pouco tempo!

Mas descartar a cultura *trash* produzida aos borbotões pela televisão é fácil demais. Já foi feito, sem dúvida, mas a arenga exaltada que se cria é ineficaz. A verborréia é um meio de nos eximirmos da responsabilidade do espetáculo sórdido que se tornou a televisão moderna. Ela impede qualquer exame crítico tanto das limitações quanto das possibilidades da televisão. Por que a televisão é como é? Como ela se tornou assim? Por que ela parece estar retrocedendo na escala evolucionária de tempo? Por que está frustrando todas as esperanças de ser utilizada, em parte, para um debate democrático instrutivo ou como uma sonda, que permita aos cidadãos expandirem seus mundos e, no processo, as próprias habilidades de pensar crítica e criativamente. Foi a televisão que criou a cultura *trash* ou a cultura *trash* que criou a televisão? O que veio primeiro, o idiota ou a caixa idiota?

---

* *Reality show* de transformações e cirurgias plásticas em que tudo é permitido, inclusive cenas detalhadas de cirurgias, lipoaspirações, tratamentos dentários. (*N. da T.*)

** Programa que transforma os participantes em dublês de cenas de ação, pondo à prova seus medos e fobias. (*N. da T.*)

MARKETING, MÍDIA E CAOS: É ISSO QUE IMPORTA

Esse é o clássico quebra-cabeça do ovo ou da galinha. Um executivo de TV como Tisch diria que os espectadores estão recebendo o tipo de programação que desejam. Os críticos e os grupos que zelam pela televisão dizem que, ao empenhar-se em novas baixezas de sordidez, violência, sexo e baboseiras, essa programação arrasta a audiência junto para o buraco.

A verdade, provavelmente, é menos pessimista. A televisão é idiotizante, mas ela não é a única culpada de idiotizar as pessoas – pelo menos, não diretamente. E nós também não estamos recebendo uma programação idiota porque pedimos por ela. Como Tisch sugeriu numa honestidade a toda prova, no mundo comercial e hermético da televisão, o que ela é ou deixa de ser está completamente fora de questão. É o que é: um produto criado para inundar e ocupar uma mente em ponto neutro. Isso não significa que qualquer resistência seja fútil – nós aceitamos os termos assim que nos acomodamos em nossas cadeiras reclináveis e pegamos o controle remoto. Aqui, o controle assume um novo significado: temos uma chance remota de encontrar algo que estimule os impulsos em nossos neurônios. (Os canais Discovery e The History Channel, que poucos recebem, ainda são órfãos mutantes no mundo da TV.) Sempre que ligamos o aparelho, mentalmente assinamos a seguinte concessão: por meio desta, reconheço que passarei as "x" horas a seguir num estado quase fúngico e aceito a responsabilidade por todo e qualquer risco para o meu bem-estar físico e mental que possa decorrer desta atividade. Será uma coincidência a televisão predispor os espectadores a uma condição psíquica, pré-sintonizada, de letargia para torná-los receptivos às mensagens comerciais que os anunciantes estão prestes a enviar? Será que são os Tisches mundiais que estão nos intimidando? A questão é que não somos *nós* que queremos shows e programas criados para pessoas burras, preguiçosas e depressivas; são os anunciantes que querem isso.

137

Think!

Retoma-se o velho e predileto adágio, usado de vez em quando para dissecar a televisão – é a mão invisível e insidiosa dos anunciantes que está tornando a programação excessivamente idiotizante. De certa forma, isso parece correto. Se a televisão é uma afronta à inteligência, é porque ela está sendo gerida por pessoas corruptas, por motivos corruptos. Há algo sedutoramente grande, conspirador e perturbador na idéia de que são os anunciantes e as grandes empresas que mexem os pauzinhos no mundo televisivo. Não há dúvida de que a televisão se esforça por criar programas que atraiam a "massa popular", tão cobiçada pelos anunciantes. Mas afirmar que a TV exista exclusivamente para atender ou superar os padrões de ignorância é antiempírico. Há muitos programas de sucesso – *The West Wing, Os Simpsons, Seinfeld* – inteligentes e criativos, mesmo satisfazendo o critério de atender a uma massa popular. Quanto aos programas realmente imbecis a que multidões assistem, o público tem de aceitar certa responsabilidade pelo produto que está consumindo. Ninguém o está forçando a assistir.

Teoria da conspiração e TV/mídia parecem andar de mãos dadas. Um grupo de críticos sociais e acadêmicos afirma ver sinais de várias alianças ímpias entre a mídia e o poder corporativo e governamental no decorrer de mais de um século. O elemento-chave para toda essa história de conspiração é algum tipo de aliança mídia-corporativa (incluindo os anunciantes), que está controlando a informação e, portanto, o modo de pensar – se é que ainda pensamos.

O professor de Lingüística do MIT, Noam Chomsky, e seu colega Edward Herman, professor de Finanças do Wharton School of the University of Pennsylvania, apresentaram o avô de todas as teorias de conspiração mídia-política-corporativas, no livro *Manufacturing Consent.** Eles tomaram o título emprestado de uma expressão criada pelo

---

*Produzindo consenso. (*N. da T.*)

MARKETING, MÍDIA E CAOS: É ISSO QUE IMPORTA

jornalista americano Walter Lippmann, que acreditava que as mesmas técnicas de persuasão utilizadas pelos governos britânico e americano, para levar uma população relutante a aceitar uma guerra, poderiam ser usadas por pessoas instruídas e responsáveis para "produzir consenso" em questões de interesse público. Lippmann acreditava que um pouco de propaganda era um mal menor que podia motivar os indivíduos das sociedades democráticas a esquecerem suas diferenças e agirem em prol do bem comum. Essa crença de Lippmann acabaria nos dando um novo tipo de profissional, o publicitário – em termos de relações-públicas, o equivalente dostoievskiano a um advogado, uma consciência de aluguel. Chomsky e Herman, no entanto, passam imediatamente da constatação da existência de certos tipos de promoção, persuasão e propaganda na sociedade, para a conclusão de que tudo que lemos e ouvimos é uma mentira descarada. A mídia não passa de um cachorrinho de colo para os que estão no poder, de acordo com a seguinte mirabolante teoria da paranóia unificada:

> *Criamos e aplicamos um modelo de propaganda que [...] sugere que o "objetivo social" da mídia é inculcar e defender os propósitos econômicos, sociais e políticos de grupos privilegiados que dominam a sociedade local e o estado.*

Em outro livro, *Corporate Media and the Threat to Democracy**, Robert McChesney esboça uma opinião semelhante da indústria midiática:

> *A comunicação de massa, nos Estados Unidos, é controlada, em sua quase totalidade, por menos de duas dúzias de enormes empresas de maximização de lucros, cuja receita se deve, em grande parte, às propagandas solici-*

---

*Mídia Corporativa e a Ameaça à Democracia. (*N. da T.*)

THINK!

tadas por outras empresas enormes. Mas a amplitude do domínio e controle da mídia geralmente passa despercebida na cultura intelectual e na própria mídia, além de não parecer despertar preocupação na população em geral.

Se você tiver uma ligeira sensação de ter voltado aos bancos universitários ao ler estes fragmentos, é porque este tipo de análise inquieta e penetrante é um dos deleites prediletos de alunos de graduação em todo o mundo, ao descobrirem o poder que existe no mundo e como as relações de poder influenciam drasticamente o que pode e não pode ser realizado. O poder é uma das características do mundo objetivo. Mas afirmar, por exemplo, que a cobertura acrítica (seja qual for o significado) da Guerra do Iraque constitui uma prova de que a mídia é mantida pelo governo norte-americano seria uma calúnia contra a integridade de milhares de locutores, jornalistas e editores. Outro problema com a teoria de a mídia ter de se submeter aos interesses corporativos e políticos, um problema comum às teorias conspiratórias, é que ela se baseia na pressuposição de um conluio intrincado e improvável entre partidos com interesses muito diversos entre si. Se o objetivo da mídia é "defender os propósitos econômicos, sociais e políticos de grupos privilegiados", ela terá de fazê-lo para muitos grupos e servir a muitos propósitos. E mesmo que a mídia, como um todo, tivesse sido coagida a fazer exatamente isso, seria impossível imaginar uma forma de ela desempenhar sua função enquanto ludibria uma nação inteira. Como comprova a seção de Cartas do Leitor, o público americano é extremamente sensível ao menor sinal de preconceito, seja política ou socialmente, e tende a protestar com severidade. É claro que o preconceito também procura nichos na mídia, mas ele costuma ser o resultado de idiossincrasias dos donos, da ignorância (de todos os tipos) de jornalistas e produtores, ou do desejo de chamar a atenção da audiência; e não uma conspiração institucionalizada.

Marketing, mídia e caos: é isso que importa

Embora possa desapontar os puristas que são contra o "branding"*, o que há de mais conspirador na influência da publicidade em televisão é que ela subsidia programas de boa audiência e elimina os de má. Ela não está criando uma cultura *trash* por si; é a função comercial da televisão/mídia de conquistar maior audiência "para" os anunciantes que deu início à corrida entre a tolice e a tolice maior ainda. Se *Masterpiece Theater*** tivesse uma audiência de 40 por cento, no segmento de 18 a 35 anos, no horário nobre, certamente haveria comerciais da Budweiser.

"A indústria da publicidade é muito conservadora", afirma Alan Middleton, professor assistente de marketing e diretor-executivo do Schulich Executive Education Centre. "Ela não lança uma nova tendência, ela acompanha a tendência." Isso não significa, como veremos, que a influência da publicidade no conteúdo televisivo, ou da mídia em geral, seja, necessariamente, imparcial. Middleton reconhece que a publicidade não tem interesse em mudar as coisas. Ela não está tentando elevar o índice de alfabetização ou ampliar o conhecimento de história ou apreço por Shakespeare. Seguir a tendência pode ser, simplesmente, reforçá-la, segundo Curtis White em *A mente mediana*. Ele afirma que o programa de televisão *Antiques Road Show**** transformou obras de arte e antiguidades em "fetichismo mercante". Quando se trata de novelas e dramas em geral, a tendência já foi definida há muito, com roteiros que giram em torno de cobiça, sexo e violência.

É isso que faz com que muitos pais e educadores se revoltem. Em um artigo publicado no *USA Today*, Sam Brownback observa:

---

*Colocação e divulgação de uma marca no mercado. (*N. da T.*)

**Programa que apresenta, principalmente, adaptações de biografias e romances famosos em minisséries. (*N. da T.*)

***Programa itinerante durante o qual os moradores das cidades visitadas apresentam as antiguidades que possuem para serem avaliadas e colocadas à venda. (*N. da T.*)

Think!

Algumas pessoas na indústria [televisiva] afirmam: "Não fazemos a cultura, nós a refletimos. A televisão é um espelho da sociedade." No entanto, a programação de hoje em dia parece mais uma miragem do que uma imagem espelhada. O mundo das personagens que aparecem na televisão é muito mais violento, combativo e perverso do que o dia-a-dia tipicamente norte-americano.

Brownback tem razão, mas as descrições violentas nos dramas clássicos gregos também não constituíam uma representação fiel daquela sociedade. Seu protesto tem a ver com gradação. Ele apresentou um estudo realizado pelo Parents Television Council*, que revela que programas violentos, vulgares e profanos triplicaram no tradicional horário familiar, desde 1990. Brownback mencionou os milhares de estudos médicos e psicológicos que atestam que a exposição repetida e prolongada à violência na TV pode ter efeito negativo no comportamento infantil e, inevitavelmente, no desempenho escolar. Talvez os defensores de Brownback aceitassem, com satisfação, um conteúdo programático mais neutro, numa escala de alta-baixa cultura. Em vez disso, parece que as redes de televisão estão correndo para atingir o fundo antes da concorrência. O mais desconcertante é que o fundo é hipotético. "O resultado lógico dos *reality shows* é um 'snuff movie'"**, diz Middleton.

Mas se nem os anunciantes nem a grande conspiração até agora não desvendada são diretamente responsáveis por mandar a programação da TV para o inferno cultural dentro de uma cesta, o que ou quem é? A resposta, aparentemente, é uma combinação de perda de mercado para as principais redes de TV, competição implacável, mudanças no estilo de vida, o próprio meio televisivo e nós, os espectadores.

---

*PTC – Organização que procura garantir certos padrões morais nos programas da televisão norte-americana. (*N. da T.*)
**Filme cujo clímax é um assassinato real. (*N. da T.*)

MARKETING, MÍDIA E CAOS: É ISSO QUE IMPORTA

O ÍNDICE DE AUDIÊNCIA das redes de televisão tem caído continuamente há mais de duas décadas. Em 2002-2003, redes de TV a cabo ultrapassaram a audiência da TV aberta, com 53 por cento de assinantes. Com um fluxo de caixa deficitário, os executivos foram incumbidos da missão pouco provável de reduzir custos e criar novos programas para atrair grande número de espectadores. Em 2000, a possibilidade de conseguir ambos os objetivos, aparentemente contraditórios, caiu no colo deles com um novo tipo de programa, *Survivor**, da CBS. Quando estreou, muitos analistas de televisão previram que aquele seria um filho único e que morreria merecidamente em poucas temporadas. O programa não era nem uma novela nem um seriado, nem um jogo de perguntas e respostas nem uma cobertura esportiva, nem um quadro de entrevistas nem um noticiário. Parece que o único precedente, com uma proposta semelhante de não-ficção manipulada, havia sido o desacreditado show de calouros, um tipo de programa que se evaporara na baixa audiência havia anos. Atualmente, centenas de *reality shows* estão sendo produzidos para a televisão, no mundo todo.

"Muitas pessoas, inclusive eu, subestimaram por completo o apelo de *reality shows* a produtores de programas e redes de televisão", reconhece Middleton. "Eles são lixo, produzido a baixo custo e com lucro enorme."

Os *reality shows* ajudaram a parar o sangramento provocado pelo mercado em queda de espectadores. Em 2004-2005, as redes de televisão receberam um adiantamento recorde de 9.300 bilhões de dólares para publicidade. Naquela temporada, *American Idol* liderava o preço da publicidade, ao custo de 658 mil dólares por trinta segundos; e cinco dos dez programas com os trinta segundos mais caros eram *reality shows*. Alguns jornalistas de TV atribuem o sucesso dos *reality shows* a

---

*O *No Limite* norte-americano. (*N. da T.*)

Think!

uma mudança de geração – as gerações X* e Milênio**, que foram desmamadas com televisão a cabo, internet e constante mudança de canais, não têm paciência com roteiros, novelas e dramas sentimentais. Este é apenas mais um exemplo da televisão se adaptando às circunstâncias contemporâneas e fazendo o que deve para motivar uma nova audiência para os anunciantes. Outros dizem que essa tendência é emblemática para um meio que nunca foi – nem será – capaz de comunicar idéias complexas ou pensamentos e argumentos nuançados. A substância orgânica da televisão não é o mundo à nossa volta ou nossas idéias, mas a câmera. Ela se apossa do mundo, da sociedade, dos eventos e remodela tudo. A câmera é uma ditadora, que impõe seus próprios interesses e determina o comportamento das pessoas. Marshall McLuhan, em *Os meios de comunicação como extensões do homem*, foi o primeiro a reconhecer que a descontinuidade de impressões e imagens capturadas pela câmera era uma forma completamente diferente de comunicação e que, por isso mesmo, criaria novas práticas para expressar significados e pensar. A televisão, bem sabemos hoje em dia, tem a ver com emoção e fantasia, e não com raciocínio argumentativo e científico. Lapham, da *Harper*, conta sua experiência num seriado de televisão sobre política externa norte-americana, durante a qual teve de explicar as causas da Segunda Guerra Mundial em 72 segundos, usando pouco mais de quarenta palavras. Lapham afirma que escrever para a televisão requer "orações declarativas simples [...] nada de ironia, nenhum dos recursos retóricos que produzem uma prosa matizada, modulada", e acrescenta que esse meio de comunicação "não gosta de idéias; simplesmente, não tem paciência para idéias". Com uma avaliação dessas, não restam muitas esperanças para a televisão educativa.

---

*Pessoas nascidas nas décadas de 1960 e 1970. (*N. da E.*)
**Pessoas nascidas nas décadas de 1980, 1990 e 2000. (*N. da E.*)

MARKETING, MÍDIA E CAOS: É ISSO QUE IMPORTA

Assim, Lapham parece estar concordando com o executivo. A televisão é o que é. No filme *Muito além do jardim*, de 1979, Peter Sellers (Chauncey Gardner) é um jardineiro que não conhece o mundo além do que viu pela televisão. Um protetor de Gardner apresenta-o ao fechado círculo político-social de Washington, onde é recebido como se fosse um sábio. Durante uma das reuniões, ele é questionado pelo presidente:

> **Presidente:** *Sr. Gardner, o senhor concorda com Ben ou o senhor acha que podemos estimular o crescimento através de incentivos temporários?* [pausa longa]
> **Gardner:** *Enquanto as raízes não tiverem sido cortadas, tudo estará bem. E tudo continuará bem no jardim.*
> **Presidente:** *No jardim.*
> **Gardner:** *Isso mesmo. No jardim, o crescimento tem suas estações. Primeiro, temos a primavera e o verão. Depois, o outono e o inverno.*

Gardner assistiu tanto à TV que suas frases imitam o vocabulário infantil e a cadência monótona típica dos documentários. Cada evento que se impõe sobre o jardineiro na vida real torna-se uma batalha cômica, que exige que ele faça uma pausa, recalibre e procure, mentalmente em seu arquivo, clichês e simplificações, para chegar a uma conexão brilhante. Estar *muito além do jardim* é o que acontece com pessoas cujo conhecimento e visão de mundo foram talhados por um instrumento que glorifica, de forma escravizadora, tal existência – um estado de transe permanente provocado por um caleidoscópio de imagens, que invoca emoções fugazes e afasta contextualização e qualidade. É um estado de absoluta ignorância. Infelizmente, os ricos e poderosos não costumam celebrar os milhões de Chauncey Gardners na vida real.

Think!

Na década de 1960, George Gerbner estudou o comportamento dos viciados em televisão e descobriu que, quanto mais uma pessoa assiste à televisão, mais suas opiniões, crenças e pensamentos se tornam restritos e homogeneizados. Segundo a teoria que ele formulou a respeito desse fenômeno, chamada de Teoria do Cultivo, a TV nos torna cada vez menos adaptáveis às mudanças complexas da vida real. A individualidade, espontaneidade e criatividade decrescem. Conseqüentemente, pelo menos em parte devido ao tempo passado em frente à televisão, mais pessoas parecem ter o que elas autodenominam de uma "zona de conforto estreita" para uma série de atividades e funções. Enquanto ainda não há um estudo mais definitivo a respeito, arrisco dizer, baseado no que testemunhei na minha vida profissional, que "zonas de conforto estreitas" desempenham um importante papel quando carreiras são negligenciadas, descarrilam ou estão por um fio.

Por ser uma mídia de imagens e emoção, a televisão se cruza com uma série de tópicos propostos neste livro como responsáveis pela decadência do pensamento crítico e criativo na sociedade norte-americana. Por exemplo, ela foi um fator importante na divulgação da inteligência igualitária – que preconiza que todas as idéias e opiniões têm o mesmo valor e todo o conhecimento e raciocínio tendem às mesmas conclusões. Em uma sociedade que passa cinco vezes mais tempo assistindo à televisão do que lendo, as opiniões e pensamentos de grande parte da população, inevitavelmente, começarão a se formar em torno de clichês – politicamente corretos, ideológicos ou dogmáticos. A televisão não cultiva novas idéias ou pensamento criativo e crítico; ela encoraja a uniformidade e conformidade, além de haver evoluído para tornar-se um dos dois pontos de contato tecnológico para um estilo de vida dedicado ao "simplesmente existir" – um distanciamento da vida mental em prol da contemplação mais ou menos estática da pura sensação de ser,

146

MARKETING, MÍDIA E CAOS: É ISSO QUE IMPORTA

que é alimentada por uma série de entretenimentos passivos, freqüentemente fornecidos pela mídia eletrônica e digital.

Aldous Huxley havia previsto algumas das formas inesperadas como a televisão e os meios de comunicação de massa afetariam a sociedade em *Regresso ao admirável mundo novo*, publicado, originalmente, em 1958. Escrevendo no auge da Guerra Fria, Huxley tinha uma visão sombria da mídia, como instrumento de coerção e propaganda. Ainda assim, já naquela época, o autor percebeu que essa visão era simplista demais para o futuro da comunicação de massa. Enquanto os críticos e intelectuais estavam fixados no poder de influência que a mídia tinha na opinião pública, Huxley se conscientizava de que "eles haviam se esquecido de levar em conta o quase insaciável apetite humano por distração". O escritor previu que, à medida que os meios de comunicação se desenvolvessem e sofisticassem, eles se preocupariam menos com o verdadeiro e o falso, e mais com o irrelevante e o fútil.

"A Guerra Fria fez as pessoas pensarem que a visão de Orwell sobre o regime ditatorial seria a que acabaria vingando", diz Roy Clark, pesquisador sênior da Poynter Institute*. "Após o fim da Guerra Fria, muitas pessoas se surpreenderam com o fato de que aquilo que se materializou, na verdade, tinha mais a ver com a visão de Huxley – uma sociedade que precisa ser constantemente entretida."

Não há nada inerentemente amoral sobre uma vida de "simplesmente existir". Os norte-americanos trabalham mais horas por dia do que no resto do mundo. Diz-se que o fato de "simplesmente existir", refletido na prática usual de assistir a três horas de televisão por noite, não passa de um efeito colateral da fadiga do estresse. Na medida em que grupos de pensadores de elite e inventores conseguirem tomar as rédeas, "simplesmente existir" não pode provocar nenhuma queda séria,

---

*Escola de Jornalismo. (*N. da T.*)

Think!

em curto prazo, na criatividade, produtividade ou padrão de vida – embora isso não passe de uma ilusão em uma economia global, baseada no conhecimento. Mas o desejo de "simplesmente existir" como um objetivo por si, ao contrário da busca pela felicidade, também está se refletindo de forma negativa na saúde dos norte-americanos.

Entre 1987 e 2002, despesas particulares com problemas médicos relacionados à obesidade dispararam de 3,6 bilhões de dólares, ou 2 por cento de todos os gastos com a saúde, para 36,5 bilhões de dólares, ou 11,6 por cento do total, segundo um estudo publicado na revista *Health Affairs*[*]. Um em cada três norte-americanos é obeso, o dobro de trinta anos atrás. O gasto, por pessoa, com saúde é maior do que em qualquer outro país industrializado. De acordo com um relatório publicado pelo Centers for Medicare and Medicaid[**], até 2014, estaremos gastando 11.045 dólares, anualmente, com cada homem, mulher e criança, o que será quase 20 por cento de toda a economia do país! A obesidade e todos os problemas de saúde relacionados a ela costumam ser atribuídos à falta de exercícios e a uma dieta errada, rica em gorduras. Certamente, essas são suas causas imediatas. No entanto, acredito que o motivo subjacente e primário para a obesidade (excluindo questões genéticas ou algum distúrbio médico) é a crescente vida intelectualmente infértil que as pessoas levam.

A população norte-americana despende nove vezes mais minutos em frente da televisão do que praticando esportes ou qualquer outra atividade física durante as horas de lazer, segundo um grupo de pesquisadores da University of California. Isso significa que assistir à TV está substituindo os exercícios físicos e engordando os espectadores. Mas a televisão também está substituindo a leitura, o diálogo, e outras

---

[*]Assuntos Médicos. (*N. da T.*)
[**]CMS – Órgão ligado ao Ministério da Saúde que presta serviços de saúde à população. (*N. da T.*)

MARKETING, MÍDIA E CAOS: É ISSO QUE IMPORTA

atividades necessárias para o crescimento de habilidades adequadas ao pensamento crítico e criativo. Pesquisas comprovam que pessoas mais instruídas têm menos tendência ao sobrepeso. Parece que um apetite por saber, ao contrário do apetite por comida, é a melhor forma de queimar calorias. O conhecimento gera curiosidade, interesse e participação, dificultando o ócio e *produzindo* atividade.

Afundar numa poltrona em frente à televisão e colocar a mente em ponto-morto por um curto espaço de tempo, diariamente, pode recarregar as baterias. Colocar a mente em ponto morto indefinidamente pode (literalmente) acabar conosco.

AO CONTRÁRIO DA CRENÇA POPULAR, a era do computador/eletrônica/digital não começou com o computador. Ela começou com a música. Antes de 1980, poucas pessoas tinham contato direto com o computador. A versão pessoal, com programas visuais e de fácil utilização, ainda estava por ser inventada. Mas todo mundo já havia escutado os "crescendos" amplificados da guitarra de Jimmy Hendrix; os sons assustadores, extraterrestres da música eletrônica, sintetizada; e os baques violentos acompanhados de efeitos de luz a laser nas discotecas. A música produzida eletronicamente e uma frota de aparelhos sinfônicos em estéreo, cada vez mais sofisticada, para reproduzi-la no conforto de uma sala de estar – esses foram, comprovadamente, os primeiros brinquedinhos dos infomaníacos que inundaram o mercado. Os rapazes se vangloriavam da potência dos amplificadores e *subwoofers* com uma paixão antes reservada aos motores Hemi ou às rodas de magnésio. Música amplificada, tocada a alto volume pelos "sistemas" de som da época, foi a precursora de tudo quanto está na moda em eletrônica, como o iPod. Gurus da Nova Era, como Timothy Leary e Alvin Toffler, basearam-se no subconsciente dessa euforia induzida eletronicamente para imaginar novos tipos de

Think!

utopias descentralizadas e conectadas, "cidades globais" nas quais o poder cabia a pessoas individuais, e não a empresas e governos. Não importa se os computadores ainda eram enormes e deselegantes, deixando os personagens do *Mágico de Oz* no chinelo, nas salas refrigeradas. Para uma geração acostumada a ter a mente estimulada e os sonhos realizados ao girar um botão do estéreo, essa visão de uma sociedade melhor e mais inteligente através de aparelhos eletrônicos despertava o interesse de muitos. Quando os microcomputadores surgiram em cima das mesas, um público amante da eletrônica aderiu ávida e prontamente, desejoso de aprender como os aparelhos poderiam ajudá-lo no trabalho e na escola. Era um público disposto a aguardar pacientemente até o computador iniciar e a se submeter aos trabalhosos e confusos programas de processadores de texto e planilhas, a fim de gerar um memorando ou um pequeno relatório e poder se considerar membro oficial da era do computador. Esse mesmo público estava claramente predisposto a acreditar na premissa de que o computador, como um elegante aparelho de som, poderia ampliar a esfera da consciência humana.

Não dá para imaginar a vida sem computadores hoje em dia. Mas dá para imaginar a vida sem música – essa produzida por muitos grupos contemporâneos e "músicos". Isso porque, em algum momento entre a introdução do microcomputador, durante a década de 1980, e hoje, os primórdios do século XXI, algo completamente imprevisto e mais do que trágico aconteceu – os jovens que aspiravam a uma carreira musical pararam de aprender a tocar música. Uma advertência aos que me rotulam como o rabugento do tudo-no-passado-era-melhor: não sou o único a pensar assim. (O trompetista Wynton Marsalis chamou o rap de show contemporâneo de menestréis, dizendo que tem menos a ver com expressão musical do que com lucro financeiro pela exploração de estereótipos raciais.) Onde se encontram candidatos, na geração atual, com técnica para tocar um instrumento musical

150

MARKETING, MÍDIA E CAOS: É ISSO QUE IMPORTA

e tino, não para substituir, mas para suceder Bob Dylan, Miles Davis, Eddie van Halen, Joni Mitchell, Bob Marley, Frank Zappa, Mark Murphy, Elvis Costello, Bono ou Philip Glass? Esta não é uma questão de estilo. Trata-se da ausência de habilidades essenciais para criar música nova – cantar, escrever letras e compor músicas, tocar instrumentos. Há os que sabem fazer o download de música, os que sabem mixá-la, os que conseguem produzir uma versão bombástica de funk, ou uma imitação execrável dos Eagles num sintetizador ou numa "dream machine*". Mas é evidente que há cada vez menos jovens que saibam o que é uma escala musical.

Quando Walter Carlos lançou *Switched-On Bach*, em 1968, ele inspirou uma série de jovens músicos a incorporar o sintetizador Moog à música. Músicas como *From the Beginning* e *Trilogy*, da Emerson, Lake and Palmer mostraram os impressionantes e novos tons musicais e harmônicos que eram possíveis produzir com o Moog. Por um momento, pareceu que uma imersão total da eletrônica na música levaria a uma dimensão completamente nova de exploração musical. Mas a música eletrônica teve vida curta. Em um artigo de 1994, na revista *Sound on Sound*, o jornalista Jonathan Miller disse que o declínio era, provavelmente, o resultado da ênfase na tecnologia em detrimento da música. Em 1997, numa entrevista para a revista on-line *Perfect Sound Forever*, o inventor do Moog, Robert Moog, afirmou que ele nunca cogitou que o sintetizador substituiria o músico. "Antes de qualquer coisa, você tem de ser músico para fazer música num sintetizador."

A relação entre o incremento dos computadores e da tecnologia sonora com o aparente declínio na qualidade da música pode denotar, simplesmente, a preferência da garotada por brincar com video-

---

*Ou, também, "dreamachine": "máquina de sonhos", que produzia um estado hipnótico através de estímulos criados com a pulsação da luz. (*N. da T.*)

151

THINK!

games do que passar semanas numa turnê de carro, se metendo a fazer música em espetáculos únicos. Por outro lado, a relação poderia ser uma coincidência. Pode haver outros fatores que contribuíram para o empobrecimento da criatividade musical, como menos lugares para jovens músicos se apresentarem. Mesmo assim, que seja uma advertência contra as armadilhas em potencial do computador. Daqui a cem anos, é possível que um especialista em informática parafraseie as palavras de Moog: "Nunca cogitamos que o computador substituiria o pensamento."

Mais e mais, as pessoas estão reconhecendo que o computador tem enorme potencial para substituir a experiência prática e as habilidades cognitivas necessárias para o pensamento crítico e criativo. Um sem-número de livros e artigos publicados sobre o tema, nos últimos anos, quase todos escritos com um fervor beirando o religioso, expressam surpresa e desprezo ao perceberem que, apesar de Joãozinho ter passado a maior parte da adolescência em frente do computador, ele parece não saber muita coisa. O argumento foi construído sobre uma anedota, mas estudos recentes coletaram dados que lhe dão embasamento. Pesquisadores da Universidade de Munique estudaram 175 mil adolescentes de 15 anos, de 31 países, e concluíram que as notas de matemática e leitura eram significativamente mais baixas em domicílios com dois ou mais computadores, quando comparados com aqueles com apenas um ou nenhum computador.

"Parece que, quando o aluno usa o computador em demasia em detrimento de outro [tipo de] ensino, ele acaba sendo prejudicado", constatou Ludger Woessmann, que encabeça a pesquisa, durante uma entrevista ao *Christian Science Monitor*.

Por algum motivo, essa revelação não me surpreende. O e-mail é uma forma de redação "verbal" quase automática; videogames podem ajudar crianças a pensar em termos de mundo virtual, mas não real;

MARKETING, MÍDIA E CAOS: É ISSO QUE IMPORTA

surfar é surfar, é pegar uma cyber-onda e deixar que ela o leve para onde quer que seja. As habilidades necessárias para usar o computador são pouco mais do que "habilidades vocacionais; tão importantes e intelectualmente superficiais quanto dirigir um carro", segundo Karl Forsyth, que escreve no site das escolas Waldorf, uma associação de 350 colégios nos quais os alunos não usam computadores antes do segundo grau. Além disso, Forsyth declara que programas como editores de texto encorajam a preguiça mental, e que os "computadores também induzem a uma mentalidade condicionada a fazer tudo rápida e eficientemente, o que leva a fraudar processos mentais mais sofisticados". Concordo, a princípio, com todos esses pontos, embora eu acredite que desenvolver uma planilha de Excel ou usar o programa CAD para criar uma modelagem sólida seja intelectualmente mais desafiador do que dirigir um carro. Também acho que atormentar pessoas inteligentes e autoconscientes sobre o uso excessivo do computador está em pé de igualdade com passar sermões naqueles que assistem demais à televisão ou se excedem no consumo de álcool. Não passa de bom senso, na verdade. Se houver um pouco mais de cautela por parte dos pais (e de todos nós), o problema que está brotando (ou os problemas) desaparecerá imediatamente. Mas, para muitas pessoas – adolescentes e pais irritados e estressados – é mais fácil dizer do que fazer. Estou tão propenso a enveredar pela auto-estrada cibernética quanto qualquer um, mas, talvez, eu tenha a sorte de ter um sistema de alarme embutido, um instinto de procurar por yin depois de ter tido yang demais. Não sei por que tenho esse sistema de alarme particular; além disso, ele é bastante imperfeito quando se trata de aperfeiçoar minha vida, visto eu invocar o livre-arbítrio para poder ignorá-lo de todo. Mesmo assim, eu tenho consciência toda vez que passo tempo demais conectado. Sei quando é hora de sair para conversar com os amigos. Às vezes, tenho uma vontade incontrolável de pegar uma chave inglesa e sentir o cheiro de graxa

THINK!

escorrendo pelo metal duro. Ou então de correr, ficar observando formigas trabalhando na grama, ou estudar o firmamento.

Que fique claro que não quero nem pensar em um mundo sem computadores. Apesar de todas as mudanças ensandecidas que o computador impôs ao mundo, ele é uma das invenções mais maravilhosas da humanidade, superada apenas pela escrita. O problema está em não conscientizar as pessoas das conseqüências nefastas que um estilo de vida obsessivamente virtual terá sobre o pensamento crítico. Essa conscientização tem de ficar clara na atitude das pessoas. Elas têm de perceber, novamente, que o "outro" e a realidade além da tela do computador têm uma importância crucial, e por que isso é imprescindível para a qualidade do pensamento, para o trabalho e o interesse próprio.

William Gibson, cujos romances futurísticos como *Neuromancer* são baseados em uma sociedade enredada em uma realidade virtual avançada, adverte que, apesar de a comunicação eletrônica hoje em dia viabilizar "uma expansão sensorial da espécie", a realidade virtual só poderá aumentar a realidade física, jamais substituí-la. Gibson exalta a importância da "pele", que resume o contato com os seres humanos. Para um futurista, ele parece ter os pés no chão presente: pesquisadores descobriram que a comunicação baseada estritamente em troca de e-mails, por exemplo, é inadequada para construir uma relação pessoal ou profissional duradoura. Nuanças interativas, como diálogo, expressão facial e tom de voz transmitem um rico conjunto de informações emocionais e práticas necessárias para gerar confiança e compreensão intelectual.

Tanto educadores quanto pais têm observado como o computador vem substituindo atividades ao ar livre, jogos de imaginação, leitura silenciosa e artesanato. Ainda assim, excluindo os videogames e salas de chat, muitas pessoas acreditam que o computador é uma ferramenta educacional potencialmente inigualável. Clifford Stoll, autor de *Silicon Snake Oil*, discorda: "Parece-me que a maior parte do aprendizado nasce da curiosidade infantil, para a qual não existe nenhum pacote de programas instalado voluntariamente. A curiosidade costuma começar com o nosso mundo físico."

No livro *What Just Happened: A Chronicle from the Information Frontier*, James Gleick afirma que, com o surgimento do computador, "a invenção humana cruzou a fronteira com um mundo diferente de tudo que havia antes". Mas Gleick infere que o mundo computadorizado por si só não é a essência da invenção. O mundo real é que é.

DIFERENTEMENTE DOS COMPUTADORES, mas na mesma tendência da televisão, os jornais estão, aos poucos, perdendo leitores. A circulação tem caído entre 0,5 e 1,0 por cento ao ano, desde o final da década de 1980. Durante um período de seis meses, que terminou em 31 de março de 2005, a indústria jornalística amargou uma queda de 1,9 por cento na circulação diária, a maior perda em uma década, segundo os dados do Audit Bureau of Circulation. Hoje, apenas 50 por cento, aproximadamente, dos lares norte-americanos recebem um jornal diário, comparado com 67 por cento em 1990 e mais de 100 por cento em 1950, quando muitas famílias faziam mais de uma assinatura.

"Não vejo nenhum aspecto positivo, nem sinal de que as coisas melhorarão em breve", disse John Morton, um analista da indústria jornalística, ao *New York Times*.

Aproximadamente 80 por cento da receita vêm dos anúncios. Portanto, esse setor está se deparando com os mesmos desafios que a televisão, ou seja, como criar e manter um público grande o bastante para que seu produto seja atraente para os anunciantes. Sua tática para conseguir isso, entretanto, tem sido um pouco diferente da indústria televisiva. Em vista da crescente competição com a internet e da disputa mais acirrada por uma fatia dessa torta minguante de anunciantes, as estratégias de sobrevi-

Think!

vência dos jornais parecem estar menos voltadas para uma simplificação, a fim de tornar o entendimento mais fácil, do que para certo investimento na desordem, com algumas pitadas de adulação como gorjeta.

O jornalismo sensacionalista existe há mais de cem anos. Diz-se que os donos dos dois jornais nova-iorquinos, rivais entre si, William Randolph Hearst e Joseph Pulitzer, viviam numa guerra jornalística na década de 1890 e começaram, então, com a prática de exagerar descaradamente e usar hipérboles para vender mais jornais. Alguns historiadores afirmam que Hearst chegou a instigar a Guerra Hispano-Americana ao publicar, sem provas, uma matéria acusando o governo cubano pelo naufrágio do navio de guerra *Maine*, no Porto de Havana, em 1898. Esse estilo começou a ser chamado de "yellow press", em função de uma história em quadrinhos criada pelo cartunista que Hearst havia aliciado da concorrência*.

Hoje, nenhum jornal digno de crédito ousaria reconhecer que lança mão do jornalismo sensacionalista, baixo, vulgar e execrável como artifício, nem gostaria de ser associado, remotamente, a tal prática. Mesmo assim, não há falta de sensacionalismo, hipérbole, culto às celebridades, ciência *junk*** e melodramas de cortar o coração; tudo para vender jornal.

É incontável o inventário de catástrofes iminentes, surtos contagiosos, desastres naturais, perseguições, acidentes imprevistos, tecnologia e ciência fora de controle, além de outras reportagens estarrecedoras que costumam estar na primeira página. Alguns dos títulos preferidos

---

*A história em quadrinhos era intitulada *The Yellow Kid* ("O garoto amarelo"). Em português, costuma-se usar a expressão "imprensa marrom" – em vez de "amarela" – para o jornalismo sensacionalista. (*N. da T.*)

**Termo que descreve o uso de dados, pesquisas e análises supostamente científicos por motivos escusos, seja políticos, financeiros ou outros. São justamente esses motivos que distinguem a "ciência *junk*" da "pseudociência". (*N. da T.*)

156

MARKETING, MÍDIA E CAOS: É ISSO QUE IMPORTA

desse registro repugnante nos últimos anos incluem ataques de tubarão, perigos no uso de celulares, asteróides assassinos, doença da vaca louca, violência doméstica, terror no pátio escolar, alimentos geneticamente modificados, franco-atiradores, linhas de transmissão de força, poluição, ataque cardíaco, crise de petróleo iminente e fumante passivo. Essas reportagens de horror são fundamentalmente diferentes das verdadeiras notícias ruins, como uma rebelião no Iraque ou mortes e destruição causados por um furacão – embora alguns argumentem que a excessiva cobertura dada a essas reportagens não são justificadas pelo seu valor jornalístico como um todo. Reportagens de horror são aquelas em que nada aconteceu de fato, ou aquelas em que os fatos foram, deliberadamente, dramatizados e exagerados. E é claro que o grande prêmio de reportagem de horror, hoje em dia, vai para o aquecimento global, com uma nova rodada de artigos e editoriais comparando a Terra a uma sauna a cada nova onda de calor no verão, ou a cada inverno ameno, que apaga rapidamente da memória o "verão anterior que nunca foi" e as nevascas e diques de gelo da primavera. Por mais que o aquecimento global seja prático em dia de notícias escassas, a redação vive seu momento de realização profissional quando recebe uma catástrofe fresquinha e ainda em curso. E sempre há uma, cedo ou tarde: a doença dos legionários, o vazamento tóxico de Bhopa, a síndrome do choque tóxico, SAR*, uma criança perdida. No verão passado, no meu bairro, o pavor do momento foi o "vírus do oeste do Nilo", uma patogênese transmitida por mosquitos que pode causar sintomas parecidos ao da gripe ou de alguma doença mais séria, em uma de cada 150 pessoas infectadas. No verão anterior, tinha havido um "surto" de "oeste do Nilo", com uns poucos casos registrados. Agora, no início de maio do

---

*Specific Absorption Rate [taxa de absorção específica]. Unidade de medição do nível de energia de radiofreqüência absorvida pelo corpo no momento da utilização do telefone celular. (*N. da E.*)

Think!

ano seguinte, os jornais locais começaram a publicar artigos sobre os sintomas da infecção, como ela se disseminava e "como minimizar os riscos de ser contagiado". Funcionários da saúde pública insistiam para que as pessoas esvaziassem logo as piscinas e evitassem água parada nas propriedades. Conheço uma pessoa que cancelou as férias de verão numa casa de campo, onde os mosquitos eram mais abundantes. Não sei se foi sorte ou os cuidados da vigilância sanitária, mas a grande pandemia originada pelo mosquito jamais aconteceu. Ao todo, dez casos de infecção com "vírus do oeste do Nilo" foram confirmados em 2004, em uma área de centenas de milhares de quilômetros quadrados.

Não é nenhum mistério por que os jornais reportam fatos assustadores. É para vendê-los. Muitas das melhores histórias de horror sensacionalistas têm, de uma forma ou de outra, a mão da morte pairando sobre elas. A maioria, se não todas, tem alguma base factual. Freqüentemente, no entanto, o tom dado à manchete ou o mero posicionamento do texto na primeira página pode lhe acrescentar importância ou perigo. Por vezes, o repórter simplesmente deixa de informar o baixo risco associado a certo evento ou doença. Foi isso que aconteceu com o "vírus do oeste do Nilo" – uma doença que, a julgar pela taxa de óbitos resultante, é mais de mil vezes menos perigosa do que uma gripe normal. A hipérbole pode ajudar um jornal a vender alguns exemplares a mais em um dia; no entanto, com o tempo, ela começa a gerar certo cinismo frente às notícias em geral. Talvez, parte da redução do número de leitores de jornal possa ser explicada pela crescente sensação de que muito do conteúdo de uma edição regular é exagerado, falso ou preconceituoso.

Às vezes, histórias assustadoras provêm de novas tecnologias que deram aos seres humanos a capacidade de mensurar e investigar o mundo cada vez mais detalhadamente. Esse parece ser o motivo da proliferação de artigos sobre asteróides assassinos nos últimos anos. Novos satélites com instrumentos de ponta foram posicionados perto

Marketing, mídia e caos: é isso que importa

do cinturão de asteróides para sondar, nomear e calcular a órbita de cada um. Os jornais fizeram uso desse acontecimento para fixar-se na possibilidade de que um asteróide ou cometa poderia colidir com a Terra, causando milhões de mortes e prejuízos catastróficos ao meio ambiente. No período entre julho e dezembro de 2000, o site do Near Earth Object, programa da Nasa, listou 18 novas reportagens ou matérias sobre asteróides em rota de colisão com a Terra que, por pouco, não acertaram o planeta ou poderão colidir com ele no futuro. Algumas das histórias que foram aproveitadas por jornais, sites e pela televisão nos Estados Unidos foram "Cresce possibilidade de asteróides assassinos." (*Albuquerque Jounal*), "Contato imediato com rocha espacial." (*NASA Science News*) e "Plano canadense de proteção contra asteróides." (*space.com*). A mania de asteróides certamente tornou-nos mais cônscios dos perigos causados por objetos próximos à Terra. Entretanto, ela esconde a única certeza que os cientistas podem nos dar, ou seja, a de que não haverá nenhuma colisão entre um asteróide e o planeta Terra neste século, mais ou menos o período em que os cientistas podem calcular as trajetórias dos asteróides com precisão.

Às vezes, em matérias jornalísticas, sensacionalismo e sutil indução ao erro podem ser o resultado de preguiça, ignorância ou manipulação de fatos por parte dos repórteres ou editores. Em um artigo publicado no *Skeptical Inquirer*, "Disparando um alarme falso – Ceticismo e pânico provocado pela mídia.", Benjamin Radford conta que, freqüentemente, relatórios e estatísticas gerados por organizações ou indivíduos com o propósito de serem publicados já contêm erros por si só. Por exemplo, um relatório do Department of Justice* estimou em 440 mil o número de crianças perdidas por ano, mas ele também incluía queixas de crianças que eram encontradas em questão de 24 horas ou até de

---

*Ministério da Justiça. (*N. da T.*)

Think!

minutos. Uma análise mais acurada dos números revelou que 73 por cento das crianças "perdidas" haviam sido encontradas em menos de 24 horas. Artigos escritos em torno de dados inseridos indiscriminadamente em uma reportagem podem chamar a atenção do leitor pelos motivos errados ou levar a falsas conclusões. Radford cita um estudo de 2001, realizado pelo professor Richard Estes, da University of Pennsylvania, que superestimou largamente o número de crianças vitimadas por abuso sexual. O estudo parecia contradizer os resultados de pesquisas anteriores, como a do professor David Finkelhor, feita dez anos antes. Apesar disso, a conclusão de Estes foi publicada no *USA Today* como sendo "o estudo mais completo até hoje realizado". Após a publicação do artigo, Finkelhor descobriu que os dados de Estes estavam incorretos e careciam de base científica. Ele culpou a publicidade dada ao relatório pela mídia. "A maior falha foi dos jornalistas, que não questionaram os resultados", disse Finkelhor. A lição, segundo Radford, é que os repórteres devem ir fundo numa reportagem, em vez de apenas ler superficialmente resumos de possíveis matérias para publicação.

Nesta época de vacas magras para o profissional de jornalismo, aprender uma lição dessas pode ser pura ilusão. Muitos jornais estão cortando pessoal, não empregando, e isso afeta direta e indiretamente os tipos de cobertura que a maioria dos jornais metropolitanos tem a oferecer aos seus leitores. Os editores de seção têm de tomar decisões sobre a alocação de recursos, o que freqüentemente significa frustrar o valioso jornalismo investigativo, que também é muito laborioso, além de pesquisas e análises minuciosas. Quer eles queiram ou não, os editores muitas vezes têm de preencher espaços com os textos exatamente como foram transmitidos pelas agências de notícias. E as próprias agências costumam repetir comunicados fornecidos pelos departamentos de mídia de universidades, instituições científicas ou grupos ambientais. Isso significa que muitos jornais estão mais para agência de *clipping* do que empresa noticiosa e

MARKETING, MÍDIA E CAOS: É ISSO QUE IMPORTA

explica a semelhança de conteúdo de muitos deles. Por outro lado, também implica, de certa forma, o fato de os jornais serem tanto vítimas quanto fornecedores no comércio globalizado do medo.

Em sua coluna na revista britânica *The Guardian*, Guy Browning recentemente escreveu o seguinte: "A maior parte do que você lê nos jornais é um exagero. Na verdade, é surpreendente que não exista um jornal chamado 'O exagerador'." Brincadeira inocente? Ele não pensa assim. "O exagero assemelha-se muito à inflação. Ela acaba corroendo o valor e a credibilidade daquilo que você tinha no início." Se alguém nos avisa, dia após dia, que o céu vai cair, acabamos não prestando mais atenção. Neste livro, propomos que parar de prestar atenção é uma das razões principais da crise do pensamento crítico e criativo neste país.

Um excelente estudo de caso sobre o efeito inflacionário da hipérbole noticiosa foi o alarmismo sobre a recessão, recorrente durante a expansão econômica do final da década de 1990. Manteve-se a recessão sob vigilância a partir de 1997, com a desvalorização das moedas de várias economias asiáticas. O temor, disseminado nas páginas de economia dos jornais em todo o país, era que a crise asiática se espalharia como uma doença e afetaria as economias ocidentais, deslanchando uma recessão global. Durante uma conferência de negócios de que participei, no final de 1998, o economista Derek Holt, do Royal Bank, foi bastante claro – a deterioração contínua da riqueza pessoal levaria a economia global a uma recessão. Durante todo o ano de 1999, a recessão assustadora foi incessantemente apregoada pelos jornais. Os jornalistas caíram sobre a "exuberância irracional" do mercado de ações, feita pelo presidente do Federal Reserve, Alan Greenspan, e fizeram com que ecoasse no inconsciente coletivo da nação, em milhares de artigos e colunas de opinião. Quando os preços das ações, liderados pelas empresas de alta tecnologia, continuaram subindo durante o ano, o medo de mais um *crash* da bolsa foi absorvido por um

THINK!

temor ainda mais abrangente, o Y2K*, mãe do todos os *crash*. Com o passar das horas, a aurora se fez presente em 1º de janeiro de 2000 e, após beijar o chão, as autoridades financeiras, imediatamente, começaram a escanear o horizonte econômico, para logo chegarem à conclusão de que a alta dos preços do petróleo e do gás foi a ponta do iceberg chamado de recessão. Quando os investidores se desfizeram de grande quantidade de ações pouco lucrativas, os jornais se regozijaram ao publicar a carnificina: "Prejuízo de bilhões em um dia", relatavam as manchetes, sem mencionar que os mesmos investidores tinham enormes quantias de dinheiro vivo para reinvestir. Enquanto o ano de 2000 passava com as manchetes explosivas, os chocadeiros de recessão cruzavam os dedos e computavam os resultados – a economia norte-americana havia crescido robustos 4,7 por cento! Que exuberância irracional! Ainda assim, sem esmorecer, os jornais entraram 2001 liberando o estoque de artigos sobre recessão. *Globe and Mail*, um jornal canadense, publicou um editorial intitulado "Have a Nice Recession"**, argumentando que, se a economia norte americana estivesse em queda livre, logo a canadense também estaria. A mídia teve de esperar até o fatídico 11 de setembro pela chegada da tão alardeada recessão, mas aí havia coisas mais importantes para relatar.

Em seu romance *Estado de medo*, Michael Crichton se aprofundou no pavor atual de o aquecimento global provocar uma mudança climática catastrófica. Na verdade, Crichton aborda um tema maior: o modo como o medo é produzido numa sociedade passiva e saturada pela mídia, e os motivos de interesse de diversos grupos para cultivarem esse medo. Quando os dados parecem não corroborar a "certeza" de que a Terra está se aquecendo, extremistas ambientais começam a planejar manobras de alta tec-

---

*Bug do Milênio. (*N. da T.*)
**"Tenha uma boa recessão." (*N. da T.*)

MARKETING, MÍDIA E CAOS: É ISSO QUE IMPORTA

nologia para produzir catástrofes – inundações inesperadas, rompimento de gelo na Antártida – que possam ser atribuídas ao aquecimento global. O romance de Crichton é parte fantasia, parte realidade. Na vida real, é a mídia que alimenta o comércio globalizado do medo, publicando diligentemente noções assustadoras, ou o fazendo de forma inadvertida, por sua relutância ou incapacidade de questionar, checar e avaliar. O pânico de recessão, do bug do milênio, do aquecimento global, os próprios medos acabam adquirindo o status de sabedoria convencional ou de idéias que se replicam – fato que, em teoria da comunicação, recebe o nome de "meme". De acordo com esta visão, um meme* se reproduz na cultura como um gene na natureza. Um meme bem-sucedido, à semelhança de um gene bem-sucedido, é útil, de uma forma ou outra, para um hospedeiro individual ou um segmento da população. No caso de um meme que induz o medo, o hospedeiro ou o grupo de pessoas poderia ser um interesse em particular ou um conjunto de interesses.

"De certa forma, toda a economia política da comunicação de massa, na qual as pessoas tendem a lucrar conseguindo uma fatia da audiência, é uma demonstração da teoria memética", afirma Jack Balkin, autor do livro *Cultural Software: A Theory of Ideology***. "Se há uma batalha sendo travada por espaço na memória humana, você terá de achar um meio de abrir caminho entre os concorrentes barulhentos e chamar a atenção das pessoas."

Com a circulação cada vez menor e a competição cada vez maior da internet, muitos jornais estão interessados primeiro em chamar a atenção para depois se preocupar com os detalhes. Quer seja na forma de memes, pânico ou histórias assustadoras, o comércio globalizado do medo e a cumplicidade da mídia nessa atividade tornaram-se vene-

---

*Em inglês, "meme" rima com "theme". (*N. da T.*)
***"Software Cultural: Uma teoria da ideologia." (*N. da T.*)

THINK!

no para o pensamento crítico dos Estados Unidos moderno. Uma reação já mencionada é parar de prestar atenção na informação. Outra, igualmente danosa para o raciocínio e para a capacidade de pensar, é se fechar por completo e evitar qualquer tipo de risco. Frank Furedi examina, no livro *Culture of Fear*, o poder que o medo induzido pela mídia tem de modificar o comportamento das pessoas.

Reportagens assustadoras a respeito de novos perigos não só tornam as pessoas mais ansiosas e temerosas. Elas reforçam inquietações preexistentes e ajudam a moldar e, até, alterar o modo como se conduz a vidas.

Furedi observa como uma única reportagem sobre um incidente terrorista envolvendo cidadãos americanos na Grécia levou a cancelamentos em massa de viagens à Europa, embora a média, por ano, de norte-americanos que se afogam na banheira seja maior do que a de vítimas do terrorismo. Furedi põe na mídia grande parte da culpa sobre a aversão crescente da sociedade a qualquer tipo de risco, mas concorda que há outros fatores envolvidos.

Há uma tendência pessimista de acreditar que as coisas sempre darão errado, faceta que costuma ser empregada pela comunicação de massa. O resultado é uma mídia que alerta, constantemente, para certos perigos. Mas a preocupação da mídia com o risco é um sintoma do problema, e não a causa. É improvável que os meios de comunicação consigam manipular uma sociedade que viva tranqüila e feliz, a tal ponto que ela fique em permanente estado de pânico.

Mas, então, qual é a principal causa da inquietação e ansiedade que nos levam a perder tempo com ameaças obscuras e resultados devastadores, embora improváveis? Será que estamos renunciando a uma vida esclarecida pelo raciocínio e pensamento crítico em troca de uma exis-

MARKETING, MÍDIA E CAOS: É ISSO QUE IMPORTA

tência baseada em julgamentos rápidos, intuição e emoção? É possível que, por intermédio da mídia, estejamos mudando nossa visão e nos alienando daquela capacidade única, que abastece a sensação de segurança, bem-estar e sanidade, ou seja, a crença irredutível numa realidade objetiva e na habilidade que temos de compreendê-la racionalmente através da observação, reflexão e raciocínio?

FAZENDO UMA PARÓDIA à indústria jornalística, Evelyn Waugh assim descreve, em *Furo*, os hábitos profissionais heréticos de um jornalista bêbado, cansado do mundo:

> *Ora, uma vez Jakes partiu para cobrir uma revolução em uma das capitais dos Bálcãs. Ele perdeu a hora, acordou na estação errada, mas não se deu por achado: desceu, foi direto ao hotel e telegrafou uma reportagem de mil palavras sobre barricadas no meio da rua, igrejas em chamas e metralhadoras que respondiam às batidas no teclado, à medida que ia escrevendo.*

Ao que parece, um dom para a hipérbole já era a chave para dar vida a um jornalista ficcional crível há setenta anos, quando Waugh escreveu o livro. Mas os jornais e jornalistas de hoje enfrentam desafios que o mero exagero e sensacionalismo não resolvem. O principal é reconquistar a confiança do público. Um levantamento feito pelo Pew Research Center, em 2004, descobriu que o índice de credibilidade dos jornais havia alcançado o patamar mais baixo. O percentual dos que afirmavam que podiam acreditar na maior parte do que liam nos jornais havia caído para 54 por cento, de 84 por cento em 1985. Isso comparado aos 64 por cento que dizem poder acreditar em quase tudo que ouvem no noticiário da TV. Para os que estão à frente dos jornais a conclusão é sombria. Se um dia os jornais foram considerados um ali-

THINK!

cerce para o debate aberto, objetividade e raciocínio crítico numa sociedade democrática, agora metade da população norte-americana não lê
jornal e, da metade que lê, somente metade acredita naquilo que lê.

É grande o desafio que os jornais terão de enfrentar, não só porque
a pressão para reduzir custos acaba diminuindo os recursos para a reportagem, mas também porque eles têm de enfrentar um declínio no índice
de alfabetização e uma competição feroz e crescente da internet.

Talvez não seja só no interesse da indústria jornalística, mas também do público, que os jornais norte-americanos descubram um modelo empresarial capaz de reverter a queda na circulação e reconquistar
a confiança dos leitores. Até agora, nem a internet nem o noticiário da
TV conseguem elucidar o constantemente cambiante panorama social, político e econômico de hoje com o escopo e detalhismo interpre-
tativo do jornal. No final das contas, no entanto, o ônus de decidir que
tipo de jornal se quer ler ou, simplesmente, se realmente se quer ler um
jornal, fica com o público norte-americano, e não com as grandes cor-
porações que publicam as matérias. Da mesma forma que esse público
tem mais poder para escolher alternativas para a programação rasteira
na televisão, ele também tem mais poder para escolher entre as alternativas impressa e eletrônica dos jornais. Há muito em jogo. Sensacionalismo e alarmismo não só estão diminuindo a receita dos jornais,
eles também estão dando prejuízo aos norte-americanos.

Se continuarmos a parar de prestar atenção ou decidirmos viver na
mais estreita das zonas de conforto, sem qualquer risco a correr, sere-
mos nós a perder, e não a mídia.

CAPÍTULO 7

Estou muito ocupado: os mitos do "estresse" e do "excesso de informação"

A verdade é cruel, mas pode-se amá-la; e ela liberta aqueles que a amam.

— GEORGE SANTAYANA

No mundo do montanhismo, David Breashears é uma lenda. Chegou aos topos mais perigosos, incluindo quatro escaladas do Everest, o cume mais alto do planeta com 8.848m. Ele ganhou prêmios Emmy por seus documentários e filmes. Em 1996, co-dirigiu e fotografou o primeiro longa-metragem de uma escalada do Everest. No mesmo ano, oito pessoas morreram, quando uma tempestade violenta atingiu a montanha, encurralando vários grupos de montanhistas nos pontos mais elevados. Breashears e sua equipe ajudaram a evacuar alguns dos sobreviventes daquela trágica empreitada.

Enquanto as proezas de Breashears nos altos cumes do Himalaia, registradas em filme, renderam-lhe prêmios e renome, colegas montanhistas devotam-lhe maior respeito por suas façanhas em solo (sem o

THINK!

auxílio de cordas) ao escalar as torres de arenito do Eldorado Canyon, no Colorado. As faces lisas desses paroxismos geológicos oferecem ao montanhista pouco mais do que rachaduras da largura de um dedo ou irregularidades na superfície do tamanho de uma ervilha para que prossiga na escalada. Em 1999, lançou o livro *Alto risco*, no qual escreve o seguinte: "Imagine estar pisando na extremidade de uma moeda, olhar para baixo, entre as pernas, e ver um vazio de 150m." O montanhismo é uma atividade que requer uma combinação de habilidade técnica, lucidez, pensamento crítico e completa assunção das próprias responsabilidades. Tira-se um desses componentes e toda a empreitada, sem mencionar a própria vida, correrá perigo.

Felizmente, a maioria de nós não precisará pisar na extremidade de uma moeda, a mais de uma centena de metros, no alto de um rochedo, mas todos nós temos nossas montanhas a escalar – um colega ou chefe difícil, exigências múltiplas que nos são feitas hoje em dia, problemas conjugais ou financeiros. O aumento do "estresse", ou melhor, dos sintomas do estresse na sociedade contemporânea é um sinal de que mais pessoas estão em situação difícil, além de demonstrar, de forma gritante, que elas não são capazes de reagir ou pensar em uma maneira de sair dessa situação. Basicamente, é um sinal de que mais pessoas estão tendo dificuldade em assumir controle da própria vida. Hoje, o estresse e seu cúmplice – o chamado "excesso de informação" – são dois grandes fatores que sugam a energia mental necessária para realizar trabalho técnico e criativo e resolver problemas diários. É por isso que tanta gente afirma estar em perpétuo "modo de crise" e tem a sensação de que a vida está "fora de controle". É por isso que alguns estão despencando da montanha.

Mas, quão real é o estresse? É claro que existem eventos obviamente traumáticos que podem trazer um grande estresse à vida de alguém. Mas o significado do estresse, uma palavra antes relacionada a situações extremas e relativamente raras, foi inflacionado para se refe-

Estou muito ocupado: os mitos do "estresse"...

rir a praticamente tudo que acontece. De fato, o estresse, dizem alguns especialistas, varia, em grande medida, com a percepção e a atitude. Em termos médicos, ao que parece, o significado da palavra "estresse" costuma ter o mesmo valor que "a vida não é perfeita". É uma palavra cuja função é transmitir uma condição psicológica altamente subjetiva, que, por sua vez, tem a função de nos tirar dos ombros o peso da responsabilidade pela qualidade do nosso raciocínio e decisões. O comediante Flip Wilson costumava fazer a platéia rir com a expressão "O diabo me fez fazer isso". Atualmente, "O estresse me fez fazer isso" seria um substituto moderno para a expressão, consignando o humor e comportamento de uma pessoa a forças misteriosas além de seu controle. A versão moderna dessa frase é tão improvável quanto a de Wilson, embora tenha menos graça. Costumamos associar o estresse a uma pessoa exausta, triste, encolerizada, ou ainda, a uma pessoa tensa como um tambor. E isso não tem graça.

Em *Who's in Charge? Attacking the Stress Myth*, Dr. Scott Sheperd afirma que "stress" é a palavra, em inglês, que mais se usa de forma abusiva e, ainda por cima, errada, podendo sugerir um mal físico, uma determinada situação e, até mesmo, uma forma de vida, como em "ela leva uma vida estressada".

A palavra "estresse" parece significar todo o tipo de coisas hoje em dia. Estresse passou de um processo fisiológico, durante o qual certos hormônios são liberados no corpo, para uma força vaga e malévola que se espalha rápida e descontroladamente na vida. Na verdade, "estresse" significa tantas coisas diferentes, que acaba não significando mais nada. E, mesmo assim, ainda culpamos o estresse pela maioria de nossos problemas.

Apesar de seu significado dúbio, ou talvez justamente por isso, "estresse" consegue uma cobertura bastante prolífera na mídia. Minha

THINK!

ferramenta de busca rastreou 80 milhões de entradas sobre estresse em menos de dois décimos de segundo. A título de comparação, Madonna tem 20 milhões, e a maconha, apenas 11 milhões. Os jornais norte-americanos e as revistas expostas junto aos caixas dos supermercados já estão tão familiarizados com o tema "estresse" que quase todo mundo consegue citar seu antídoto favorito ou dar dicas a um amigo ou colega sobre como combatê-lo. Cursos de gerenciamento do estresse e da raiva já se tornaram comuns em programas de treinamento de muitas empresas. As teorias que tratam sobre como lidar com ele podem variar do mundano "o estresse é uma parte lastimável da vida diária moderna" à esotérica "terapia comportamental de emoções racionais". Aparentemente, esse mal pode se manifestar em distúrbios específicos, como ansiedade crônica, síndrome de fadiga crônica e depressão. No caso de respiração, auto-hipnose, meditação, treinamento autógeno ou exercícios com o pescoço e ombros não resolverem, a pessoa pode formular e consultar uma lista de tópicos para "se organizar e manter-se organizado", ou marcar hora com um "profissional de relaxamento", ou estudar "os segredos milenares para encontrar paz, satisfação e sabedoria". Pode também ver se desempenha uma função altamente estressante ou encontrar programas de gerenciamento de estresse para determinadas profissões. Ela pode, inclusive, tornar-se membro de um grupo de apoio contra o estresse, fazer uma assinatura de um boletim informativo sobre gerenciamento de estresse, ou tornar-se um blogger sobre o estresse.

A seguir, um trecho, apropriadamente intitulado "Stress", de um blogueiro chamado Minnams, residente em Newton, Pensilvania, datado de outubro de 2004:

Quando chego em casa, há dois meios de saber que eu tive um dia daqueles. Ou começo a ler um livro infantil, que tem o efeito de uma aspirina, fazendo-me

ESTOU MUITO OCUPADO: OS MITOS DO "ESTRESSE"...

voltar para um tempo em que eu era mais feliz, antes de começar a pensar em morte e impostos [...] Ou levo para casa uma revista Us*, do supermercado.

Mais algumas ponderações encontradas neste trecho anônimo, na página secraterri.com:

As manhãs costumavam ser um verdadeiro campo minado de "estressantes em potencial" para mim. Acordei 15 minutos atrasada? Acabou o café? Está faltando um botão na única blusa limpa no meu armário? Qualquer pequena falha na rotina era o suficiente para me levar a um estado de pânico tóxico pelo resto do dia.

Não só qualquer evento ou circunstância pode induzir ao estresse, mas, quando reprimido, ele é apontado como a causa de até 50 por cento de todas as doenças. Ele se apropriou do pseudônimo "assassino silencioso" que, por sua vez, induz ao estresse. O American Institute of Stress diz que o estresse é o problema número um de saúde nos Estados Unidos. De acordo com esse instituto, ele está associado a doenças cardiovasculares, distúrbios neurológicos como Alzheimer, enxaqueca, perda de memória, problemas psiquiátricos como ansiedade e pânico, distúrbios gastrintestinais como colite, hemorróidas e síndrome do intestino irritável, e males dermatológicos como calvície, urticária e brotoejas. E, já que estamos com o estresse no radar do instituto, ele também tem efeito nefasto no pensamento crítico, criatividade e desempenho profissional norte-americanos. Se a falta de um botão é capaz de levar uma pessoa a um estado de "pânico tóxico", ela deve estar presa a uma montanha-russa emocional que pode levá-la a qualquer lugar, a qualquer hora.

---

*Revista de celebridades. (*N. da T.*)

THINK!

Embora o estresse seja um fenômeno relativamente recente, não parece ser uma moda passageira. Para milhões de norte-americanos, seus sintomas não são nem triviais nem facilmente administrados, apesar de constituírem um fato da vida diária. Em 1983, uma matéria de capa da revista *Time* chamou o estresse de "epidemia dos anos 1980", mencionando uma pesquisa na qual 55 por cento dos entrevistados disseram estar sob forte estresse pelo menos uma vez por semana. Treze anos mais tarde, quase 75 por cento disseram que estavam sob estresse durante toda a semana, de acordo com uma pesquisa feita pela revista *Prevention*. Hoje, segundo um relatório do National Institute of Occupational Safety and Health (NIOSH)* intitulado *Estresse no trabalho*, 40 por cento da força de trabalho americana diz que as funções que desempenha são muito – ou extremamente – estressantes, e 75 por cento acreditam ter mais estresse no trabalho do que a geração anterior. O National Institute of Mental Health** estima que mais de 19 milhões de norte-americanos entre 18 e 54 anos sofrem de distúrbios de ansiedade, enquanto milhões de outros cidadãos sofrem de outros males, desde distúrbio de estresse pós-traumático a problemas depressivos.

Antes de 1950, no entanto, o estresse como conhecemos hoje praticamente não existia. Hans Selye, um cientista nascido na Hungria que passou a maior parte da vida no Canadá, institucionalizou esse conceito, tanto na profissão médica quanto na imaginação coletiva, com a publicação do monumental tomo *Stress*. Selye, que acabou se tornando diretor do Institute of Medicine na University of Montreal, era formado tanto em química orgânica quanto medicina. Enquanto ainda estagiava, Selye percebeu que pacientes que sofriam de doenças diferentes freqüentemente apresentavam os mesmos sintomas. Ele

---

*Instituto Nacional de Segurança e Saúde do Trabalho. (*N. da T.*)
**Instituto Nacional de Saúde Mental. (*N. da T.*)

ESTOU MUITO OCUPADO: OS MITOS DO "ESTRESSE"...

sugeriu que o "estresse" era a causa subjacente das várias doenças e distúrbios, e apresentou um mecanismo, chamado de síndrome de adaptação geral (SAG), para demonstrar como ele acabava minando a saúde humana. Cientistas já tinham certo conhecimento desse processo biológico antes de Selye sagrá-lo SAG. Como respostas do tipo "lutar ou fugir", a SAG e o desequilíbrio químico que produz fazem parte do plano bioquímico infalível, inscrito em nosso corpo pela seleção natural, que nos permite sobreviver. Temendo que eu a ponha na rua, no frio, nossa gata sempre responde com "lutar ou fugir" quando me aproximo demais dela. Em resposta a uma ameaça, o sistema nervoso ordena às glândulas endócrinas que bombeiem hormônios, como a adrenalina, na circulação sangüínea. Esses hormônios estimulam o batimento cardíaco, aprofundam a respiração, retesam os músculos e dilatam as pupilas. Selye descobriu que, se a causa do estresse não for removida, a resposta passa para um segundo estágio, chamado de "resistência". O corpo secreta ainda mais hormônios para aumentar o nível de açúcar no sangue e a pressão sangüínea necessária para manter a energia. Se a fonte de estresse continua presente, a resposta pode inibir o sistema imunológico, causando exaustão e forçando um colapso na saúde do corpo.

Há dois problemas com a teoria de Selye. O primeiro é a própria palavra "estresse", que, segundo mencionado por um crítico, há tempos, "além de ser ele mesmo, também era sua própria causa e resultado". Selye acabou criando uma nova palavra, "(agente) estressor", para distinguir entre o que causou o estresse e as respostas físicas e químicas do corpo a ele.

O segundo problema é que o mecanismo biológico apresentado por Selye para explicar o estresse é, na verdade, uma resposta automática adquirida pelos seres humanos através da evolução para ajudar a resistir às ameaças físicas mais próximas. O estressor, neste caso, pode-

THINK!

ria ser um urso ou ladrão. Nessas situações, não há tempo para pensar, e parar para fazer uma análise poderia levar a um fim rápido e permanente das habilidades analíticas de uma pessoa. Hoje, no entanto, o estresse é quase exclusivamente associado a uma resposta produzida quando se apresentam ameaças psicológicas, ou circunstâncias sociais ou profissionais desagradáveis – excesso de trabalho, conscientização de imperfeições pessoais, dinâmica familiar. Não é de admirar que haja uma "epidemia" de estresse. A impressão que se tem é que se trata de uma reação visceral, que pouco se pode fazer além de "gerenciá-lo" ou, pior, fugir dele ou esconder-se entre quatro paredes. Nesse sentido, ele pouco tem a ver com a forte reação fisiológica do corpo, parecendo mais um estado da mente, altamente subjetivo, como o descrito pela U.S. National Institute of Occupational Safety and Health na definição de estresse associado ao trabalho: "O estresse no trabalho pode ser definido como respostas físicas e emocionais prejudiciais, que ocorrem quando os requisitos para o desempenho da função não são condizentes com as capacidades, recursos ou necessidades do funcionário."

Não se faz uma única menção a hormônios aqui.

"Muitas pessoas costumam igualar a chamada resposta ao estresse com a resposta 'lutar ou fugir', e o fazem de tal maneira que o estresse parece natural, como se não houvesse muito que fazer para combatê-lo", afirma Dr. Sheperd, autor de sete livros e consultor/conselheiro profissional para pessoas que passaram por experiências traumáticas. "Não acredito que seja uma comparação válida." Segundo ele, a reação biológica de uma pessoa à ameaça de um cachorro rosnando, pronto para atacar, é muito mais automática e programada do que a resposta emocional ou psicológica que costuma ser associada ao estresse diário.

O estresse tornou-se uma idéia autopropagada ou "meme", um conceito mencionado no capítulo anterior para explicar a divulgação de matérias ameaçadoras na mídia. De qualquer modo, essa epidemia

Estou muito ocupado: os mitos do "estresse"...

está tendo um profundo efeito na habilidade de pensar e raciocinar. "O pensamento crítico desapareceu do mapa para muitas pessoas", afirma Sheperd. O estresse parece funcionar de duas formas para aniquilar o pensamento. Primeiro, ao usar em excesso o termo genérico "estresse", as pessoas não conseguem empregar uma linguagem mais acurada para avaliar a situação em que se encontram. Em vez de dizer: "A chefe está pedindo para eu ser babá de seus clientes", e adotar um plano de ação construtivo para abordar o caso, alguém dirá "A chefe passou o dia me estressando". A palavra e o conceito do estresse inundam as pessoas a tal ponto que elas não fazem outra coisa senão reclamar em alto e bom som, em vez de analisar a situação e apontar o problema. Em segundo lugar, a tão difundida noção de que há um excesso de estresse na sociedade cria uma sensação de melancolia e de resignação revoltada perante a vida. O objetivo torna-se "gerenciar o estresse", que reforça a crença de que o poder da vida se encontra nos fatos, e não nas pessoas, diz Sheperd.

> *Temos uma sociedade na qual muitas, senão a maioria das pessoas não assumem a responsabilidade por suas próprias vidas. Não estou falando apenas daquelas que querem culpar os pais ou a sociedade por haverem escolhido uma vida de crimes. Estou me referindo àquelas que acusam tudo e todos pela forma como se sentem e se comportam.*

Conforme demonstrado pelo relatório *Stress at Work*, do NIOSH, muitos indivíduos assinalam o trabalho como o fator mais estressante de sua vida. Em um trecho, o relatório nos leva a participar da rotina de dois trabalhadores hipotéticos, David e Theresa, provavelmente para conferir um contexto mais humano ao estresse. Cada vez mais cansado e irritado, David marcou uma consulta para fazer um checkup completo. Na sala de espera, ele encontra Theresa, uma

THINK!

ex-colega que deixara a empresa três anos antes para trabalhar na área de serviço ao consumidor.

> — *Você saiu na hora certa! – diz-lhe David. – Desde a reestruturação, ninguém se sente seguro. Antigamente, enquanto você fizesse seu trabalho, mantinha o emprego. Mas isso mudou. Eles esperam o mesmo índice de produção mesmo que dois caras tenham de fazer o serviço de três. Estamos tão atolados, que estou trabalhando em turnos de 12 horas, seis dias por semana. Juro que chego a ouvir o barulho daquelas máquinas durante o sono.*
>
> — *Quanto a mim, só posso dizer que sinto falta de vocês – responde-lhe ela. – Acho que entrei numa fria. Onde estou agora, o computador determina as chamadas, e ele nunca pára. Chego a agendar as pausas para ir ao banheiro. E a única coisa que ouço, o dia todo, são reclamações de clientes insatisfeitos. Tento ser prestativa e solidária, mas não posso prometer nada antes de receber a autorização do chefe [...] Meus colegas estão tão nervosos e tensos que nem conversam entre si. Cada um entra em seu cubículo e fica lá até a hora de ir para casa.*

David trabalha na produção ou "velha economia", enquanto Theresa trabalha no setor de serviços ou "nova economia", e cada um deles sofre pressões às quais funcionários de gerações anteriores, aparentemente, não tinham de se sujeitar. Para David, são mais horas de trabalho e menos estabilidade. Para Theresa, é uma produtividade estipulada pela tecnologia e o tormento de ter de lidar com clientes insatisfeitos.

Não há dúvida de que os longos dias de trabalho são freqüentemente citados como o principal motivo para o estresse. De acordo com um estudo realizado pela International Labor Organization*, o norte-americano trabalhou, em média, 1.978 horas em 2000, ou um total de 36 horas

---

*Organização Internacional do Trabalho. (*N. da T.*)

ESTOU MUITO OCUPADO: OS MITOS DO "ESTRESSE"...

a mais do que havia trabalhado em 1990. A população norte-americana não só lidera a produtividade de trabalho no mundo, mas também trabalha durante mais horas do que em qualquer outra nação industrializada, chegando a cem horas a mais por ano que a média do empregado canadense ou japonês. Contrastando com esse cenário, poucos norte-americanos usufruem de um fundo de pensão da empresa, tendo de contar com suas economias para a aposentadoria. E, tendo em vista que ambos os pais têm empregos, o trabalho continua após o trabalho.

É claro que o "estresse psicológico não-aliviado" – expressão que, segundo o Dr. Sheperd, pode ser utilizado para indicar quase tudo o que acontece na vida – pode causar problemas. Já foi comprovado que o estresse por prazo prolongado, ou melhor, a impossibilidade de lidar com circunstâncias desagradáveis ou melhorá-las pode turvar o julgamento e raciocínio de uma pessoa. Um estudo sobre o desempenho de cirurgiões revelou que profissionais com carência de sono e elevado batimento cardíaco (sinal de estresse) tornavam-se indecisos e escolhiam procedimentos operatórios pouco adequados. Outra pesquisa descobriu que níveis altos e prolongados de hormônios glicocorticóides, produzidos durante eventos estressantes ou certas doenças, podem levar à atrofia do hipocampo. Esta região do cérebro é responsável pela memória declaratória, como a habilidade de lembrar um nome, endereço ou fato.

"Não estou dizendo que não haja estresse, se o definirmos como certas reações fisiológicas no corpo", diz Sheperd. "O problema é que no momento ele parece incluir tudo. Na verdade, não é realmente estresse. São apenas boas e más situações. Pessoas que pensam de certa forma conseguem superar melhor situações ruins." Em um artigo publicado na revista *The Economist*, Howard Goldman, da University of Maryland School of Medicine, expressa menos condescendência ainda, sugerindo que muito do estresse se deve à percepção: "Cada geração acha que está mais estressada e é mais eficiente que a anterior."

Think!

A crença generalizada é que essa é uma doença tipicamente contemporânea, produzida por uma carga de trabalho mais exigente, uma economia em transformação e outros fatores sociais. No entanto, se formos calcular apenas as horas que se passam no trabalho, empregados devem ter tido muito mais estresse há cem ou duzentos anos. Em 1833, a Mills and Factories Act* começou a vigorar, limitando a 48 horas por semana o trabalho de crianças a partir de nove anos, e a 69, o de adolescentes**. Os adultos chegavam a trabalhar mais horas, e até preferiam fazê-lo. Realmente, a relação entre o estresse e a carga de trabalho parece ser um tanto difusa. Muitos consideram não trabalhar mais estressante do que trabalhar longas horas. Muitos caminhoneiros rodam oitenta horas ou mais por semana. Quando jovem, conheci muitos trabalhadores da indústria automobilística que costumavam solicitar turnos dobrados, de 16 horas, chegando a fazê-lo até três ou quatro vezes por semana. Embora a maioria admitisse o cansaço, não me lembro de ninguém que tenha dito que estivesse estressado. A piada que circulava no chão da fábrica é que os da velha-guarda detestavam fazer horas extras, embora detestassem ainda mais a idéia de perdê-las. Mas os norte-americanos não estão sós em sua tendência *workaholic*. Em Hong Kong, 70 por cento da força de trabalho chega a fazer cinqüenta horas por semana. Um estudo revelou que a maioria dos asiáticos considera o trabalho mais importante do que o lazer. No livro *A Dose of Sanity*, no capítulo intitulado "The Stress Myth", Dr. Sydney Walker observa que "certa quantidade de estresse faz *bem*. Na verdade, a falta dele pode ser mais prejudicial para a saúde física e mental do que o excesso."

Se a carga e as condições de trabalho não estão causando diretamente o estresse, então o que estará? Uma resposta pode ser, preci-

---

*Lei das Tecelagens e das Fábricas. (*N. da T.*)
**De 13 a 18 anos, no caso desta lei. (*N. da T.*)

ESTOU MUITO OCUPADO: OS MITOS DO "ESTRESSE"...

samente, o modelo médico proposto por Selye, no qual está baseada sua teoria. É o mesmo modelo básico que levou à proliferação do uso de Ritalin e outras drogas para tratar problemas comportamentais dos alunos. De fato, o conceito de estresse como um todo é considerado um "distúrbio" na bíblia da psiquiatria, o *DSM-IV*, e alguns médicos estão prescrevendo uma droga potencialmente viciante, o Xanax, como pílula para reduzi-lo.

Mas o modelo médico deixa de levar em consideração o livre-arbítrio. Durante uma entrevista feita pelo Dr. Jeffery Mishlove, o psicólogo e filósofo norte-americano Rollo May afirmou que a ansiedade e o estresse não deveriam ser tratados como sintomas a serem removidos, mas aceitos como um estímulo necessário a todo o trabalho produtivo. May explica:

> *Creio que a ansiedade esteja associada à criatividade. Quando você se encontra numa situação de ansiedade, é claro que pode fugir dela, o que, certamente, não será muito construtivo [...] O significado da ansiedade é ter o mundo batendo à sua porta, forçando-o a criar, a produzir; enfim, forçando-o a fazer algo.*

Muitas pessoas, sem dúvida, gostam do que fazem e acham que o emprego lhes traz satisfação ou, pelo menos, é tolerável. Mas o que será de alguém que ache o trabalho estressante por uma série de motivos – talvez, porque o grau de exigência seja muito alto, ou porque o considere humilhante ou maçante? De acordo com o ponto de vista de May, essa seria uma resposta absolutamente natural e compreensível. A causa da ansiedade ou do estresse, neste caso, é a resistência da pessoa ao sinal de estresse e ao que ele está tentando lhe dizer – que é hora de assumir responsabilidade e mudar de comportamento, pensamento e vida. Como observa Sheperd em *Who's in Charge?*, "Se você

179

Think!

só consegue se visualizar 'tendo' de fazer o que está fazendo, jamais encontrará respostas para melhorar a situação, pois nem começará a procurá-las. Você viverá como uma vítima."

O estresse não precisa ter uma explicação 100 por cento racional. Ele poderia ser o produto de forças aparentemente surreais ou evasivas. É possível que a riqueza e a liberdade da sociedade norte-americana causem, por si só, o estresse. Trabalhar numa economia de mercado livre é bem mais estressante do que desempenhar uma função dentro de uma loja gerida pelo governo – mas aí, provavelmente, o estressor seria a monotonia. Quando se espera que o nível de vida do país proteja seus habitantes de qualquer tipo de ansiedade ou estresse, mas a expectativa não se materializa, torna-se... estresse. Pode ser que algumas pessoas não só procurem o estresse por "bons" motivos, mas venham até a criá-lo por uma série de motivos perversos – numa tentativa de infernizar a vida alheia tanto quanto a própria, por exemplo. Talvez haja um componente farmacológico ou viciador desconhecido no estresse. No livro *Mind Wide Open*, Steven Johnson descreve os resultados inesperados de um teste de *biofeedback**, no caso, um detector de mentiras. O aparelho mede mudanças no nível de adrenalina, o hormônio "lutar ou fugir" identificado por Selye como precursor do estresse. Johnson nos informa que tem uma compulsão a ser sarcástico em situações sociais inesperadas. Cada vez que ele brinda o operador com sua mordacidade, o aparelho registra um pico. O teste, observa ele, forneceu-lhe uma percepção química da própria personalidade. "De repente, (as piadas) pareceram-me menos uma tentativa casual de fazer humor do que a necessidade que um dependente químico tem de uma nova dose da droga."

---

*Controle de processos físicos pelo uso de aparelhagem eletrônica – método usado nos mais diversos campos, como psicologia, medicina, reabilitação, esporte, educação etc. (*N. da T.*)

ESTOU MUITO OCUPADO: OS MITOS DO "ESTRESSE"...

Pode-se apostar no "estresse", ou seja, nos problemas, nas situações difíceis. Essa é uma das certezas da vida. Mas, de uma forma ou de outra, permitimos o enfraquecimento e a suscetibilidade de nosso ego. A atitude que permite aos menores e mais triviais incidentes desencadearem raiva, frustração e amargura é uma forma de fracasso psíquico, que está minando o vigor intelectual e criativo da vida de muitas pessoas. O desafio é libertar-nos dessa hipnose em massa e reconquistar a curiosidade e sede por conhecimento, em contraposição à emoção pura. É reivindicarmos os plenos poderes do pensamento crítico – o melhor antídoto para o estresse.

ALÉM DO TEMPO, o excesso de informação é um dos temas mais populares em uma conversa ou reclamação. O assunto já recebeu vasta cobertura, tanto em livros quanto na mídia. Da mesma forma que abordei o estresse, minha intenção, aqui, não é reinventar a roda e oferecer ao leitor mais uma análise exaustiva das causas ou das curas prescritivas para o excesso de informação. Pelo contrário, quero fazer um breve resumo de como essa tendência prejudica a objetividade, a busca pela verdade e o raciocínio crítico. Também tentarei construir, nestas poucas páginas, um compacto ventilador filosófico e prático para combater esse mal.

A tensão criada pela proliferação da informação parece ter origem em um conflito básico: a necessidade por mais e melhor informação em nossa vida profissional e pessoal, por um lado, e a necessidade de realizar nosso trabalho, ter nossa vida e seguir em frente. É uma tensão ilustrada, sem dúvida, pelo seguinte exemplo:

Após dez dias de viagem, um colega voltou ao trabalho. Ele pegou a correspondência do escaninho, foi para sua sala, encontrou, em cima da ca-

Think!

deira, mais uma pilha de papel que já não cabia no escaninho, descobriu que tinha 290 mensagens de e-mail, e ainda escutou 14 mensagens na secretária eletrônica. Após verificar os tópicos dos e-mails, ele checou 21 detalhadamente e respondeu a seis deles. Depois, dedicou-se aos telefonemas, dos quais retornou quatro, que ainda estavam em tempo. Foi então que ele se sentou no chão acarpetado, puxou a lixeira para perto e começou a verificar a correspondência escrita. Enquanto fazia isso, ia formando pilhas no chão. Periódicos e revistas para o laboratório foram parar "ali", solicitações para a reedição de artigos vieram para "cá", e cartas e contas que acabaria levando para casa foram colocadas em um grande envelope de papel-manilha. Software recém-chegado ficou ao lado das publicações para o laboratório, e assim por diante. Enquanto fazia isso, parou para ler 30 por cento de uma circular que acabou jogando fora. Quando estava quase terminando, tinha nove pilhas desarrumadas distribuídas pelo escritório, em sua maioria, no chão. Foi então que ele saiu, levando a pilha destinada ao laboratório.

Essa pessoa, descrita pelo cientista cognitivo David Kirsch, no artigo "A Few Thoughts on Cognitive Overload"*, deve ter passado metade do dia, no escritório, sem realizar qualquer trabalho produtivo. Particularmente aflitivo e humilhante para aqueles que vivem situação parecida diariamente, em maior ou menor grau, é, primeiro, que a economia do conhecimento está fazendo com que a informação se torne mais – e não menos – crucial e, segundo, há uma necessidade proporcional em gerar esse conhecimento de forma mais rápida, para evitar que um concorrente consiga fazê-lo ainda mais rapidamente. E isso é real. Diferentemente do "estresse" generalizado, surgido das demandas subjetivas do trabalho, o excesso de informação é concreto e mensurável, e, ao que parece, fonte de estresse.

---

*"Algumas considerações sobre os excessos cognitivos." (*N. da T.*)

Estou muito ocupado: os mitos do "estresse"...

Há 700 bilhões de documentos na internet, de acordo com uma estimativa, e ela está crescendo numa média de aproximadamente 7,3 milhões de páginas por dia. O mundo está produzindo uma média de 2 bilhões de gigabytes de informação por ano, ritmo que permitiu aos seres humanos produzirem mais informação nova nos últimos trinta anos do que nos 5 mil anteriores. Mais de 11 mil jornais são publicados, outros 11 mil periódicos estão em circulação, e 60 bilhões de variado lixo eletrônico são produzidos por ano. De acordo com um estudo realizado pelo Institute for the Future, os empregados das mil empresas listadas pela revista *Fortune* hoje enviam e recebem, em média, 178 e-mails por dia. Dois terços dos administradores reportam casos de tensão com colegas de trabalho e insatisfação devido ao estresse associado ao excesso de informação. Quarenta e três por cento dos administradores acham que decisões importantes são postergadas devido a esse excesso.

Essa explosão informativa desencadeou uma série de forças singulares, diz Kevin Miller, em *Surviving Information Overload*. Uma das conseqüências mais alarmantes para o conhecimento e o pensamento é que mais informação é mal apresentada ou incompreensível. Qualquer um que tenha passado até meia hora à procura de informação mais específica e útil na internet compreende o que Miller quer dizer. Para encontrar algumas pepitas de ouro, é necessário abrir caminho por entre uma montanha de lixo. Freqüentemente, a informação sobre dado tema é incompleta, desatualizada ou simplesmente inexistente. Kirsh foi capaz de quantificar a diluição de nossa preciosa informação. Enquanto a quantidade de informação tem crescido exponencialmente, a quantidade de informação útil, de qualidade, tem crescido apenas discretamente, de forma penosamente linear. Kirsh escreve o seguinte: "O incremento da informação de baixo custo disponível na web, atualmente, ultrapassou, de longe, o incremento da informação de qualidade, elevando, assim, o custo individual para procurá-la. Se antes nos dirigíamos

THINK!

a fontes de informação confiáveis, como jornalistas reputados ou revistas de qualidade, hoje em dia buscamos a informação por nós mesmos."

A crítica velada na análise de Kirsh é que muitas pessoas estão tentando usar a internet para conseguir algo de graça. A internet e sua concomitante explosão informativa criaram a expectativa de que seria possível acessar informação valiosa instantaneamente, sob comando, sem precisar localizar e tentar chegar a uma "fonte segura de informação", como um periódico meticulosamente revisado ou uma revista de qualidade. Entretanto, é justamente aí que se encontra a pepita de ouro. Nesse sentido, pelo menos, o excesso de informação é um mito. As pessoas não estão, apenas, atrás de informação, mas procuram informação de qualidade e essa permanece tão elusiva quanto antes, escondida nas livrarias, em arquivos ou na cabeça de um especialista. Como editor de uma revista de economia durante nove anos, posso testemunhar que as melhores informações, aquelas que nos distinguiam da concorrência, sempre eram adquiridas de forma tradicional – por meio de entrevistas, visitas a empresas e fazendo perguntas.

Outro efeito insidioso do excesso de informação, estreitamente relacionado à queda de qualidade, é a confusão informativa. Conforme David Shenk descreveu em *Data Smog*, as pessoas têm, ao alcance das mãos, um fornecimento exacerbado de estatísticas, opiniões de especialistas e histórias extremamente simplificadas, de ampla circulação, com as quais podem interpretar o mundo. Nada é silenciado, e o contexto inexiste. A seguir, um dos relatos de Shenk:

> *A proliferação de opiniões de especialistas gerou uma anarquia virtual de perícia. Assistir ao noticiário, hoje, significa ter uma compreensão surreal de que a Terra está derretendo e de que a Terra está resfriando; de que a energia nuclear é segura e de que a energia nuclear não é segura; de que ação afirmativa funciona – e, não, espere! Ela não funciona.*

ESTOU MUITO OCUPADO: OS MITOS DO "ESTRESSE"...

Mais adiante, em *Data Smog*:

Já que quase todo argumento imaginável poder ser justificado por um impressionante arsenal de dados, o grande vencedor é [...] a própria argumentação. O jornalista Michael Kinsley chama isso de "guerra das estatísticas". O partidarismo é impulsionado por uma saraivada de dados, enquanto o diálogo e o consenso – espinha dorsal da democracia – vão se esvaindo aos poucos.

Talvez esse seja o melhor momento para introduzir o seguinte aforismo de Einstein: "A informação não é o conhecimento." A questão que extrapola da análise de Shenk é que a explosão de informação não está levando a um melhor raciocínio crítico e criativo; ela está sendo usada, largamente, para discorrer sobre preconceitos existentes e pensamentos inúteis, para apregoá-los ou confirmá-los. Norman Chad, do *Washington Post*, observou que a "internet é o Velho Oeste bravio sobre um mouse pad. Em salas de chat, você pode dizer o que quiser sobre quem quiser, durante as 24 horas do dia, sem assumir qualquer responsabilidade". A internet e a informação que contém estão se tornando os elementos-chave de uma sociedade emotiva, intuitiva, carente de debate e diálogo.

Uma terceira maneira de o excesso de informação afetar negativamente a reflexão crítica é reduzindo cada vez mais os intervalos de atenção e impedindo o pensamento antes mesmo de começar a pensar. Talvez, o problema não seja o excesso, e sim a euforia criada pela informação. E quem, senão os luditas* (que este pensador, definitivamente, não é), pode deixar de amar a internet, uma invenção nor-

---

*Grupo de trabalhadores, na Inglaterra do século XIX, que se opunha à Revolução Industrial e destruiu máquinas por sentir-se ameaçado por elas. (*N. da T.*)

THINK!

te-americana que mudou o mundo? O que mais pode lhe oferecer tanto – resultado do jogo de futebol, previsão do tempo, reserva de hotel e vôo, comunicação instantânea com a família e amigos, ou possibilidade de salvar um relacionamento encomendando flores – e pedir tão pouco em troca? A magia da internet é captada por J.C. Herz, no livro *Surfando na internet*:

> *Quando levanto os olhos, são 4h30. "Não pode ser!" Olho do despertador para o relógio. Não pode ser? Fiquei na frente desse monitor durante seis horas, e parece que o tempo parou. Não estou nem um pouco cansada [...] Na verdade, estou é eufórica [...] Começo a pensar nessa "coisa", que pulsa pelo mundo afora, através das linhas de telefone, dia e noite. Está bem debaixo do meu nariz e, ainda assim, é invisível. É como Nárnia, ou Magritte, ou Jornada nas Estrelas. É um mundo, isso é o que é! Mas não existe de verdade. É apenas o consciente coletivo de todas as pessoas que o habitam.*

No entanto, essa consciência mundial está fazendo novas exigências que começam a irritar até os mais fervorosos internautas. Por meio de uma crescente variedade e quantidade de informações, "o mundo nos ataca com investidas constantes de estímulos e distrações, nos atribui mais tarefas do que um regimento de magos poderia completar e nos força à multitarefa", afirma Melinda Davis em *A nova cultura do desejo*. Não admira, observa a autora, que a revista *Wired* tenha elevado o DDA à condição de "síndrome cerebral oficial da era da informação". A tecnologia alterou a própria percepção que as pessoas têm do tempo, como documenta James Gleick em *Faster*. O que já foi rápido agora é lento, e o que era ou é lento (algo como processos de pensamento racional e criativo) tornou-se praticamente intolerável. Gleick demonstra como o tempo ideal do breve discurso dos candidatos a presidente caiu de quarenta segundos, em 1968, para menos de dez segundos, em 1988.

ESTOU MUITO OCUPADO: OS MITOS DO "ESTRESSE"...

Em um artigo na contextmag.com, Larry Rosen e Michelle Weil, autores do *TechnoStress*, constatam que "quanto mais malabarismo fazemos (multitarefa), menos eficientes nos tornamos ao desempenhar cada uma dessas tarefas. E quanto mais tempo demoramos para recomeçar de onde interrompemos uma tarefa, mais difícil será lembrar onde paramos". Os livros de Shenk, Miller, Rosen e Weil nos oferecem uma infinidade de conselhos sobre a administração da abundância de informação, dos quais a maior parte refere-se a bom senso, o que não significa, necessariamente, que é posta em prática.

Mas, talvez, o efeito mais prejudicial do excesso de informação seja passar a acreditar que "a ignorância é felicidade". Começar a filtrar tudo ou, em alguns casos, impedir por completo a entrada de informação pode ser considerado uma estratégia de sobrevivência ou uma postura pessoal libertadora. Há pessoas que ficam angustiadas ao ganhar um livro de mais de duzentas páginas de presente, embora passem quase três horas por noite assistindo à televisão. No entanto, se alguém começa a praticar a fina arte de filtrar ao extremo, não haverá ansiedade ou estresse. O mundo não estará derrubando a sua porta. Haverá, apenas, a serenidade do indivíduo à procura de si mesmo.

O EXCESSO DE INFORMAÇÃO não é o mito – há excesso de informação, sim. Mas a crença de que exista muita informação *boa*, este, sim, é o mito. E essa informação, seja ela boa ou não, tornou-se uma ameaça à saúde. Boa informação ainda é uma raridade, e ainda mais raro é o intelecto que a consegue polir e transformar em conhecimento. Mesmo assim, em resposta a essa abundância, fala-se de poluição informativa hoje como se falava de poluição do ar há trinta anos e poluição sonora mais recentemente. A informação está na mira dos ativistas, e isso não pode ser bom sinal. Lawrence Lessig, em *Code and Other Laws of Cy-*

Think!

berspace, afirma que a crença de que a internet não pode ser regulada é bobagem. "Mas o fato de o ciberespaço ser de uma forma não significa que ele tenha que continuar sendo dessa forma [...] Há alguns sistemas e comportamentos na internet que não são facilmente passíveis de controle, enquanto outros são." Lessig não está se referindo, apenas, a *popups* e pornografia, e sim, à forma como a informação é apresentada, como interagimos com ela, como a usamos. E não se engane, declara Lessig, a configuração do ciberespaço pode ser alterada e controlada. Está tudo no código de origem desenvolvido por seres humanos. A informação contém dados, relatórios, palavras de especialistas, além de idéias, valores e crenças. É concebível que certo código possa falsificar a informação que vemos na internet. Quaisquer que sejam os benefícios que haja em se impor uma regulamentação da informação eletrônica, os abusos que ela possibilitaria são muito mais perigosos.

Talvez uma das opções para aliviar o excesso de informação e o estresse a ele vinculado seja mais informação. Em *Brain Dancing*, Patrick Magee sustenta que "a informação mais poderosa é a metainformação – aquela que melhora o processo de interagir com a informação". Antes de você quebrar seu lápis em dois, avalie as implicações do que Magee está dizendo. É possível que haja um excesso de informação porque nossa habilidade de abordá-la e processá-la ainda se encontra em um estágio primitivo. Visto a informação expandir-se exponencialmente, sempre ficamos aquém, mas, com o tempo, acabaremos nos adaptando às novas circunstâncias cognitivas. Pode ser que, daqui a 2 mil anos, comecemos a trocar idéias sobre um passado mais simples, quando só se precisava lidar com alguns *terabytes* de informação nova por dia – o equivalente a um milhão de páginas de texto.

Entretanto, parte da solução para reduzir a tensão criada pela informação e pela vida moderna continua sendo assumir responsabilidade por nossas ações e decisões. Um dos temas mais recorrentes na

Estou muito ocupado: os mitos do "estresse"...

filosofia ocidental nos últimos dois milênios tem sido o livre-arbítrio, a capacidade que o ser humano tem de raciocinar e compreender o mundo, e modelar o destino. Em *Meditações*, o imperador romano Marco Aurélio aconselha: "De manhã, quando você se levantar contra a vontade, deixe que este pensamento o acompanhe: estou me levantando para a labuta de um ser humano. Por que, então, estaria insatisfeito, se vou fazer aquilo que justifica a minha existência, que é a razão pela qual vim ao mundo?"

A informação e o estresse não diminuirão. Portanto, resta questionar se permitiremos que o estresse e a informação modelem nossa conduta perante o mundo ou se faremos uso do livre-arbítrio para pensar de forma crítica e tomar decisões corretas para combater o estresse inevitável e a constante afluência de novas informações. O montanhista e cineasta Breashears escolheu a segunda opção: "Eu acreditava estar no processo de me criar. Como Gatsby*, pensei que fosse o único a ouvir o rufar dos tambores do meu destino e que poderia tornar-me o produto da minha imaginação."

Breashears, na verdade, foi escalar rochedos para fugir da angústia e do estresse causados por um pai colérico e ameaçador. Ele conta: "Meu pai era cheio de bravatas, mas jamais o vi assumir as conseqüências de seus atos." Ao término de uma relação íntima, ele começou a refletir sobre sua própria raiva e chegou à seguinte conclusão: "Meu pai foi um homem violento e zangado, e isso não o levou a lugar nenhum na vida [...] Com o tempo, comecei a perceber que a raiva destrói a alma. Não há nada a se ganhar com ela."

Raiva, frustração, estresse e ansiedade são, em si, tipos de informação. Eles são precedentes emocionais do pensamento crítico e criativo.

---

*Personagem principal do livro *O grande Gatsby*, de Scott Fitzgerald, que dedica anos a enriquecer, a fim de recuperar seu grande amor. (*N. da T.*)

Think!

Um dos maiores problemas na sociedade contemporânea é que muitas pessoas confundem a emoção com o pensamento. Dificuldades, sensações, emoções, informações – eles são o início de uma viagem heróica na vida mental, e não seu fim.

Essa é uma viagem que pode e deve levar ao topo da montanha que você escolher.

SEGUNDA PARTE

Inspiração

CAPÍTULO 8

Grandes pensadores

Por que deveríamos preservar a razão como a característica essencial e universal para uma vida gratificante e produtiva e uma sociedade que funciona a contento? Como descrito nos capítulos anteriores, o debate racional e o pensamento crítico e criativo, impulsionados pela razão e pelo empirismo, compõem os fundamentos da democracia. Se utilizados de forma eficaz, eles podem desafiar os impostores, os tiranos em potencial, os imbecis desencaminhados e os canalhas. Eles exigem justificativas e evidências. Entretanto, além da importância da razão para uma sociedade fundamentada nas noções de liberdade e livre iniciativa, ela também constitui o único método comprovado que temos para pôr a vida em ordem – na medida em que solucionamos os problemas do dia-a-dia –, melhorar a qualidade do trabalho, conceber invenções importantes e criar obras de arte. Esta breve seleção de personalidades é uma tentativa de esclarecer o processo do pensamento de alguns dos maiores pensadores da história: a avidez por conhecimento; a grande tolerância para enfrentar riscos, fracassos e rejeição; a perseverança e ética no trabalho; a tenaz relutância em aceitar o senso comum, o "achismo", a meia-verdade, a mentira tola.

Think!

HERÁCLITO E OS GREGOS: APRENDER A FAZER AS PERGUNTAS CERTAS

Heráclito parece haver antecipado, 2.500 anos antes de Sartre e Camus, a filosofia existencialista e sua ênfase na responsabilidade individual em um universo indiferente.

Heráclito é mais conhecido, no entanto, por afirmar que o universo está mudando constantemente e que existe uma ordem ou razão (Logos) subjacente a essa mudança. Conforme citação de Hipólito, em *Refutations*: "Se passassem a escutar a Logos e não a mim, concordariam que todas as coisas são, na verdade, apenas uma única coisa." Essa idéia parece ser a primeira expressão explícita de uma das bases do questionamento científico racional, ocidental, até os dias de hoje, ou seja, que há uma causalidade inerente aos eventos físicos do universo, e mais, que a própria multiplicidade das causas é conseqüência de uma única origem ou causa. Por isso, "a filosofia de Heráclito talvez seja ainda mais fundamental para a formação da mente européia do que a de qualquer outro pensador na história humana, incluindo Sócrates, Platão e Aristóteles", segundo a cartilha de filosofia da Washington State University, *World Civilization*.

Em outros fragmentos atribuídos a Heráclito, podemos ver uma apreensão básica dos ciclos da matéria e da energia (hídrica, carbônica) que movimentam a biosfera da Terra, bem como uma formulação rudimentar da primeira lei termodinâmica, o princípio da conservação de energia definido em termos matemáticos exatos dois séculos mais tarde. No entanto, a contribuição mais importante de Heráclito foi, provavelmente, a invenção e o refinamento do método do raciocínio crítico em si. Suas idéias não eram concebidas em isolamento, mas sempre constituíam uma resposta às idéias de outros filósofos gregos, principalmente às de Tales, Anaximandro e Pitágoras.

Desses, Pitágoras é o mais conhecido hoje em dia, sendo novamente imortalizado a cada ano letivo com a fórmula que relaciona os vários lados de um triângulo reto. O teorema de Pitágoras, no entanto, pode ter sido usado pelos egípcios e matemáticos indianos antes de o filósofo tê-lo escrito. A fama permanente de Pitágoras se deve à percepção pioneira dos fundamentos matemáticos das escalas musicais, base para a teoria musical moderna. Ele também era um místico e acreditava que as esferas celestiais dos planetas produziam uma harmonia encantadora, a chamada "música das esferas", e que as almas humanas enveredavam por outra forma de vida após a morte. Heráclito expressou claramente o conceito de unidade, apenas difusamente sugerido pela música das esferas, e rejeitou a crença de Pitágoras na reencarnação. Ele também simplificou as idéias de Anaximandro empregando a lógica.

O tempo não pode ou, pelo menos, não deveria desbotar nossa admiração pelas conquistas da civilização grega. Os gregos, sozinhos, inventaram a geometria, a teoria musical, a dramaturgia, a lógica e o método de investigação científica e racional, a ordem clássica na arte e na arquitetura, fundamentada na proporção e no equilíbrio, a taxonomia biológica, a física e o governo democrático. A essência dessa civilização era a prática do questionamento e do diálogo crítico, que chegou ao ápice durante a época de Sócrates e Platão. Os gregos não eram super-homens. Na verdade, eles compreenderam melhor do que ninguém a falibilidade do raciocínio humano. O objetivo era banir da mente conjecturas, preconceitos, superstições e ideologias, e para alcançá-lo, os gregos nem sempre usavam métodos muito gentis. Hoje, ficamos maravilhados com os resultados.

Think!

ALBERT EINSTEIN:
A MENTE QUE MAPEOU O UNIVERSO

Em 1905, aos 26 anos, enquanto a maioria dos jovens cientistas de sua idade já estava trabalhando em laboratórios, sob a tutela de renomados professores nas áreas escolhidas, Albert Einstein limitava-se a trabalhar num escritório de patentes em Berna, na Suíça. Mas não ficaria ali por muito tempo. Antes do final do ano, Einstein já havia publicado quatro artigos propondo soluções para problemas que intrigavam os mais reputados cientistas da época.

Foi o terceiro artigo, sobre a "eletrodinâmica dos corpos em movimento" (hoje, conhecida como a teoria da relatividade restrita), que acabou pondo abaixo o senso comum e a visão intuitiva que tínhamos do universo. Ao formular a teoria da relatividade restrita, Einstein partiu de descobertas de outros cientistas, no caso, uma experiência realizada por A. A. Michelson e E. W. Morley, em 1881. Desde que se descobriu que a luz se portava como uma onda, os cientistas passaram a especular que uma substância, chamada "éter", permeava o universo. Já que a água era imprescindível para propagar as ondas de energia através do oceano, justificava-se a existência do éter com a necessidade de existir alguma substância para propagar as ondas de luz através do espaço. Ao direcionar um feixe de luz contra o éter, Michelson e Morley acreditavam que a luz sofreria algum tipo de interferência ou freio, fato que poderia ser detectado medindo-se as diferenças de velocidade do feixe. Mas os dois cientistas não encontraram nenhuma interferência.

E eis que surge o precoce funcionário de patentes, o Sr. Einstein. Em *Einstein: A Relative History*, Dr. Donald Goldsmith mostra como ele lidou rapidamente com a questão do éter: ele não existe. Enquanto fazia isso, aproveitou para eliminar também o movimento, o tempo e o espaço absolutos. Conceitos relativamente úteis, mas cada vez

GRANDES PENSADORES

mais arcaicos, que estavam presentes desde a época de Newton. Conseqüentemente, agora, comenta Goldsmith, "quando se diz 'estou parado', há que responder à pergunta 'tudo bem, parado, mas em relação a que outro sistema?'". Mas é a idéia de tempo relativo que geralmente gera mais confusão. A noção pode ser compreendida (ou, pelo menos, parcialmente) quando se olha para as estrelas no céu. O brilho cintilante de uma estrela próxima, digamos Arcturus, que vemos "agora" partiu da superfície da estrela há 38 anos. É possível até que ela não exista mais. De modo geral, a relatividade restrita nos deixa sem fôlego diante de todas as implicações contrárias à intuição. Numa velocidade próxima à da luz:

- O tempo se reduz quando medido por um relógio estacionário.
- Objetos que se movem encolhem na direção do movimento.
- Um objeto – uma espaçonave, por exemplo – terá massa maior e, por isso, sua aceleração se tornará mais difícil.
- Além disso, nada pode se movimentar a uma velocidade maior do que a luz, 300 mil quilômetros por segundo.

Em seu quarto e último artigo, escrito em 1905, Einstein deriva, quase como uma reflexão tardia, uma relação matemática que demonstra que a energia e a matéria são versões diferentes da mesma coisa. Essa descoberta foi resumida na famosa equação $E = mc^2$, freqüentemente vista em camisetas e pôsteres no mundo todo. O c^2, ou elemento elevado ao quadrado, tem implicações especialmente significativas, visto exprimir que a pulverização de até uma mínima quantidade de matéria, através da divisão de seus átomos, liberaria uma quantidade enorme de energia – previsão que se confirmaria quarenta anos mais tarde, com a explosão da primeira bomba atômica no deserto do Novo México.

Think!

Einstein poderia ter se aposentado como ganhador do Prêmio Nobel, baseando-se em qualquer um desses artigos publicados em 1905. Mas ele ainda tinha um ás na manga. Onze anos depois, ele publicaria a teoria da relatividade geral. Da mesma forma que a relatividade restrita havia levado à unificação da matéria e da energia, a relatividade geral propôs que o tempo e o espaço são intrinsecamente entrelaçados através de distâncias inimagináveis do universo, e que o contínuo tempo/espaço se curva com a força da gravidade. E é essa curvatura no espaço que determina o movimento dos objetos. Alguns anos mais tarde, durante um eclipse solar, cientistas mediram, experimentalmente, a curvatura da luz de uma estrela enquanto passava pelo Sol, confirmando, mais uma vez, os cálculos de Einstein.

Embora tivesse chegado a percepções antes inconcebíveis sobre os mecanismos do universo, Einstein não era perfeito. Ele também cometeu gafes, inclusive uma admitida por ele como a maior de todas, a invenção de uma constante cosmológica que permitiria ao universo manter-se estático. Ele também passou os últimos quarenta anos de sua carreira num esforço fútil de desacreditar a noção de que "Deus joga dados", um dos pilares da teoria quântica. Mesmo assim, com sua teimosia, disciplina, instrução sólida e, claro, genialidade, Einstein nos forneceu os exemplos mais significativos de como o raciocínio crítico é usado para confirmar e refutar nossas considerações intuitivas e instantâneas sobre o mundo

Nicolau Copérnico:
O homem que teve a coragem de verbalizar uma perigosa verdade

Na Idade Média, as pessoas até tinham uma boa noção de como o sistema solar estava ordenado. A Terra, residência das criaturas de Deus, estava no

GRANDES PENSADORES

centro; o Sol, a Lua, os planetas e as estrelas revolviam em torno de nosso belo mundo, num sistema de esferas celestiais concêntricas.

Para a sociedade européia do século XV, a maior vantagem desse modelo era condizer com as passagens da Bíblia que descreviam o movimento do Sol em relação à Terra imóvel. Não é de surpreender que logo surgissem problemas com o modelo geocêntrico do universo. Os babilônios, por exemplo, estavam intrigados pelo fato de o Sol não manter uma velocidade constante em sua órbita anual ao redor da Terra. Essa e outras questões começaram a exasperar alguns estudiosos, dentre os quais, o monge polonês Nicolau Copérnico.

Copérnico havia estudado medicina em Pádua, embora, ao que parece, jamais tenha se formado. Naquela época, uma das ferramentas principais para se chegar a um diagnóstico era a astrologia. Não há dúvida que esse foi um dos aspectos de seus estudos que mais o incentivou a pensar em um sistema centrado no Sol. Com o tempo, tornou-se cônego no castelo de Lidzbark, como médico pessoal do bispo. Era uma função que lhe permitia, literalmente, ficar olhando para as estrelas; e seu quarto, na torre do castelo, concedeu-lhe uma posição estratégica para esse passatempo. Foi lá que Copérnico produziu sua obra-prima, *De Revolutionibus*, um documento de quatrocentas páginas, composto de seis livros separados, que refutava de forma clara ou, pelo menos, do ponto de vista científico, a idéia ptolomaica de um universo geocêntrico. "Uma vez que os planetas são vistos a várias distâncias da Terra, o centro do nosso planeta certamente não pode ser o centro de suas órbitas", conclui o monge polonês. Ele estabelece corretamente a ordem dos planetas mais afastados do Sol e inclui vários capítulos de geometria plana e esférica, que usa para comprovar sua argumentação.

Na época em que a obra de Copérnico foi divulgada, ela deu início ao renascimento científico, que tiraria a humanidade da Idade Média e, através de Newton, levaria ao Iluminismo e à Idade da Razão. Temen-

Think!

do represálias por parte das autoridades eclesiásticas, Copérnico escondeu seu trabalho durante quase 13 anos, publicando-o pouco antes de sua morte. O modelo heliocêntrico do sistema solar promulgado foi a primeira aplicação moderna da navalha de Ockham, um princípio segundo o qual se deve escolher a mais simples de duas teorias concorrentes. Setenta anos após a morte de Copérnico, o astrônomo alemão Johannes Kepler substituiria as órbitas circulares por elípticas, oferecendo aos seres humanos a primeira noção mais acurada de algo que vinham admirando em êxtase por dezenas de milhares de anos.

SHAKESPEARE:
UM CHACOALHAR DA PENA E O
HUMANO TOMA FORMA

Da mesma forma que Copérnico reacendeu na sociedade o desejo de explorar os mistérios do universo e do mundo à sua volta, Shakespeare atiçou a imaginação a desvendar os segredos da alma humana. O que havia sido iniciado pelos dramaturgos gregos alcançaria a perfeição em Shakespeare. É claro que cada um reage à arte desse enigma de forma íntima e pessoal. Diferentemente, digamos, das descobertas de Newton ou de Einstein, a percepção poética finamente lapidada de Shakespeare pode acabar enterrada sob a avalanche da cultura *trash* monossilábica da vida moderna. Uma pessoa pode viver toda sua vida fugindo, diligentemente, dos desafios apresentados pela música do bardo. A escolha, entretanto, significará uma expressiva redução da admiração que se pode ter da dimensão humana da vida.

Ao explorar criticamente os contornos da condição humana e expor uma seqüência de ações controladas, Shakespeare nos leva a avaliar e compreender nossa própria situação mais claramente. Por

GRANDES PENSADORES

exemplo, quando em suas comédias retrata a complexidade do amor e do ciúme, ele nos permite analisar nossos próprios relacionamentos sob uma perspectiva tal que podemos refletir sobre possíveis mudanças ou melhorias. Essas "lições" podem ter uma gama de aplicações práticas. John O. Whitney e Tina Packer traçam um paralelo em seu livro *Shakespeare's Lessons in Leadership and Management**, e garantem que o rei Henrique, em *Henrique IV*, pode ensinar um funcionário recém-contratado ou promovido a prestar atenção às pessoas que não confiam nele por considerá-lo um intruso. É bem verdade que esse tipo de coisa também pode ser aprendido no cinema e na televisão, mas os personagens de Shakespeare são capazes de encontrar e expressar uma infinidade de níveis e nuanças nas situações que enfrentam, de modo a torná-las menos reais no sentido "real", e mais reais no sentido artístico, como representantes da condição humana. A chave é a linguagem usada, que nos transmite não só o que o personagem está sentindo, mas também como ele está sentindo. As palavras ilustram tudo. Shakespeare comunica significados por meio de metáforas, algo de que um programa de televisão manteria distância. "O próprio Lear, rei deste mundo, é uma metáfora do que deu errado na natureza e no microcosmo", diz Bruce Meyer em *The Golden Thread, A Reader's Journey Through Great Books***. Shakespeare construiu conscientemente o temperamento de Lear de forma a refletir desequilíbrio, o mesmo desequilíbrio que também encontramos no resto do mundo natural e sociopolítico, e que leva a rivalidades e desordem. Cientistas cognitivos chegaram à conclusão de que a mente humana pode interpretar e usar metáforas como uma ferramenta eficiente para mapear e compreender conceitos abstratos.

---

*"Lições de liderança e gerenciamento em Shakespeare." (*N. da T.*)
***"O fio dourado, uma viagem do leitor através de grandes obras." (*N. da T.*)

THINK!

Refletindo sobre Shakespeare como um pensador, a pergunta crucial é, simplesmente, como foi que ele conseguiu? É uma questão controversa, pois os estudiosos não estão bem certos da identidade do bardo. O fato é que não sabemos bem como as circunstâncias particulares de sua vida transformaram-no no "gênio literário universalmente aclamado".

A excelência de Shakespeare não se deve apenas aos enredos de suas peças – *Romeu e Julieta, Otelo, Rei Lear* –, e a maioria das outras histórias já eram amplamente conhecidas na Inglaterra elisabetana, como contos folclóricos ou obras literárias. Na verdade, é a universalidade dos personagens de Shakespeare que o torna tão diferente. Ainda assim, devemos nos perguntar: como foi que ele conseguiu? Uma explicação seria o fato de ele ter um plano mestre do qual estava disposto a se afastar à medida que lhe surgissem boas idéias. Como Robert Brustein revela, no artigo "Character and Personality in Shakespeare"*, originalmente, o dramaturgo havia imaginado Falstaff como o vilão, "uma figura infame, numa peça medieval edificante sobre a educação moral de um verdadeiro príncipe". Mas Shakespeare era um poeta, antes de tudo, e a peça "perdeu-se dele permitindo que Falstaff escapasse" para tornar-se um dos personagens mais carismáticos jamais inventados.

Uma das características de um bom pensador crítico é a habilidade de se adaptar e acrescentar informações novas. Shakespeare era tão bom que hoje, conforme observou Oscar Wilde, a arte não imita a vida, é a vida que tenta imitar Shakespeare.

---

*"Personagem e Personalidade em Shakespeare." (*N. da T.*)

GRANDES PENSADORES

THOMAS EDISON:
TRANSFORMANDO BOAS IDÉIAS
EM COISAS QUE FUNCIONAM

Quando morreu, aos 84 anos de idade, em 1931, Thomas Edison tinha patenteado 1.093 invenções. O historiador Thomas Hughes escreveu: "Somente Leonardo da Vinci evocou o espírito inventivo de forma igualmente impressionante, mas, ao contrário de Edison, Leonardo construiu apenas algumas de suas brilhantes concepções."

Muitas de suas invenções não passavam de melhorias de coisas que já estavam em uso, mas eram desajeitadas e pouco práticas. Seu primeiro sucesso deu-se em 1869, quando aperfeiçoou o tradicional registrador de cotações da bolsa de valores. A Western Union pagou-lhe 30 mil dólares (alguns milhões de dólares pelo câmbio de hoje) para fabricar 1.200 unidades.

Mas foi com a invenção da primeira lâmpada incandescente que Edison provou sua tenacidade e perícia como inventor. A lâmpada de arco, que usava dois eletrodos de carbono para criar uma faísca de luz, já existia havia uma década, mas era potente demais para ser usada em casa. Uma demonstração de um pequeno dínamo numa fundição atiçou a imaginação criativa de Edison a construir uma lâmpada incandescente que funcionasse. O dínamo não foi invenção sua, mas ele percebeu que o aparelho poderia levar a corrente elétrica para dentro de todos os escritórios e apartamentos de Manhattan.

Primeiro, no entanto, havia enormes obstáculos técnicos a transpor. Durante meses, Edison ficou testando diferentes tipos de filamento, todos muito frágeis ou de pouca resistência, que queimavam poucos segundos após a passagem da corrente. O segundo problema era retirar todo o oxigênio do bulbo de vidro para evitar a oxidação do filamento. A primeira demonstração que fez diante de uma platéia de investidores falhou

203

THINK!

quando o bulbo explodiu. Passo a passo, Edison foi solucionando todos os problemas e, finalmente, produziu um bulbo com um fino filamento de carbono, que ficou aceso durante 45 horas. Era o ano de 1878.

Ainda havia muito trabalho a fazer. Como Edison observou uma vez: "Há uma enorme diferença entre completar uma invenção e colocar o artigo manufaturado à venda." Na verdade, ele teve de conceber, inventar e produzir toda a indústria geradora de energia – dínamos comercialmente funcionais, instalação elétrica com material isolante, aparelhos de segurança, relógios para medir o consumo elétrico. Quando, finalmente, 106 lâmpadas foram acesas na Lower Manhattan, no dia 3 de setembro de 1882, foi um evento que mudou o mundo, resultado da energia e da lucidez de pensamento de um único homem.

De certa forma, Edison deve ter sido o primeiro trabalhador do conhecimento do mundo. Ele usava tecnologia nova, ainda não testada, e pelo método de tentativa e erro e pelo uso do raciocínio crítico e criativo, inventava não só novos produtos, bem como novos mercados. Ele corria riscos e, sem dúvida, era um trabalhador frenético e diligente. Mas também era culto e inteligente. Todos que solicitavam um emprego em seu laboratório tinham de fazer um teste com 150 perguntas, dentre as quais "Qual é o primeiro verso da *Eneida*?". Um colega descreveu-o lendo vorazmente uma pilha de um metro e meio de jornais, durante os momentos de folga. Se Edison sofria de excesso de informação, ele parece ter conseguido tirar proveito disso.

ISAAC NEWTON:
O MESSIAS CIENTÍFICO DA HUMANIDADE

A relação de celebridades intelectuais não estaria completa se faltasse o homem cujas descobertas e raciocínio brilhantes deram início à

Grandes pensadores

ciência moderna e, alegam alguns, ao modelo de cultura e sociedade da Europa Ocidental, Isaac Newton. A "mecânica" newtoniana – as três leis de movimento e a lei de gravitação universal – não só é a primeira teoria científica completamente coerente, mas também a mais magnífica. A teoria da relatividade e a mecânica quântica podem ser mais sedutoras e atraentes filosoficamente, mas as leis de Newton explicam 99 por cento daquilo que o ser humano vê e percebe quando se movimenta em seu ambiente. As leis nos permitem cruzar o céu em aviões, construir carros, casas, arranha-céus, projetar pontes, prever as marés e eclipses e pôr satélites em órbita.

No verão de 1665, as autoridades londrinas encontraram os corpos de dois marinheiros franceses infectados com a peste. A peste havia matado mais de um quarto da população européia no século XIV e, desde então, reaparecia com intervalos. A Cambridge University fechou as portas, e Newton retirou-se para uma mansão em Wollsthorpe. Durante os 16 meses que se sucederam, Newton, então com 23 anos, perdeu-se em um estado de apaixonada e entusiasmada pesquisa científica, que produziu o que se chamaria de *annus mirabilis*, ou ano dos milagres. Nesse relativamente curto espaço de tempo, o pensador encontrou uma nova forma de aproximar uma série de números – o teorema binomial –, inventou um novo tipo de matemática – o cálculo – e descobriu a teoria da óptica ao perceber que a luz branca era, na verdade, uma mistura de cores distintas, o espectro.

De um jeito bem típico, Newton não publicou nada disso. Só quando outro matemático, Gottfried Leibniz, ameaçou tirar-lhe os louros da descoberta do cálculo, Newton resolveu divulgar seu trabalho. Atualmente, reina o consenso de que Newton e Leibniz, trabalhando separadamente, co-descobriram o cálculo quase ao mesmo tempo, utilizando métodos e terminologia ligeiramente divergentes. O cálculo era necessário para elevar a ciência a uma condição mais

205

Think!

moderna e revigorada. Para compreender a importância dessa descoberta, reflita sobre a facilidade que é calcular a área de, digamos, um retângulo, ou de qualquer figura de lados retos. É só multiplicar os lados ou dividir a figura em áreas que você consiga calcular e somálas. Agora, tente usar o mesmo método para encontrar a área sob uma curva. Antes do surgimento do cálculo, cientistas e matemáticos só conseguiam adivinhar a área sob curvas. Desnecessário dizer que, na vida real, há mais curvas do que linhas retas. O cálculo forneceu aos cientistas um método 100 por cento confiável, tanto para calcular áreas quanto a aceleração de corpos em movimento – um conjunto de ferramentas matemáticas que Newton usaria para desmontar o universo e remontá-lo.

Em 1684, Newton foi incentivado a escrever o tratado científico *Principia*, a obra que divulgou as leis de movimento e da gravidade, quando outro membro da Royal Society*, o astrônomo Edmund Halley, perguntou a Newton, que já era professor titular e havia assumido a Cadeira Lucasiana** de matemática em Cambridge, se a forma da órbita de um planeta seria previsível partindo-se da força de atração do Sol e do inverso do quadrado da distância do planeta. Newton respondeu que já havia feito esse cálculo e que a órbita devia ser uma elipse. Como ele se interessara por isso apenas superficialmente, passou a se dedicar ao assunto num frenesi criativo que lembrava os dias em Wollsthorpe, conforme relato de David Berlinski, em *O Dom de Newton*:

---

*Sociedade Real de Londres, instituição fundada em 1660 para promover as ciências. (*N. da T.*)

**Em 1663, o reverendo Henry Lucas, membro do conselho da Universidade de Cambridge, decide doar uma biblioteca de 4.000 livros para esta universidade e um terreno, que deveria financiar uma posição prestigiosa na área de matemática aplicada, a Cadeira Lucasiana. O primeiro a ocupá-la foi Isaac Barrow, que sugeriu o nome de Isaac Newton para substituí-lo. Desde 1979, ela é ocupada por Stephen Hawking. (*N. da T.*)

GRANDES PENSADORES

Os dois anos durante os quais Newton escreveu sua obra-prima consumiram-no intelectualmente. A energia compacta e bruta que ele descarregava na alquimia, nos estudos bíblicos e tratados matemáticos inconclusos parecia se juntar e fusionar. Ele quase não comia, e dormia irregularmente. Sua vida passou a formar um círculo, que ia do seu gabinete de trabalho para o refeitório de Cambridge e de volta, através de um caminho por entre os jardins. Ele se levantava cedo e dormia tarde. Seu amigo e colega, Humbphrey Newton [...] observava, com desconforto, as ações de um homem que havia permitido que tudo em sua vida permanecesse subordinado a uma compulsão intelectual.

O que podemos concluir da paixão intelectual de Newton e da psicologia do seu raciocínio? Ele era, sem dúvida, um prodígio matemático. Mas somente esse fato já se presta a uma grande paródia, tanto do homem quanto da sua obra. Seu "sistema do mundo" costuma ser comparado a um relógio, um conjunto de rodas dentadas e engrenagens que movimentam os planetas, o ser humano e o universo num curso preestabelecido através do espaço e do tempo absolutos. Há ordem por todo lado. Já se disse muitas vezes que precisaríamos conhecer apenas os parâmetros exatos dessa máquina, num dado momento, para podermos prever, exatamente, o curso da história futura e as coordenadas de tudo até a eternidade. Essa descrição é pura bobagem, e Newton jamais afirmou tal coisa. Neste universo, neste planeta, o homem se movimenta com absoluto livre-arbítrio. As equações newtonianas não conseguem prever a ascensão de um Adolf Hitler ao poder, a invenção de chip de computador, a filmagem de *Guerra nas Estrelas*, ou a tendência da bolsa de valores.

Pelos métodos de raciocínio abstrato extremamente aguçados que Newton usava para chegar às suas leis universais e, talvez, por seu pendor pela solidão, há, também, uma tendência de vê-lo como uma

207

Think!

abstração do homem, alguém ou algo muito afastado do domínio humano. Ele chegou a ser condenado, na época, como pai do reducionismo científico e, com a importância política inflacionada que tal tipo de crítica assumiu desde então, pode-se imaginar que o acusariam de ícone da opressão branca e machista, progenitor da tecnocracia corporativa e da produção em massa, em um campus universitário típico dos dias de hoje. Na verdade, Newton foi, antes de tudo, um artesão. Ele tinha um dom mecânico inato, que o permitia construir modelos criativos de moinhos que funcionavam, do sistema solar, além de outros inventos. Ele construiu, manualmente, o primeiro telescópio refletor do mundo. Além de sua beleza, o instrumento representava um avanço significativo diante do telescópio refrator, eliminando problemas com a distorção das cores. Newton também era, como sugerem seu teimoso fascínio pela alquimia e seus estudos bíblicos, um pouco místico. E mesmo nessas buscas sombrias e espirituais, sua abordagem chegava a ser exaustivamente racional, embora ingênua. Ele *era* humano. Mas, o reverso desse "misticismo" era uma crença neoplatônica, herdada de Galileu, de que a linguagem do universo se expressa em números. Isso o coloca, como veremos, lado a lado com a maioria dos físicos de hoje.

Charles Darwin:
O homem que descobriu, por acaso, como a vida funciona.

Quando Charles Darwin, um jovem de 22 anos, aceitou o convite de conhecer o mundo a bordo do HMS *Beagle*, em 1831, ele estava prestes a assumir uma ilustre tradição inglesa que incentivava jovens a explorar o mundo. Essa viagem, contudo, não era nenhuma brincadeira, e Darwin, nenhum dândi. A missão científica do *Beagle* era coletar espécies vegetais e animais, e o percurso levaria cinco anos, com paradas nas ilhas Galápagos, no Taiti e na Austrália. Darwin já estava ficando famoso como um naturalista, após fazer vários cursos de ciências naturais em Cambridge.

As isoladas ilhas Galápagos, ao largo da costa sul-americana, revelaram-se um verdadeiro laboratório natural para observar como o processo de evolução havia resultado numa série de pequenas alterações entre as diferentes espécies. Darwin voltou da viagem com dezenas de cadernos repletos de desenhos e detalhes específicos da anatomia dos animais, e do seu comportamento, habitat e população. Por exemplo, Darwin identificou 13 espécies diferentes de fringilídeos, cujos bicos tinham ligeiras variações. Mesmo assim, quase dois anos após a viagem, ele ainda não havia chegado a uma explicação geral ou teoria que costurasse todas aquelas observações. Segundo Jim Glenn, em *Scientific Genius*, Darwin só teria começado a formar uma idéia a respeito após ler *Ensaio sobre o princípio da população*, de Thomas Malthus. Glenn observa que "a tese malthusiana, que demonstra a enorme disparidade entre a taxa de crescimento da população e do suprimento de alimentos, conscientizou Darwin da batalha travada por recursos escassos". Essa idéia lhe forneceu uma regra para avaliar as necessidades e o sucesso de determinada espécie e um fundamento lógico para a mudança evolucionária. "A partir desse momento, ficou claro para ele que as espécies existem precisamente graças a adaptações específicas, que lhe conferem uma vantagem na sobrevivência." Qualquer nova característica que ajude, por exemplo, um sapo a ficar longe das mandíbulas de um predador (camuflagem melhor ou reprodução mais rápida) significa que, a longo prazo, o novo sapo (visto a taxa de mortalidade do anterior ser mais alta) se tornará predominante na população batráquia. Sabemos, hoje, que essas novas características são produzidas

THINK!

por mudanças aleatórias no DNA de um organismo. Darwin não sabia nada sobre DNA, mas compreendia o processo, que chamou de seleção natural. Esse é um exemplo clássico de pensamento lateral, e Darwin começou a estudar, imediatamente, as implicações desse momento magnífico. No caso dos fringilídeos, cada mudança aleatória, manifestada num bico diferente, dava à ave uma vantagem específica para certo hábito alimentar – bicos mais estreitos para explorar insetos em rachaduras e mais largos para quebrar sementes e mastigar plantas. Todas aquelas espécies "descenderam" de um mesmo ancestral. As ramificações da teoria de Darwin foram surgindo como as seqüências no jogo de paciência: as espécies surgem cada qual a seu tempo, e não em grandes grupos; algumas são predominantes durante muito mais tempo; a extinção é para sempre; as espécies mais recentes dentro de um grupo, geralmente, são mais especializadas em estrutura e função dos que as anteriores.

Darwin passou a maior parte da década de 1840 escrevendo e reescrevendo *A origem das espécies*. Steve Jones, professor de genética na University College London, chama *A origem* de "o livro do milênio", e afirma que o abrangente intelecto de Darwin é a força por trás da poderosa lógica de seu "longo argumento".

> A origem *é o ponto culminante da literatura de não-ficção. Darwin escrevia bem porque lia bem. Em um único verão, segundo seu diário, ele havia lido Hamlet, Otelo, O Parque de Mansfield [...] As 1001 Noites e Robinson Crusoé. Sua prosa se assemelhava a uma casa de campo vitoriana. Ela irradiava confiança de onde quer que se olhasse.*

Será que seu pensamento lateral foi aguçado pela leitura de *Hamlet*? No final das contas, a beleza da teoria da seleção natural de Darwin, da

GRANDES PENSADORES

mesma forma que a do sistema solar heliocêntrico, estava em sua simplicidade. Era a diversidade da vida explicada pelo talento dos organismos para adquirir e transmitir diferenças herdadas na habilidade de reproduzir. Como afirmou um colega contemporâneo a Darwin, T.H. Huxley, após ler *A origem*: "Como é que ninguém pensou nisso antes?"

LYNN MARGULIS:
CONTINUANDO A FAZER AS PERGUNTAS CERTAS

A ciência quase sempre progride focando a exceção, e não a regra. Uma teoria realmente boa deve explicar "todos" os fatos relevantes, e não somente alguns deles. Os cientistas que insistem em lembrar seus colegas disso costumam ser vistos como guardiões da chama científica ou maçantes. Lynn Margulis, uma evolucionista, professora e pesquisadora da University of Massachusetts, é vista como ambos, mas parece preferir seu papel de "criadora de caso" no campo científico.

Margulis, uma autoridade em microorganismos, foi imprescindível no desenvolvimento e aprovação da teoria "simbiótica" da evolução celular, que postula que os componentes essenciais no interior da membrana das células nucleadas (inclusive das células animais como as que nós temos), um dia, já foram bactérias que se moviam livremente, mas acabaram sendo incorporadas à célula, à medida que esta ia se formando. A teoria tem enormes ramificações para o que havia se tornado a interpretação padrão da evolução da vida na Terra. Seu trabalho rendeu-lhe reconhecimento e, em 1983, ela foi nomeada para a National Academy of Sciences. Em 1999, ela recebeu a Medalha Nacional de Ciência e o prêmio Sigma Xi Procter por suas conquistas científicas.

Em artigo publicado na revista *Smithsonian*, a escritora Jeanne McDermott descreve Margulis como "um dos poucos cientistas vivos

211

THINK!

que conseguiu mudar paradigmas". No mesmo artigo, Peter Raven, diretor do Missouri Botanical Gardens, observa: "Sua mente não pára de soltar faíscas [...] Eu a considero uma das pensadoras mais interessantes e originais em todo o campo da biologia."

O pensamento de Margulis parece ter sido influenciado pela educação precoce e, em particular, pela exposição às grandes obras durante seus estudos na University of Chicago, na qual se matriculou aos 14 anos. O currículo enfatizava a leitura de obras originais com o objetivo de traçar e compreender o progresso de uma idéia, em vez de usar as meias-verdades dos livros didáticos ou a linguagem de disciplinas acadêmicas especializadas. E é essa abordagem que ela continua usando e advogando até hoje.

A biosfera está repleta de incontáveis exemplos de simbiose ou comportamento oriundo de dois diferentes tipos de organismos que vivem juntos. O cupim do deserto, por exemplo, tem vários tipos diferentes de microorganismos que digerem madeira convivendo no seu epigástrio. A contribuição revolucionária de Margulis está no fato de ela haver reconhecido a importância que tal simbiose microbiana poderia ter na evolução de células nucleadas, e, conseqüentemente, na evolução de animais, como os seres humanos. Outro exemplo: algumas mitocôndrias – organelas celulares que geram energia – já foram, no passado, bactérias invasoras que respiravam oxigênio e surgiram na cena mundial há 1.400 milhões de anos. Geralmente, elas matavam as bactérias invadidas. Vez por outra, entretanto, a célula vitimada conseguia sobreviver e a bactéria que respirava era incorporada no seu metabolismo celular.

Muitos cientistas concordam, hoje, que simbiontes microbianos desempenham certo papel na evolução de células nucleadas, embora haja menos consenso quanto à conclusão de Margulis, que dá grande importância à simbiose que gera a variação transmitida em animais e plantas, tornando-a, conseqüentemente, uma força impulsora consi-

GRANDES PENSADORES

derável na história evolucionária da biosfera terrestre. Alguns cientistas ridicularizaram a hipótese alegando que carecia de evidências claras. No livro *Acquiring Genomes*, escrito em co-autoria com o filho, Dorion Sagan, Margulis aponta uma evidência genética que parece contradizer a visão neodarwinista clássica de que as espécies evoluiriam gradualmente, no decorrer de longo período de tempo. Muito pelo contrário, conjuntos inteiramente novos de genomas têm sido incorporados, inesperadamente, de micróbios livres.

Todos podem ser rebeldes. Margulis é uma rebelde "com" uma causa e raciocina para apoiar essa causa.

ED WITTEN:
DANDO UMA OLHADA NA UNIDADE POR TRÁS DAS PORTAS DA PERCEPÇÃO

Ainda que seu nome não seja muito familiar, Ed Witten, de Princeton, é o único cientista vivo que costuma ser mencionado, num mesmo fôlego, com Newton e Einstein. Como eles, Witten trabalha em uma área da física, baseada em matemática abstrata, que se encontra além (há os que dizem, muito além) da compreensão do público contemporâneo. De certa forma, sua obra é uma extensão do maior e mais ambicioso projeto de reflexão pública iniciado pelos gregos: a busca de uma explicação para a unidade subjacente à diversidade do universo. Em linguagem coloquial, essa explicação é chamada de teoria do tudo ou grande teoria unificadora. Mas, enquanto os gregos tateavam no escuro, Witten e outros colegas da física teórica estão no caminho certo. De qualquer modo, é uma disputa audaciosa e controversa entre cientistas na área de Witten. A alegação ainda não está fundamentada em evidências comprovadas. Ela se baseia em uma teoria tão obscura

Think!

e absurda, e, ao mesmo tempo, tão matematicamente elegante, que muitos físicos partem do princípio de que ela, simplesmente, tem de ser verdadeira. Ela é chamada de teoria das supercordas.

A primeira versão dessa teoria foi desenvolvida durante a década de 1970, resultado da obstinada busca dos físicos por uma teoria unificada do tudo. No cerne da busca por tal teoria, existe uma premissa, óbvia para a maioria dos cientistas, de que as quatro forças fundamentais da natureza (eletromagnetismo, forças nucleares fortes e fracas, e a gravidade) são aspectos diferentes da mesma essência. As descobertas de Newton e Einstein, embora tenham sido elucidações matemáticas magníficas das leis da natureza, não tinham por objetivo encontrar uma teoria do tudo. Newton descobriu que forças produzidas pela terra e a gravidade eram aspectos da propriedade da matéria, e as teorias da relatividade de Einstein explicaram, em grande parte, os aspectos unificadores da *estrutura* do universo. Einstein demonstrou que a energia e a matéria são iguais ($E = mc^2$). Mas toda energia (movimento, trabalho, calor) é o resultado de forças. Pense em qualquer coisa que se mova, ou seja, que tenha energia: alguém correndo, a explosão de fogos de artifício, uma criança caindo da árvore. Todos esses movimentos são conseqüência da ação de uma das forças fundamentais – um potencial elétrico no músculo do corredor, uma reação química violenta nos fogos de artifício, e a gravidade no caso do garoto.

No século XIX, James Clerk Maxwell descobriu equações que associavam a eletricidade ao magnetismo. Depois, na década de 1960, com a evolução dos poderosos aceleradores de partículas, os cientistas começaram a encontrar evidências de centenas de partículas subatômicas diferentes, que ninguém suspeitava que pudessem existir. Prótons e nêutrons, as partículas que formam o núcleo de um átomo, acabaram perdendo a primazia e começaram a ser subdivididos em partículas ainda menores, chamadas quarks. Por outro lado, um tanto demoniaca-

GRANDES PENSADORES

mente, os quarks vêm em vários tipos – três "cores" e seis "sabores". Também há os antiquarks. E a poderosa força nuclear mantém essa bola expansível unida. Outro tipo de partículas, chamado de léptons, forma o elétron e algumas outras partículas subatômicas. Eles são regidos pela força nuclear fraca. Nos anos 1960, um grupo de físicos conseguiu juntar as forças eletromagnéticas, forte e fraca, em um único arcabouço teórico, chamado de "Modelo Padrão". Seus defensores alegam, corretamente, que ele se adapta a qualquer dado experimental. Mas há um problema – a teoria não esclarece a gravidade.

Eis que entram em cena a teoria das supercordas e Ed Witten. A teoria foi concebida nos anos 1970, e cientistas vêm aperfeiçoando-a desde então. Enquanto um mundo subatômico composto de partículas semelhantes a pequenas bolas de bilhar é um conceito facilmente assimilado pela mente, a teoria das supercordas descreve um universo pouco palatável para a imaginação humana. As cordas são 100 bilhões de bilhões de vezes menores que o núcleo de um átomo e requerem dez dimensões (é isso mesmo, dez) para existir. De acordo com os teóricos das cordas, suas vibrações no espaço decadimensional correspondem à multiplicidade de partículas encontradas no Modelo Padrão e a todas as forças fundamentais, inclusive da gravidade.

"É verdade, a teoria das supercordas é o único jogador em campo, quando se fala de uma teoria unificada do tudo", declara Michio Kaku, professor de física teórica na City College, City University of New York. No livro *Hiperespaço*, o professor Kaku criticou o Modelo Padrão por ser "de difícil abordagem e esquisito demais" para ser um bom candidato à teoria do tudo. "A intenção é ter uma equação de 2 centímetros de comprimento que nos permita ler a mente de Deus", diz ele.

A proeza matemática de Witten desempenhou um papel crucial no desenvolvimento da teoria das supercordas. Fazendo uso de técnicas matemáticas revolucionárias, Witten conseguiu reduzir um ema-

215

THINK!

ranhado confuso de cinco teorias para uma única e elegante teoria. O matemático britânico Michael Atiyah escreveu que a habilidade de Witten para "interpretar idéias físicas em equações matemáticas é singular". Witten recebeu a prestigiada "genius" Fellowship* e a medalha Fields, o equivalente ao Prêmio Nobel da matemática. Keith Devlin compara Witten com Newton, em uma coluna para a Mathematical Association of America: "Da mesma forma que questões da física levaram Newton a conceber novas formas matemáticas com amplas conseqüências e muitas aplicações bem além do campo da física, assim também a matemática de Witten tem sido de tal profundidade e originalidade (e, aliás, de uma dificuldade à altura de poucos de seus pares) que certamente encontrará outras aplicações."

O próprio Witten chamou a teoria das cordas de física do século XXI que caiu, acidentalmente, no século XX. Mas são as dimensões extras que a teoria requer que costumam provocar ataques em muitos cientistas e leigos. Supostamente, as dimensões extras, além das três espaciais e uma temporal com as quais convivemos diariamente, estão compactadas dentro do espaço observável. Durante uma entrevista transmitida pela Public Broadcasting System's *Nova***, Witten disse que a vantagem das dimensões extras é a habilidade de "descrever todas as partículas elementares e suas forças, e ainda a força da gravidade". Para os físicos, isso é um ganho e tanto, mas... será que é real? Witten diz que a teoria pode ser interpretada literalmente, ou seja, as dimensões extras existem de fato. Ele também discorda da acusação feita por defensores do Modelo Padrão, que afirmam que a teoria de supercordas não é passível de ser testada. Witten afirma que um aspecto dessa teoria, a supersimetria, decididamente é.

---

*"Bolsa Gênio", prêmio de 500 mil dólares dado a pesquisadores por seu potencial criativo e inovador. (*N. da T.*)
**Canal científico da rede de televisão PBS. (*N. da T.*)

216

GRANDES PENSADORES

Por mais bizarra, abstrata e ilógica que a teoria das supercordas pareça ser, há um precedente muito bem fundado para a elegância matemática que ela incorpora, indicando o caminho para fatos sobre o universo físico. Einstein usou apenas a matemática, principalmente na relatividade geral, para chegar a insights profundos sobre a natureza do universo físico. Muitos dos prognósticos sobre a relatividade só seriam confirmados anos mais tarde. Da mesma forma, fazendo uso do raciocínio matemático e crítico, físicos primeiro formularam a mecânica quântica para, depois, encontrarem evidências que corroborassem muitas de suas bizarras implicações, como o princípio da incerteza. Essas e outras descobertas-surpresa parecem comprovar a crença de Newton no fato de a linguagem do universo físico ser expressa em números. Na ausência de evidência ratificante, Witten leva em conta que a teoria das cordas possa estar errada, mas, se estiver errada, diz ele, "pareceria uma conspiração cósmica".

PELO FATO DE VIVERMOS na era da informação digitalmente codificada, de podermos embarcar em um avião e desembarcar em qualquer lugar do mundo, apenas algumas horas depois, de sermos capazes de abrir o peito de um paciente e restabelecer as artérias de um coração doente, parece-nos que conseguimos extrapolar as habilidades de pensar crítica e criativamente de todas as civilizações das eras que nos antecederam. Em vista da pequena reflexão sobre grandes pensadores do passado, podemos concluir que essa opinião é ingênua, para não dizer ilusória. Hoje em dia, uma grande faixa da população, inclusive entre os chamados "estudados", tem colocado a mente em "modo de espera". Emoções parciais e intuição instantânea dominam a vida da mente, por assim dizer. Mais e mais pessoas confiam no politicamente correto ou no conhecimento recebido e ideologicamente corrompido, que, na

THINK!

verdade, não passa de propaganda sofisticada. Não há dúvida de que eu não seria capaz de alcançar a profundidade técnica e a magia artística do pensamento crítico e criativo de Newton, Shakespeare ou Witten. Mas posso me livrar dos diversos dogmas que me regem e começar a pensar o melhor possível. O elemento que diferencia os grandes pensadores aqui analisados não é, necessariamente, a genialidade – houve e há pessoas extremamente inteligentes, mas nem todo mundo chega a se tornar um Mozart ou Frank Lloyd Wrigth. O que há de singular nessas pessoas é um insaciável desejo de conhecimento, e uma autodisciplina e ímpeto inextinguíveis para fazer bom uso desse conhecimento.

Pensadores motivados são bons pensadores.

TERCEIRA PARTE

SOLUÇÕES

CAPÍTULO 9

Quem não pede não ganha:
o retorno à disciplina e aos padrões

"Tenho uma foto da Stephanie, a garota da Playboy, *pendurada na parede porque eu a acho gostosa. As gêmeas Barbie também são muito bonitas. Na verdade, foi minha mãe que arranjou as fotos para mim. Ela sabe do que eu gosto. Quando nos mudamos, meu quarto era muito sem graça. Ela queria que eu o decorasse." (Ari, 13 anos, Encino, Califórnia)*

"Muitos dos pais dos meus colegas não se importam com os filhos. Eles simplesmente os deixam passear pela cidade, acompanhados por babás ou motoristas. Sinto pena deles, porque acho que jamais terão um relacionamento de verdade com os pais. Acho que praticamente todas as crianças da minha escola são assim, porque os pais trabalham a maior parte do tempo. Elas não recebem atenção dos pais e, por isso, não sabem o que é certo e o que é errado." (Alison, 13 anos, Santa Monica, Califórnia, que tem o acompanhamento de um personal, *motorista, conselheiro e nutricionista)*

Os trechos citados são do livro *Fast Forward, Growing Up in the Shadow of Hollywood*, de Lauren Greenfield, um ensaio fotográfico fascinante e desconcertante, documentando a forma como a juventude do sul da Califórnia procura emular a riqueza, imagem e celebridade.

THINK!

No prefácio, Greenfield afirma que começou contando uma história sobre sua cidade natal, Los Angeles, mas logo se conscientizou de que a história da perda precoce da inocência, numa sociedade saturada pela mídia, ultrapassaria Los Angeles. Ela escreve o seguinte:

> *As crianças dos bairros residenciais na periferia e das áreas urbanas, de cidades grandes ou pequenas, compartilham uma paisagem cultural (e, freqüentemente, arquitetônica) de shoppings, lojas de departamento, música, informação da televisão e da internet, salas de bate-papo, que modelam seus valores e visão de mundo. Graças a programas como* Sex and the City *e sua enorme popularidade entre os adolescentes, não é necessário ter nascido em Beverly Hills para conhecer e desejar Prada e Jimmy Choo.*

Os pré-adolescentes e adolescentes capturados pela talentosa lente de Greenfield são apêndices dos valores e dos estilos de vida dos adultos. Um menino comenta que seus amiguinhos parecem mais velhos do que os respectivos pais, quando crianças. A maioria dos pais está "se divorciando" ou "passando por um divórcio". Os filhos são cobertos de presentes, roupas, jóias, cerimônias extravagantes e amor, tudo a distância. É impressionante, mas, apesar de toda a cultura imagística adulta, nenhuma dessas crianças diz querer ser como os pais. Talvez esse seja o sinal mais positivo e edificante em um livro que, de resto, só nos passa a abjeta imagem da obcecada e crescente adoração da superficialidade, na sociedade norte-americana. A ironia, é claro, está no fato de que devemos colocar as esperanças de ver nosso país ser resgatado da iminente crise intelectual no bom senso libertador de nossa juventude, e não no dos adultos.

A tolerância parental prosperou graças, principalmente, à disseminação do modelo de educação liberal centrado na criança, promovido por uma série de psicólogos infantis, como o Dr. Benjamin Spock,

QUEM NÃO PEDE NÃO GANHA...

logo após a Segunda Guerra Mundial. Ann Hulbert afirma, no livro *Raising America: Experts, Parents and a Century of Advice about Children**, que "a permissividade pós-guerra sobressai como um momento raro e breve, durante o qual o lado 'gentil' reinou, embora fosse constantemente alvo de críticas". Raro? Hulbert não oferece nenhum dado real para justificar sua posição, além do que há uma série de evidências estatísticas e relatos que comprovam que a abordagem flexível na educação infantil continua reinando absoluta. Hoje em dia, esse tipo de abordagem não tem conotação política, pois é praticada por pais que se identificam tanto com a esquerda quanto com a direita.

É difícil conseguir uma imagem nítida, na sociedade norte-americana, de quanto os pais negligenciaram os deveres tradicionais na educação. Há áreas indefinidas, e muitos pais certamente procuram orientar os filhos tanto quanto nas gerações anteriores, cheios de grandes expectativas para o futuro deles. Por outro lado, o já mencionado declínio nas habilidades matemáticas, de leitura e de resolução de problemas entre alunos norte-americanos é uma evidência clara de que o ambiente doméstico está sendo deixado de lado. Garotos passam 13 horas por semana brincando com videogames e outras 25 assistindo à televisão! Pelo visto, para conseguirem fazer os deveres de casa, estão se tornando tão bons na execução de tarefas múltiplas quanto os pais. Uma pesquisa de opinião pública de 2001, realizada pela revista *Time* e pela CNN, revelou que 80 por cento dos norte-americanos acreditam que as crianças são mais mimadas do que há dez, 15 anos. Trinta e cinco por cento dizem ser mais permissivos com os filhos do que seus pais haviam sido, enquanto 75 por cento afirmam que as crianças têm menos obrigações domésticas do que há dez, 15 anos. Quarenta e

---

*"Educando os Estados Unidos: especialistas, pais e um século de conselhos sobre as crianças." (*N. da T.*)

THINK!

oito por cento dos entrevistados afirmam que os filhos desempenham um enorme papel nas decisões familiares diárias.

Como ilustrado pelas citações anteriores, um dos motivos palpáveis para o excesso de mimos é a riqueza da sociedade norte-americana. Os Estados Unidos deveriam ter um sentimento confortável e livre de culpa no que se refere à sua fartura. Como disse Abraham Lincoln: "Acredito que a vida terá valido a pena se tivermos conseguido melhorá-la." (Há, pelo menos, um estudo que conclui que a recompensa monetária melhora o pensamento crítico de uma empresa.) A prosperidade é boa, mas os valores que a produziram são melhores ainda. E não estou falando de riqueza exacerbada, mas da afluência confortável do profissional norte-americano de classe média, com três carros e uma casa de cinco quartos. No passado, pais, professores e demais adultos incutiram nas crianças a relação entre o conforto e a riqueza da sociedade norte-americana e os padrões acadêmicos, profissionais e expectativas em geral. Hoje, a linha que faz essa conexão está extremamente desgastada. Além disso, está claro que foram os adultos, em particular a geração *baby boomer*, que promoveram, seja pela indiferença ou pelo encorajamento ativo, os valores e comportamentos superficiais, obcecados com a imagem, materialistas, antiintelectuais que se disseminaram na sociedade. Da mesma forma, está claro que a tarefa de reinstituir os padrões e a disciplina, dos quais dependem as habilidades de pensar com nitidez e o modelo de vida norte-americano, ficará a cargo dos pais e professores. Cabe aos adultos incutir nas crianças a natureza tênue da "boa vida". As crianças cederão à fantasia, se isso lhes for permitido, porém, muitas parecem compreender melhor do que os adultos que o mercado para divas, supermodelos e estrelas da música pop é, na verdade, muito pequeno.

É de conhecimento geral que crianças não só precisam de padrões e regras para crescer de forma saudável social, ética e intelectualmente,

QUEM NÃO PEDE NÃO GANHA...

mas que elas desejam isso. A relevância desses padrões e regras para o desenvolvimento da capacidade de pensar criticamente reflete-se no papel que eles desempenham no ensino de bons hábitos de estudo e trabalho, na inspiração para sobressair-se e na aquisição de uma ampla e eclética base de conhecimentos. Qualquer padrão é revestido de um método de avaliação que confere ou nega aprovação, elogio e recompensa. Como um *baby boomer*, atingi a maioridade numa época em que ainda se usava, como meio de punição, uma surra em casa e a régua na escola. Não, não estou defendendo a volta ao castigo físico. Mas, pensando bem, o pavor pelas graves conseqüências dos nossos atos não feriu nossas psiques para todo o sempre. Cresci num bairro tipicamente de trabalhadores, em Flint, estado de Michigan, numa rua que tinha, em média, de três a quatro crianças por casa. Meu pai era muito severo: os afazeres domésticos deviam ser feitos corretamente, havia uma vestimenta apropriada para cada ocasião, não se tolerava notas inferiores a sete no boletim escolar. Nunca desisti de qualquer atividade desportiva que tivesse abraçado por vontade própria, mas tenho certeza de que, se desistisse, precisaria me explicar. Não que meus pais me forçariam a participar de algo que me fizesse infeliz, mas eles certamente gostariam de saber o motivo. Certos interesses infantis têm vida curta e o fato de saber que os pais se interessam encoraja a criança a enfrentar riscos e não desistir diante do primeiro obstáculo. Tudo isto pode parecer clichê e extremamente antiquado, mas analise sob o seguinte prisma: como você, seus filhos também sonham. Você conseguiu alcançar todas as suas metas? De certa forma, gostaria que meus pais tivessem sido ainda mais severos. Acredito que seja uma lição muito válida e realista ensinar aos filhos, desde cedo, que nada é fácil ou automático (mesmo que pareça ser), e que para se destacar no que quer que seja, eles terão de trabalhar e se esforçar muito mais do que jamais imaginaram.

THINK!

O lema do meu pai era (não é por nada que tenha sido parodiado) "Se você pretende fazer algo, faça-o bem-feito". Não me punia com uma surra quando eu fazia algo errado (os sermões do meu pai já eram apavorantes o suficiente), mas muitos dos meus amigos sofreram esse castigo. Curiosamente, não me lembro de nenhum deles falando de forma desrespeitosa dos pais. A única pessoa que constantemente ridicularizava e zombava dos pais era um menino cujo pai queria ser seu colega. Ele costumava caçoar do filho e chamá-lo de bobo, enquanto o garoto freqüentemente se referia a ele como "Ed gorducho".

Não tenho a pretensão de ser um psicólogo infantil, mas parece-me que, ao quererem se tornar amigos da criança ou consultores de auto-estima, os pais abrem mão do mais importante papel na formação dos valores e do caráter dos filhos – o de mentor, de guia e de autoridade. Em filmes tradicionais, o herói sempre se depara com um sábio mentor, que lhe transmite certo conhecimento antes de sua partida – pense em Obi-Wan Kenobi e Luke Skywalker em *Guerra nas Estrelas: Uma Nova Esperança*. Roteiristas já se conscientizaram, há tempos, de que a estrutura psicológica do modelo narrativo encontra-se no fato incontestável de que uma geração mais velha tem conhecimento e experiência para passar para uma mais nova. Sem sabedoria e conhecimento das regras, o jovem aprendiz é atormentado pela dúvida, incapaz de agir com confiança e sujeito a tomar as decisões erradas e se perder.

Ao admitirmos o retrocesso nos padrões e na disciplina necessários às crianças para se desenvolverem de forma saudável, talvez um dos primeiros problemas a enfrentar seja a relutância de muitos adultos e pais em crescer. Não estou sendo irreverente. O que mais seria a relutância em usar os poderes que lhes foram conferidos para uma boa causa, do que um sinal de imaturidade?

QUEM NÃO PEDE NÃO GANHA...

Na faculdade, fui a uma palestra de Ralph Nader*. Não me lembro de muito do que disse, exceto sua observação sobre a vida universitária como um período de "adolescência prolongada". O comentário recebeu longo aplauso e aprovação, mais incentivando essa vantagem da universidade do que concordando com a crítica implícita. É possível que Nader tenha sido presciente em sua colocação. Os *baby boomers* foram a primeira geração na história da humanidade que se livrou da onerosa tarefa de crescer. "Estaremos extintos antes de enferrujar, meu bem", e "mais poder para nós". Por outro lado, nós (e a geração X nos nossos calcanhares) também teremos de resolver algumas coisinhas. Instituir padrões, ser um exemplo a ser seguido e tornar-se um mentor exigente é gratificante, mas também pode ser muito trabalhoso. As crianças podem fazer cara feia e tornar-se visivelmente infelizes. Pais podem sentir essa dor, embora saibam que não lhes fará mal. Ao usar a sabedoria de forma aberta e eficiente, pais, por outro lado, podem parecer enfadonhos, irritantes e velhos – o que são, de fato. Isso, naturalmente, não é agradável, mas é uma experiência pela qual nossos pais e milhares de gerações anteriores passaram sem deixar de considerar gratificante. Creio que o que conforta é saber que se está fazendo a coisa certa *e* ainda ser capaz de ganhar do filho no jogo de basquete.

O medo de crescer, ou de perder o amor e o respeito do filho, ou, simplesmente, a escolha pelo caminho de menor resistência, levou muitos pais a preferir tornar-se um amigo do filho, em vez de guia e mentor. Como foi demonstrado pela mãe que comprou o pôster da garota da *Playboy* para o quarto do filho de 13 anos, a preocupação primordial desses pais é fazer os filhos felizes e construir a "auto-estima" deles. Naturalmente, isso implica oferecer às crianças prazeres e

---

*Pioneiro dos direitos do consumidor, na década de 1960. (*N. da T.*)

Think!

confortos materiais, e não exigir que alcancem certas metas e cumpram com seus deveres. O resultado líquido disso é uma geração de adultos que mudou o significado tradicional do relacionamento entre pais e filhos, adotando as práticas de educação mais relaxadas e permissivas na história da educação infantil moderna.

No programa da CNN *Talkback Live**, que foi ao ar pouco depois da publicação da pesquisa da revista *Time* e da CNN, em 2001, alguns participantes vieram na defesa dos métodos atuais de criação e dos filhos que são moldados por eles. Algumas das respostas foram esclarecedoras. Por exemplo, Wendy Coles, uma correspondente de Chicago que foi entrevistada durante a pesquisa, ao ser questionada sobre a tendência de alguns pais "consultarem" os filhos, em vez de darem ordens, respondeu: "É verdade, as crianças não recebem mais tão freqüentemente um 'não' como resposta. Mas elas respondem 'não' com mais freqüência (...) o fato de elas serem mais ouvidas e de um tipo de inteligência emocional estar se desenvolvendo nesta geração pode demonstrar que isso não é de todo errado."

Muito obrigado, Wendy. Em outras palavras, enquanto os pais estiverem fomentando a inteligência emocional, as habilidades socializantes, e um tipo de ensino associado à inércia e à relação com os sentimentos, não há com que se preocupar. Pelo menos, é gratificante ouvir alguém associando diretamente os métodos de criação dos pais de hoje com o tipo de inteligência, digamos, que está sendo estimulado. Tenho certeza de que profissionais da Ásia a Índia e outros lugares com especialização técnica terão imenso prazer em suprir nossas necessidades de pensamento crítico e criativo, enquanto nossos filhos cuidam da parte "emocional" do negócio, do governo, da educação, o que quer que isso possa ser.

---

*Programa ao vivo com a participação dos ouvintes. (*N. da T.*)

QUEM NÃO PEDE NÃO GANHA...

Outro convidado do programa, Shepherd Smith, do Institute for Youth Development*, atribuiu o alarmismo gerado pela pesquisa à idéia de que, "antigamente, tudo era melhor": "Creio que devamos contextualizar os fatos. Cada geração acha que a de seus filhos tem mais e é mais mimada. Se você voltar à década de 1930 e der uma olhada no que foi escrito sobre os jovens adolescentes de então, eles também não viam o trabalho duro como uma virtude, eram materialistas e, ainda assim, alguns anos mais tarde, acabariam salvando o mundo da opressão da Segunda Guerra Mundial."

Bom seria se tudo fosse tão claro nos dias de hoje. A globalização criou um novo cenário político-social, no qual ninguém é um inimigo declarado, mas todos competem entre si. Nessa competição, o único pré-requisito e habilidade primária exigida é conhecimento. O que nenhum dos convidados do programa parecia estar disposto a analisar eram as diferenças *mensuráveis* – não só perceptíveis – entre a geração atual de jovens e as anteriores no que se refere ao conhecimento, aptidões e valores. Como anteriormente observado, a habilidade para resolver problemas, compreensão de texto, habilidades matemáticas e de redação retrocederam, comparando-se com outros países industrializados. Além disso, alguns professores universitários notaram uma mudança de atitude na geração do milênio (os nascidos após 1980) em relação ao ensino e ao trabalho, tendo sempre em mente a assistência e a idéia de que tudo é negociável. ("Estou na internet, mãe, posso ficar mais uns vinte minutos?") Claire Raines escreve sobre as diferenças entre as gerações e afirma que a do milênio foi criada por pais que "intercediam por eles, reclamavam com os professores as notas no bole-

---

*IYD – Instituto de Desenvolvimento dos Jovens, organização que transmite à juventude mensagens de bom senso, procurando alertá-las do perigo dos cinco comportamentos de alto risco envolvidos diretamente com violência, sexo e consumo de álcool, drogas e cigarros. (*N. da T.*)

THINK!

tim, negociavam com os técnicos da escolinha de futebol e vinham para a universidade com suas acusações". Leo Hoke, professor na University of Tampa e autor do artigo "Ensinando a Geração do Milênio: Precisamos de uma Mudança de Paradigma?", observa que, quando esses alunos entram na universidade, eles esperam que os adultos os livrem das encrencas em que se metem.

O que aconteceu com o ditado "aprende-se fazendo"? Há alguns anos, um comercial muito divulgado mostrava Michael Jordan jogando basquete sozinho, dentro de um ginásio. Através da voz de Jordan, em *off*, os espectadores vêm a saber dos milhares de lances e jogos *perdidos*. O comercial, que tinha como objetivo principal vender sapatos, concluía com uma expressão semelhante a "tenha coragem de tentar". Talvez isso valesse para os pais de hoje. Tenha coragem de deixar seu filho errar, de dizer "não". Tenha coragem de puni-lo quando ele se porta mal, de desligar a televisão, de obrigá-lo a ajudar com os afazeres domésticos, de arrancá-lo do computador e colocá-lo para sentir o frio de um dia de inverno, de inverter o mundo dele e estabelecer suas prioridades. O escritor Robert Keegan fornece algumas dicas estratégicas magníficas, em seu livro *In Over Our Heads*.

> *O que [...] está faltando é a necessidade que uma criança tem de pais que consigam exercer o poder em prol de convicções, controlar, sentir-se indignado por justa causa, e até se expressar em situações de revolta moral (virtude enaltecida pelos gregos e, vergonhosamente, em escassez em todos os níveis da vida norte-americana). Poder, autoridade e controle são palavras que desagradam a maior parte das pessoas, principalmente quando se trata da criação dos filhos, que tem a ver, acima de tudo, com amor. Mas, talvez, a criação amorosa e eficiente de um rebento de 10 anos inclua a capacidade de ser um executivo competente, que dá à criança a segurança de que aquele que está no comando acredita em algo e é capaz de lutar pelo que acredita.*

QUEM NÃO PEDE NÃO GANHA...

Assegurar uma criança continuamente de que ela é boa a fim de impulsionar sua auto-estima não é um ato de amor, e sim de sabotagem. Cedo ou tarde, quando se comparar ao resto do mundo, ela descobrirá que tem mais dificuldades para se recuperar, que é menos talentosa musicalmente e que sua redação é catastrófica. Obviamente, os pais não devem desencorajar, mas precisam manter-se realistas. Uma nota baixa merece uma análise, não uma comoção. A criança fez o dever de casa? O que, exatamente, lhe falta? Nem sempre ela está atrás de encorajamento e, se for isso que ela costuma receber, não tardará a suspeitar de que os elogios sejam falsos – e são. Da mesma forma que permitir que a criança determine o que fará com o próprio tempo não é um método moderno de dar-lhe poderes e de incentivar um senso de responsabilidade, como alguns pais acham. Trata-se de um ato de indiferença.

Uma das maiores diferenças entre o modo como as crianças são educadas hoje, em comparação com os *boomers* e os da geração X, é que elas passam muito menos tempo brincando livremente enquanto crescem. Ouve-se com freqüência que "as crianças não brincam mais fora de casa", e isso não é uma constatação errada, é um fato. De acordo com uma estatística, 80 por cento dos pais acham que seus filhos passam menos tempo fora de casa do que quando eles eram criança. Um estudo citado em artigo escrito por Joan Alman, para a Waldorf Early Childhood Association of North America*, descobriu que, em vinte anos, as simples brincadeiras infantis ao ar livre decaíram em 50 por cento. Grande parte das pesquisas realizadas no decorrer dos anos descobriu uma forte relação entre os jogos criativos e o desenvolvimento das habilidades lingüísticas, cognitivas e de raciocínio aplicado. No artigo intitulado "Play's the Thing"**, na re-

---

*Associação para a Primeira Infância da América do Norte, em Waldorf. (*N. da T.*)
**"Brincar é que é o barato." (*N. da T.*)

231

Think!

vista *New Scientist*, o biólogo evolucionista Robert Barton, da University of Durham, sugere que o estímulo criado pela brincadeira é essencial para desenvolver adequadamente o cérebro humano: "Acredito que esteja relacionado ao aprendizado e é provável que tenha a ver, especificamente, com a importância do que o neocórtex e o cerebelo apreendem do entorno durante o crescimento." Se é esse o caso, por que as crianças estão brincando menos? Os maiores culpados são o computador, muito tempo dedicado a atividades extras, falta de espaço para brincar e (acredite ou não) perigo. Na verdade, há apenas um culpado: o pai ausente ou permissivo.

Dependendo de quando e onde você cresceu, pode até se lembrar de uma infância repleta de brincadeiras com crianças brincando com outras crianças. Na minha vizinhança, as crianças se encontravam depois do jantar para jogar baseball, chutar latinhas, ver quem conseguia ficar mais tempo com a roda dianteira da bicicleta no ar, pular corda, andar de skate. Acampávamos no quintal, escavávamos para achar minhocas e andávamos de bicicleta. Éramos crianças melhores, não é? Não, não éramos. Nossos pais não só nos encorajavam a brincar, mas chegavam a nos ameaçar, se não brincássemos. As casas eram menores, e as crianças enervavam os pais. Ainda me lembro das palavras enfáticas de minha mãe: "Quero você fora de casa, e já!" e a vejo correndo atrás de mim (não se preocupe, era de brincadeira) com a vassoura na mão. Nas casas mais espaçosas de hoje em dia, pais dificilmente terão de se abaixar para evitar uma descontrolada miniatura de asa-delta ou tropeçarão numa Barbie. Pais e filhos podem, convenientemente, ignorar uns aos outros.

É claro que não se precisa, necessariamente, brincar ao ar livre. O arquiteto Frank Lloyd Wright prestou uma homenagem aos "blocos de montar" e outros jogos e trabalhos manuais com que brincava e se distraía quando criança, ao dizer que eles estimularam

232

QUEM NÃO PEDE NÃO GANHA...

seu interesse em projetar formas sólidas. Jogos de tabuleiro e atividades que exercitem o cérebro, a visão e o tato são abundantes – estamos vivendo no auge de uma civilização que inventa e projeta novos brinquedos criativos. Parece-me, no entanto, que as crianças de hoje correm grande perigo de distanciar-se da "materialidade" do mundo ao seu redor. O renomado biólogo de Harvard, E. O. Wilson, afirma que seu desejo de seguir a carreira de cientista deveu-se ao tempo em que observava as formigas, quando criança, e à descoberta da fascinante ordem social em que viviam. O ar livre é um espaço em que a mente respira, um armazém do desconhecido e da aventura. Para mim, o ar livre é sinônimo da expansão do pensamento, inclusive do pensamento lateral, e da descoberta de conexões escondidas nos incontáveis quebra-cabeças da vida. A meu ver, é essencial para a saúde mental. E, mesmo assim, o estilo de vida tipicamente norte-americano é tão limitado às quatro paredes que chega a ser uma raridade ver alguém caminhando na rua. As crianças estão ficando cada vez mais trancadas e reclusas, vivendo no espaço restrito dos quartos, carros e shoppings.

Não se trata de um acidente. Os pais abriram mão do direito de intervir. Isso não significa que deixaram de reclamar do tratamento cruel ao qual os filhos são submetidos nas mãos de professores, técnicos e outros adultos; mas deixaram, isso sim, de exigir que os filhos façam algo. Nos bairros mais pobres no centro da cidade, é claro que as crianças têm outros problemas além de encontrar coleguinhas para formar um time de baseball. Recentemente, alguns líderes afro-americanos se juntaram numa versão jamais antes vista do "eu o desafio". Eles se atreveram a chamar a atenção da comunidade afro-americana para as conseqüências da falta crescente do envolvimento dos pais na criação dos filhos, da disciplina e de padrões morais. O ator e comediante Bill Cosby debruçou-se com

Think!

uma ira contida sobre o tema, durante uma convenção do NAA-CP*, de 2004.

> *Estou falando dessas pessoas que começam a chorar ao ver o filho com uniforme de presidiário. Onde você estava quando ele tinha 2 anos? Onde você estava quando ele tinha 12 anos? Onde você estava quando ele tinha 18 e como é que você não sabia que ele tinha um revólver? E onde está o pai dele? [...] A igreja só abre aos domingos e você não pode continuar pedindo a Jesus para fazer as coisas por você. Você não pode continuar dizendo que Deus achará uma solução. Deus se cansou de você [...] Gente andando com as abas dos bonés para trás e as calças arriadas até o rego, será que isso não é sinal suficiente ou você está esperando que Jesus levante as calças dele [...] Jogadores de basquete – multimilionários, não conseguem ler nem um parágrafo sequer. Brown contra a Secretaria de Educação**: onde estamos hoje? Eles abriram caminho, mas o que foi que nós fizemos com isso? Aquele homem branco, ele está rindo. Ele tem de estar rindo: 50 por cento abandonam as escolas, os outros 50 estão presos.*

Eu não estou rindo. Numa mídia nacional que imprime praticamente cada palavra proferida por Jesse Jackson, gostaria que o discurso de Cosby tivesse recebido uma cobertura mais ampla. Quem sabe, teria provocado um debate nacional tão necessário. Tenho uma perspectiva pessoal sobre a mensagem de Cosby. Houve um tempo em que eu dava aulas de recuperação de matemática, durante algumas horas

---

*National Association for the Advancement of Colored People – Associação Nacional para o Progresso da Comunidade Negra, organização de direitos civis para as minorias étnicas dos Estados Unidos. (*N. da T.*)

**Em decisão histórica de 17 de maio de 1954, a Suprema Corte dos Estados Unidos, por unanimidade, determinou a inconstitucionalidade das escolas públicas segregadas, afirmando que "instituições educacionais separadas (para brancos e negros) são inerentemente injustas". (*N. da T.*)

QUEM NÃO PEDE NÃO GANHA...

por dia, numa prisão em Miami. Noventa por cento dos presos eram negros. O programa desenvolvido pelo governo não passava de um jogo para eles, um meio de ganhar algum dinheiro extra e sair da cela algumas horas a mais por dia. Não demorei a perceber que aqueles jovens nunca haviam tido pai, que haviam sido, literalmente, postos na rua desde cedo, para sobreviver por si mesmos.

Mais de cinqüenta anos após Rosa Parks andar na parte dianteira do ônibus*, quarenta anos após as leis de Direitos Civis, trinta anos após os primeiros programas de ação afirmativa, os Estados Unidos continuam tendo de lidar com uma epidemia de crimes e com a pobreza nas comunidades afro-americanas, conseqüência da falta de envolvimento dos pais e do ensino deficiente. Afirma David Brooks, em artigo publicado no *New York Times Magazine*: "Pessoas sem habilidades realmente *têm* perspectivas limitadas." Não há dúvida de que ainda haja causas institucionais para tal disparidade, mas cresce o número de educadores, sociólogos e até mesmo de afro-americanos que se conscientizam de que a raiz do problema é cultural. Cabe aos próprios afro-americanos melhorarem seu padrão socioeconômico. Uma unidade familiar estável é condição primária para que "todas" as crianças aprendam valores, bons hábitos de estudo e de trabalho, e habilidades superiores de pensar e de raciocinar dentro de certo padrão moral.

A intervenção firme e contínua dos pais é um ingrediente essencial para o sucesso da criança na escola. Os benefícios transmitidos pelos pais que se envolvem na vida dos filhos vão além do controle do dever de casa. Caroline Hoxby, de Harvard, por exemplo, encontrou evidências convincentes de que o papel dos pais e a habili-

---

*Rosa McCauley, costureira negra norte-americana, casada com Raymond Parks, membro do NAACP, tornou-se símbolo do Movimento Americano pelos Direitos Civis ao sentar-se na parte dianteira de um ônibus, reservada aos brancos, e recusar-se a cedê-lo a um branco, em 1º de dezembro de 1955. (*N. da T.*)

THINK!

dade que têm de influenciar a companhia dos filhos são fatores importantíssimos para o sucesso acadêmico. Crianças cujos amigos valorizam o sucesso acadêmico tendem a ter prazer quando são bem-sucedidos na escola. Visto o papel-chave desempenhado pela criação dos pais no sucesso acadêmico e na evolução das habilidades mais refinadas do pensamento, eles não podem continuar com a mesma abordagem rotineira, se quiserem que o país tenha alguma esperança de manter o presente padrão de vida até o próximo século. Não há dúvida de que muitos pais compreendem a necessidade de tornarem-se melhores mentores para seus filhos, embora não saibam bem como agir. Também está claro que vivemos em uma sociedade na qual a educação autoritária não é bem vista. E é provável que uma educação autoritária, na qual não há abertura para debater as decisões, jamais tenha sido a "melhor" forma de criar um filho. Uma educação altamente eficiente, no entanto, ainda requer um pai que seja uma autoridade, que exerça essa autoridade. A diferença é sutil, mas importante.

Um estudo, conduzido por Patrick Leman e Tanja Kragh-Muller, da University of London, afirma ser uma questão de estilo. Quando uma criança pergunta por que não pode fazer algo, pais autoritários responderão: "Porque eu disse para não fazer"; já pais com autoridade enfatizarão a igualdade no universo moral: "Porque você não gostaria que eu fizesse isso com você." Pais permissivos focarão nas conseqüências que os atos terão para outros: "Vai machucá-la." Pais autoritários não dão uma razão, deixando a criança sem uma bússola moral além deles próprios, para guiar seu comportamento futuro. O raciocínio dos pais permissivos envolve a perspectiva de uma terceira pessoa, um dado que uma criança de 5 anos geralmente não consegue captar. Pesquisadores concluíram que uma criação permissiva não promove o desenvolvimento moral. O aspecto da igualdade do certo e errado para todos, enfatizado no raciocínio de pais com autoridade, é lógico, até mesmo para uma criança. Estudos demonstram que as técnicas usadas por pais que demonstram autoridade estão associadas a habilidades infantis mais avançadas de raciocínio moral.

Visto ser o método mais lógico – enfatizar uma aplicação igual para todas as regras –, a criação com autoridade pode obter os melhores resultados das crianças, mas também é o método mais complicado. Ao usar esta abordagem, como você pode mandar seu filho assistir menos à televisão, se você assiste no mínimo tanto tempo quanto ele? Certamente, não faria mal aos adultos assistirem menos à televisão. Mas, moralmente falando, os adultos têm mais "direito" a realizar certas atividades que não são apropriadas para seus filhos. Afinal, são os adultos que sustentam a casa. As regras não são sempre iguais. A melhor alternativa, na maioria desses casos, é uma posição autoritária.

Às vezes, os resultados justificam os meios. Se, como os pais costumam dizer, a medida do próprio sucesso está no filho brilhante, inteligente e criativo, responsável ética e moralmente que têm, eles terão mais sucesso sendo um pouco autoritários do que extravagantemente permissivos. A questão fundamental é tornar-se um mentor melhor para seu filho, não um amigo melhor. Pais não podem, simplesmente, deixar que seus filhos organizem a própria agenda. Eles devem se acostumar novamente ao método de intervenção agressiva. Eis um plano bem simples: diga a seu filho que as coisas vão mudar, e parta para a primeira medida, que é tomar controle da televisão e do computador. Se você, adulto, também assiste demais à televisão e não consegue se fazer valer pelos próprios atos, utilize a abordagem autoritária com a seguinte lógica: "Se eu tivesse de começar de novo, mudaria muitas coisas. Quero que você seja melhor do que eu."

Think!

Seus filhos, como minha mãe costumava dizer, um dia lhe agradecerão.

A MAIORIA DE NÓS SE LEMBRA de um ou dois professores prediletos. A personalidade e o estilo desses educadores diferem, mas há uma coisa que todos parecem ter em comum, que é o desejo de se sobressaírem. Alguns, como o personagem de Robin Williams, no filme *Sociedade dos poetas mortos*, podem ser inspiradores. Tive a sorte de ter um professor assim, na sexta série, na escola St. John, em Fenton, Michigan – o professor Smith. Ele era jovem, provavelmente ainda não tinha chegado aos 30, e começou a dar aulas em nossa pequena escola após haver viajado por outros países. Esse conhecimento do mundo não transparecia de forma arrogante, mas na sua presença de espírito e jeito fácil e confiante. Lembro-me de certa rispidez em sua atitude. Era uma pessoa acessível, divertida e até companheira, mas, se você ousasse ultrapassar a fronteira do respeito, imediatamente, era colocado no devido lugar. Ele sempre suspeitava se alguém estivesse se gabando, algo bastante normal no sexto ano. Para conseguir arrancar um elogio dele, havia que se afirmar. Mesmo assim, independentemente das críticas e das repreensões, sabíamos que era justo e inteligente, e que se importava conosco. Ele costumava escrever uma lista de vocabulário no quadro-negro, semanalmente, com palavras como "ofuscar" e "lacônico", cuja existência desconhecíamos. Sob sua tutela, tornamo-nos leitores compulsivos, chegando a competir entre os colegas e lendo um ou mais livros por semana. E isso foi antes de Harry Potter, claro, quando as bibliotecas escolares e clubes de livros não tinham muitas obras escritas especialmente para o público infantil. Nossa lista de leituras incluía H. G. Wells, Mark Twain, Robert Louis Stevenson, Hart Crane, Jules Verne, J. D. Salinger e Ernest Hemin-

QUEM NÃO PEDE NÃO GANHA...

gway. Quando era dia de fazer uma apresentação oral do livro, parecia que estávamos num palco. O professor Smith, com o ponteiro na mão, ficava no fundo da sala, tecendo elogios ou críticas, ou fazendo comentários sobre a vida como era descrita no livro em questão. Ele nos convidava a analisar e questionar. Sem dúvida, foi nosso primeiro encontro com o pensamento crítico e com sua utilidade para trazer à tona significados e resolver problemas. Esse mestre também nos encorajava a buscar o conhecimento pelo conhecimento. Uma conversa sobre Zen ou Shakespeare levaria, de uma forma ou de outra, a uma discussão animada sobre a melhor pizza ou a um monólogo sobre a vida noturna de Chicago. Morávamos numa cidade pequena, mas o professor Smith mostrou-nos que o aprendizado poderia expandir nosso mundo infinitas vezes. Ele nos motivou a ter curiosidade e coragem; fez com que abríssemos os olhos e expandíssemos a mente para além do senso comum, das percepções imediatas; fez com que estudássemos muito mais do que achávamos necessário.

O professor Smith é uma raridade e, provavelmente, não deveria ser usado como padrão para julgar bons professores. Muitos dos meus melhores professores simplesmente sabiam a matéria, vinham preparados para dar a aula e tinham um método claro de comunicar e ensinar. Ainda me lembro do meu professor de álgebra, na primeira série do segundo grau, que estruturava as aulas em torno da resolução de determinada equação. O método nos levou, aos poucos, à solução de problemas cada vez mais difíceis, ensinando-nos a reconhecer as equações e suas possíveis soluções, por categoria, de modo semelhante a usar anatomia para identificar os animais. Meus professores de trigonometria e química lançavam mão de técnicas parecidas. Essas matérias não são fáceis, mas uma abordagem de ensino organizada e estruturada faz com que se tornem mais palatáveis e interessantes.

239

THINK!

Alunos (e, na verdade, pessoas em geral) precisam de certa estrutura para aprender de forma eficiente e serem bem-sucedidos. A mente humana parece necessitar de estrutura e organização para conseguir apreender novas idéias e informações. O material deve ser apresentado de forma sistemática; os conceitos, definidos; os exemplos, demonstrados e explicados. Todos os professores sabem disso, mas poucos, ao que parece, são capazes de fazê-lo. Uma vez, acompanhei uma aula de francês da minha filha. A professora mencionou algumas palavras novas, escreveu algumas frases aleatórias com as palavras novas no quadro, tentou fazer uma conversação com os alunos, voltou para o quadro para ilustrar a conjugação de determinado verbo, e começou a contar sobre sua recente viagem à França e sobre um mal-entendido que surgiu durante uma conversa com um garçom. Nenhuma estrutura, nenhum plano de aula, simples improvisação.

A predominância de *métodos instintivos* de ensino não ocorreu da noite para o dia. Ela tem sido institucionalizada por forças sociais e políticas, principalmente pela ênfase dada ao "acesso" e à inteligência igualitária, em detrimento da excelência, e pelo retrocesso na porcentagem de professores que dominam a matéria que estão lecionando – uma situação que pode ser mitigada pela determinação de que professores de matérias acadêmicas básicas sejam "altamente qualificados", dentro da política inclusiva da lei "No Child Left Behind".

Seria injusto difamar toda a classe contemporânea de professores. Havia professores ruins há trinta anos da mesma forma que há bons hoje, ganhando o salário honestamente, do jardim-de-infância à última série, nas escolas de costa a costa. No entanto, o descontentamento generalizado com o ensino escolar, nos Estados Unidos, alcançou um patamar mais elevado. O retrocesso no desempenho em matemática parece ter sido um indicador mais preciso de que o ensino vem se tornando cada vez mais socializado e relaxado. Alunos que fizeram o

QUEM NÃO PEDE NÃO GANHA...

SAT* em 2005 tiveram resultados ligeiramente melhores em matemática do que nos anos anteriores, mas, durante os últimos trinta anos, os resultados desse teste vêm demonstrando uma série de variações, aparentemente associadas a mudanças correlatas. Assim, atualizações no conteúdo, além das características do grupo demográfico selecionado para se tornar grupo de teste tornaram o exame pouco confiável como indicador do desempenho estudantil. A verdade é que existe um crescente consenso entre profissionais em geral e educadores de que aptidões específicas, como leitura, redação, cultura geral e matemática, encontram-se em franco declínio. "Alguns de nós nos convencemos de que o maior problema nos Estados Unidos é a situação das escolas", afirma Ed Broad, empresário e criador da Broad Education Foundation**, em artigo publicado no *New York Times*.

Os professores não são os únicos culpados. A abordagem desestruturada do ensino reflete-se nos livros didáticos de hoje.

– Você tem aula de geometria analítica este ano? – perguntei à minha filha, que está no segundo grau.

– O que é isso? – foi a resposta.

O pior é que ela tinha aula da matéria, mas não sabia. E não era culpa dela – não há nenhuma terminologia clara identificando as diversas subdivisões da matemática em seu livro. Parece que educadores foram eliminando muitos desses termos que soavam intimidadores demais. A melhor maneira de descrever aquele livro, bem como a maior parte de seus outros livros de ciências, seria "agradável para quem folheia" ou "fácil para a vista". Há muita cor, uma profusão de fotos e gráficos, inúmeras caixas de texto, mas pouca coerência na apresentação do material. As definições, que deveriam ser dadas no início do capítulo,

---

*Scholastic Aptitude Test – teste padronizado que permite a admissão em várias universidades dos Estados Unidos. (*N. da T.*)
**Fundação de Ensino Broad. (*N. da T.*)

são freqüentemente omitidas, ou ficam no apêndice. Tal omissão torna mais difícil qualquer futura discussão ou desdobramento, além do que os conceitos técnicos ficam vagos ou, até, sem sentido.

Saber algo sobre o processo de criação, publicação e aquisição dos livros didáticos por conselhos escolares é saber que se trata de um processo político. Geralmente, a produção de um livro-texto é supervisionada por uma comissão de educadores profissionais. Cada educador tem sua preferência, mas a tendência geral é enfatizar acesso irrestrito e igualitário à matéria, independentemente da aptidão, sexo ou raça do aluno. Para confundir ainda mais o processo, muitos professores ou educadores que se envolvem na produção do livro, ou na decisão de que livro deva ser usado, não são matemáticos, biólogos ou lingüistas profissionais – eles são, simplesmente, educadores. Aconselho os pais a participarem das associações de pais e professores, bem como dos conselhos escolares locais, para saberem mais sobre o processo de seleção dos livros didáticos e sobre os critérios usados.

Uma das revelações mais comuns e perturbadoras para os pais de hoje, algo que leva adultos a se consolarem entre si, é a limitação do conhecimento dos filhos. Muitos amigos meus estavam chocados ao descobrirem que as filhas, tão inteligentes em outros sentidos e prestes a ingressar no segundo grau, não sabiam a tabuada e tinham dificuldades com divisões mais elaboradas. Dizem que as calculadoras tornaram-se a mente do aluno para realizar essas tarefas. (Aparentemente, muitos pais têm dificuldade em argumentar contra a lógica do uso da calculadora, sem compreender, talvez, que essas habilidades matemáticas básicas fornecem aos alunos uma "percepção" mental para a aritmética, semelhante ao que a prática de escalas musicais faz para fortalecer a intimidade no instrumento. Uma causa plausível para esse fenômeno de "não sei nada" não são crianças menos inteligentes, mas uma diluição gradual e constante do conteúdo escolar, a fim de "nivelar o campo de

QUEM NÃO PEDE NÃO GANHA...

ação" e satisfazer as solicitações por uma educação igualitária. Há uma página da internet, com o título "Why Johnny Can't Add"*, que relata a história de um professor de ciências que levou aos alunos de primeira série do ensino médio uma prova de matemática aplicada a estudantes da terceira série do ensino fundamental, em 1932. Somente 25 por cento da turma conseguiram responder a todas as dez perguntas corretamente. Mas matemática não é a única matéria a sofrer uma cirurgia plástica nas escolas de hoje. A apostila de gramática dos professores de inglês ou foi parar no lixo reciclável ou está sendo ensinada de forma tão apressada, que se torna praticamente inaproveitável. A maioria dos alunos de segundo grau é incapaz de saber a diferença entre uma oração na voz ativa e passiva, entre um verbo regular e irregular, e também não faz questão de saber. Por exemplo, anotem mentalmente cada vez que um adolescente disser "If we had 'went' to the concert"**. Professores universitários e empregadores devem sentir calafrios ao pensar nos relatórios e memorandos que essa geração que desconhece a gramática estará redigindo em breve.

Escrevendo para a revista *Forbes*, Ben Stein oferece um breve e irônico relato sobre essa diluição do conhecimento e seu efeito adverso na competitividade norte-americana, dizendo, essencialmente, que já estamos caminhando nesse sentido:

Não espere que os alunos tenham conhecimentos básicos de matemática, química e física. Trabalhe com o sindicato dos professores e trate de emburrecer seus padrões de tal forma que as crianças consigam passar com honras, ainda que com um mínimo de esforço. Destrua o conhecimento sobre o qual está fundamentado o progresso científico, garantindo que tal

---

*"Por que o Joãozinho não sabe somar?" (*N. da T.*)

**Na oração em questão, em vez de o adolescente usar o particípio "gone", ele usa o pretérito perfeito "went". (*N. da T.*)

Think!

aprendizado seja restrito a alguns poucos, e espalhe ignorância e complacência entre os demais. Admire enquanto os Estados Unidos perdem a vantagem científica e competitiva para outras nações que fazem do embasamento de vasto conhecimento uma regra da sociedade.

O discurso radical de Stein não é de todo bazófia ultraconservadora. Da mesma forma que a riqueza e a prosperidade de uma família podem desaparecer de uma geração para outra, a história já demonstrou que a afluência e o poder de uma nação podem ser corroídos muito rapidamente, em até menos tempo do que o necessário para reeducar uma geração inteira. Mas o que fazer para tornar uma base de conhecimento abrangente o alicerce da sociedade norte-americana?

O que não faltam são idéias e grandes esquemas para melhorar o sistema educacional do ensino fundamental e médio norte-americano. Em 2003, doações e subvenções a escolas que atendem a esses níveis totalizaram 1,23 bilhão de dólares, superando o 1,1 bilhão destinado à educação superior, o que, certamente, é um progresso. Um dos maiores doadores, a "Bill and Melinda Gates Foundation", está investindo centenas de milhões de dólares no ensino, por ano, com o objetivo de converter escolas do ensino médio de grande porte em uma multiplicidade de escolas menores. A "Michael and Susan Dell Foundation", com valor patrimonial em torno de 1 bilhão de dólares, doou grandes somas de dinheiro à Teach for America, instituição que encontra colocações para recém-graduados darem aulas em escolas, nas áreas rurais e urbanas. A lei "No Child Left Behind", de 2002, expande os testes padronizados e disciplina as escolas quando alunos com resultados mais baixos não conseguem progredir o suficiente (há quem sugira que o nome da lei seja "No Child Gets Ahead"*, já que

---

*Nenhuma Criança Progride. (*N. da T.*)

244

QUEM NÃO PEDE NÃO GANHA...

a lei também pode impedir alunos brilhantes e talentosos de progredir). Outras idéias incluem o uso de vales para aumentar a competitividade e, assim, o desempenho das escolas públicas, seguindo o exemplo do Florida's A+ Program*; mais horas de aula por dia e mais dias de aula por ano; e pagamento de bônus por merecimento para os professores.

Muitas dessas iniciativas são bem-intencionadas e algumas, como a Florida's A+ Program, parecem estar produzindo uma melhora considerável no desempenho educacional. Mas a única idéia com potencial suficiente para estremecer o cenário atual e produzir os melhores resultados a longo prazo não é tão prática, e sim filosófica: há que se reintroduzir, nas instituições de ensino, o objetivo primário de alcançar a excelência. Não se trata de uma expressão missionária ou simplista, ou de uma platitude sem sentido. Isso requer, basicamente, que haja uma mudança – que atingirá gerações – nas atitudes e políticas educacionais e de desenvolvimento infantil, que se tornaram predominantes na sociedade norte-americana, constituindo-se nos fundamentos e filosofia inspiradora do ensino, a saber: permissividade, diluição persistente de padrões e conteúdo, e educação igualitária em detrimento da excelência. Para tornar a busca pela excelência uma norma, será necessária a completa adesão de professores, do governo e dos pais.

Se a intenção é chegar a um consenso no país sobre os objetivos filosóficos da educação, devemos começar desmascarando o mito de que almejar a excelência signifique deixar crianças para trás ou limitar

---

*Programa de reforma do ensino, no estado da Flórida, que conjuga testes de avaliação com vales. Assim, tanto os alunos quanto as escolas são avaliados, com notas que variam da mínima F à máxima A. Se uma escola recebe avaliação "F" duas vezes seguidas, os alunos ganham um vale, com o qual podem se matricular em outra escola que obteve resultado melhor. (*N. da T.*)

THINK!

acesso. Carolyn Reid-Wallace, membro da Boyer Commission on Undergraduate Learning*, escreveu o seguinte:

> *O tipo de derrotismo que impede algumas pessoas de elevar os padrões acadêmicos baseia-se na falsa dicotomia entre acesso e excelência. Especificamente, muitos partem do princípio de que alcançar excelência requer uma limitação do acesso às crianças de baixa renda e às minorias; e que viabilizar o acesso requer um retrocesso na excelência. Essas pessoas estão erradas. Acesso e excelência não são, de forma alguma, antagônicos – representam dois propósitos nobres pelos quais vale a pena nos esforçarmos.*

No livro *Habits of Mind*, William B. Allen, professor de ciências políticas na Michigan State University, e Carol Allen, pesquisadora, sugerem que as forças do politicamente correto e os defensores do multiculturalismo conseguiram impor sua vontade durante tanto tempo que o primeiro instinto da sociedade é acomodar-se, em vez de desafiar ou provocar. Na opinião dos autores, no final das contas, caberá aos indivíduos, particularmente aos professores e pais, mudar atitudes tão arraigadas e abdicar do tão prático botão da permissividade: "Será que nos demos ao trabalho de exigir mais de nossos filhos? De incentivá-los a buscar desafios maiores?" Segundo os autores, a experiência demonstra que os jovens, quase invariavelmente, respondem positivamente quando solicitados a melhorar o desempenho. "Se quisermos que suas almas se expandam, devemos colocá-los, literalmente, diante de uma ambição maior."

A missão não é acompanhada do adágio reconfortante "Dê o melhor de si". Há novas exigências e responsabilidades envolvidas nesta negociação. A abordagem foi ilustrada num episódio da série *The*

---

*Comissão Boyer para o Ensino de Graduação. (*N. da T.*)

QUEM NÃO PEDE NÃO GANHA...

Cosby Show, dos anos 1990. Durante o episódio, a personagem de Cosby, Cliff Huxtable, questiona o filho sobre as notas baixas. O filho implora que o pai o aceite do jeito que ele é, mas Huxtable permanece inflexível: "Essa é a coisa mais estúpida que já ouvi. Não é de admirar que você só tire nota baixa. Vou lhe dizer o que vai acontecer: você vai estudar, dar o melhor de si e vai fazer isso porque eu estou mandando." (Colocação claramente autoritária, mais adequada do que apenas com tom de autoridade, tendo em vista os limites de tempo de diálogos de seriados.) Se os pais começarem a impor o direito de terem altas expectativas, em vez de descerem ao menor denominador comum estabelecido pelos colegas do filho ou pela auto-imagem, uma nova ordem revigorante será estabelecida. Há uma força externa e imóvel que foi introduzida na equação: "tudo" *não* é negociável. É verdade que as pessoas costumam reagir de forma positiva para a exposição de normas básicas explícitas e de expectativas formuladas claramente, sem qualquer possibilidade de apelação. A razão para isso pode ser o fato de, após três décadas ouvindo uma série de gurus entoando louvores ao movimento de *empowerment**, as pessoas ainda preferirem uma estrutura ao caos. Conforme observa Chris Argyris, no artigo "Empowerment: The Emperor's New Clothes"**, publicado na *Harvard Business Review*: "Tanto a teoria quanto a prática indicam que os melhores resultados da reengenharia (um programa de mudança gerencial que incorpora *empowerment*) ocorrem quando as funções são rigorosamente especificadas e não quando se deixa que os funcionários as definam."

Essa nova ordem também faz exigências aos pais. Como foi comentado na matéria de capa da revista *Time*, "Parents Behaving

---

*Funcionários recebem mais autonomia para poder agir com mais autoridade e responsabilidade. (*N. da T.*)
**"Empowerment": A Roupa Nova do Imperador. (*N. da T.*)

Think!

Badly"*, por pura ignorância, cada vez mais pais têm fantasias do tipo guerra-relâmpago para combater qualquer ameaça à auto-estima do filho. O artigo revela que os professores de hoje têm de passar grande parte do tempo conversando com pais intrusos, que tentam exercer influência sobre a dinâmica social em sala de aula. Há, por exemplo, uma professora do ensino fundamental de uma escola do Tennesse que precisa argumentar com pais que insistem, por escrito, que seus filhos jamais sejam repreendidos ou corrigidos.

Quando começou a lecionar, há 31 anos, diz ela, "eu podia fazer comentários objetivos sobre as crianças sem que os pais se sentissem ofendidos. Mas, hoje, tratamos os pais com muito mais delicadeza. Também tratamos as crianças com mais delicadeza. Todos se sentem melhor sem motivo algum. Demos a eles essa sensação de algodão-doce sobre si próprios, que não tem nenhum vínculo com a realidade. Não enfatizamos mais o que é melhor para o bem da sociedade ou, até mesmo, da sala de aula.

Esse relato está em consonância com as observações feitas anteriormente, neste livro, sobre a manipulação política e a inteligência igualitária terem substituído os padrões tradicionais e os resultados empíricos como "valores" básicos da sociedade americana. Há uma suspeita generalizada de que ninguém é responsável, todos trapaceiam, e qualquer sucesso é o resultado de privilégios, favoritismo ou sorte. O cúmulo desse desdém pelo sucesso e de rejeição de uma experiência variada é a expressão recorrente "Been there, done that"**. Esteve onde, fez o quê? Será que alguém já conferiu toda a lista mítica universal? Auto-realização e auto-estima devem estar ancoradas em resultados

---

*"Pais que se comportam mal." (*N. da T.*)
**"Já estive lá, já fiz isso" – A expressão implica que o tema não merece comentários. (*N. da T.*)

248

QUEM NÃO PEDE NÃO GANHA...

tangíveis. Pais devem parar de interceder pelos filhos apenas em questões de interesse de curto prazo. Para poderem criar uma auto-estima duradoura nos filhos, os pais devem permitir que eles errem. A autoridade na sala de aula deve ser retirada das mãos de pais e do governo para voltar às dos professores. Em contrapartida, deve haver nova ênfase no conteúdo curricular, bem como uma nítida estrutura e organização nos métodos de ensino. A possibilidade de alunos de uma série participarem de aulas em séries anteriores ou posteriores seria a solução para acomodar as diferentes habilidades de aprendizado e promover a excelência. Quando eu estava na quarta série, éramos agrupados em três níveis diferentes para as aulas de leitura e, pelo que sei, nenhum de nós desenvolveu qualquer tipo de incapacidade posteriormente.

Finalmente, pais devem compreender que o ensino só *começa* na escola. Mesmo o melhor dos professores tem apenas algumas horas por dia com seu filho. Além disso, a verdade nua e crua é que muito do aprendizado e do conhecimento de vida é obtido fora da escola, pela experiência própria e pesquisa. O lar deve tornar-se um ambiente apropriado para um aprendizado contínuo, durante toda a vida. Inevitavelmente, trata-se de uma escolha individual. Há muitas formas de influenciar o crescimento de seus filhos e melhorar o conhecimento deles (e o seu), reforçar o raciocínio e as habilidades para pensar criticamente. Cada criança tem seus pontos fortes e fracos, tem uma personalidade diferente. Não existe plano mestre que sirva para todos. O que existe, no entanto, é a certeza de que nenhuma criança se beneficiará se ficar assistindo à televisão durante cinco horas por dia ou jogando videogames o dia todo. É fato comprovado estatisticamente. Os norte-americanos de ambos os partidos estão preocupados com a quantidade de tempo que seus filhos passam em frente da televisão e dos jogos de computador. No entanto, livros

249

THINK!

como *Everything Bad Is Good For You**, de Steven Johnson, e *Trash Culture***, de Richard Keller Simon, tornaram-se textos sagrados para todos, tanto jovens quanto velhos, ao afirmarem que, por trás desse tipo de preocupação, está a milenar desaprovação de qualquer nova tendência cultural, e não um hábito realmente prejudicial. Johnson, por exemplo, diz que seriados de TV com enredo denso e videogames intrincados e complexos estimulam e enriquecem a mente. Isso implica que crianças que crescerem nesse ambiente virtual não serão menos instruídas ou preparadas para se realizar na vida do que as de gerações anteriores. A lógica está errada e pode ser facilmente refutada. Não há dúvida de que os seriados de televisão têm roteiros melhores hoje do que no passado, mas não passam de uma análise de personagens. Eles podem até servir de "lições de vida", como ilustra o *The Cosby Show*, mas têm pouco a dizer sobre a "natureza" do amor ou do ciúme, e nada sobre os efeitos da sociedade mais ampla – religião, ciência, política, economia – no indivíduo. São passatempos passivos e nada contribuem para desenvolver a criatividade ou melhorar o raciocínio, as duas características fundamentais da humanidade. Videogames podem testar a memória do jogador ou até fazê-lo pensar lateralmente, porém, no final das contas, a única coisa que esses programas ensinam a uma criança é como jogar videogames.

ESSE ARGUMENTO, bem como as demais sugestões feitas neste capítulo, pode ser visto como possível solução por si só, ou como ponto de partida em debates que levem a mudanças e ajustes na vida das pessoas. Pois há que se admitir honestamente que, para que exista qualquer esperan-

---

*"Tudo que é ruim, é bom para você." (*N. da T.*)
**"Cultura Trash." (*N. da T.*)

QUEM NÃO PEDE NÃO GANHA...

ça de nossas crianças estarem preparadas para progredir numa economia global e de conhecimento, é necessário que haja mudanças. Isso também ficou muito claro quando um professor australiano de uma universidade do centro-oeste constatou o seguinte: "Não tenho a impressão de que os estudantes norte-americanos careçam de habilidades para pensar criticamente, mas creio que eles não são confrontados com uma variedade de desafios intelectuais ampla o bastante para poderem desenvolvê-las. Esse problema não é tão premente em uma instituição Ivy League* [...] mas, quando visito escolas do ensino médio locais, realmente tenho a impressão de que as crianças não sabem nada além de um pequeníssimo mundo de experiência real e um crescente mundo fútil de experiência televisiva." O conhecimento é o único meio que as pessoas têm de expandir seu horizonte para além das fronteiras da cultura do marketing da mídia e de sua própria experiência. Esse esforço deve começar em casa. Entretanto, costumamos sentir-nos paralisados para efetuar qualquer mudança, e isso não só por hábito, mas pela idiotice mascarada de opiniões aparentemente esclarecidas. Nem tudo que é antigo é melhor. Algumas coisas, como aprender a ler, tocar um instrumento musical, escrever ou fazer cálculos matemáticos, não têm um jeito antigo ou moderno, somente o jeito certo.

E isso é mais do que mera intuição.

---

*Conjunto de oito universidades privadas no nordeste dos Estados Unidos, conhecido por sua excelência acadêmica. (*N. da T.*)

Capítulo 10

Expandindo horizontes:
aceitar riscos e recompensas

Parece ontem, vi pela janela
Vagabundos, jogadores inveterados, tudo isso é passado.
— Steely Dan, Deacon Blues

Entre um gole de café e um pedaço de bolo, duas mulheres estavam conversando uma tarde, quando a filha da anfitriã, uma animada menina de 13 anos, entrou na sala. A visita começou a fazer perguntas sobre suas amiguinhas, interesses e atividades. A menina resplandeceu:

— Este ano — disse — quero fazer aula de boxe tailandês.

A visita ficou alarmada.

— Não acho que seja uma boa idéia — replicou.

Ela ouvira a respeito de um garoto que havia se machucado seriamente enquanto fazia boxe tailandês. Não só isso, alguém ligado à medicina desportiva lhe dissera que meninas jovens adeptas do esporte são suscetíveis a ferimentos nas juntas das pernas — algo a ver com ligamentos e tendões. A animação da menina desapareceu. Depois de um instante, ela se desculpou e foi para o quarto.

THINK!

Às vezes, parece que sabemos demais. Por sorte, os pais (que conheço muito bem) tranqüilizaram a menina e com a própria força de vontade, ela se recobrou, seguindo a carreira desportiva que escolhera, aonde quer que a leve. Mas essa história ilustra um padrão conhecido por todos. Vivemos numa época de preocupação, dúvida e angústia ao extremo. Um crescente número de pessoas passa noites em claro preocupando-se por qualquer ameaça imaginada ou percebida possível. Costuma-se pôr a culpa no 11 de setembro, mas a sofisticação da angústia pública há muito superou os ataques terroristas e os resultados da bolsa de valores. Recente artigo no *New York Times* relatou que os proprietários de mansões multimilionárias, na área rural perto de San Francisco, estão apavorados, trancafiados dentro de casa, paralisados pela preocupação provocada por alguns leões da montanha que teriam sido vistos na área. Soube de pais que cancelaram as aulas de equitação do filho após ler sobre um sério acidente do outro lado do país. A indústria que engarrafa água e ganha bilhões de dólares com a revenda é beneficiária direta do medo irracional de que a rede de água potável pública não seja segura.

Você tem algum medo? Há coisas sobre as quais você ainda não pensou e que talvez precise temer? Uma única pesquisa na web, e até pesquisas de especialistas na área, fornecerá mais temores, para reforçar o repertório: medo do Iraque, de derivados, da globalização, da China, da liberdade, da chefia, do primeiro ataque nuclear, da Índia, do compromisso, da terceirização, de perdoar, de ser excluído. Essa lista de temores, e incontáveis outros, pode ser resumida torcendo-se a derrotista lei de Murphy – tudo que você pode temer, você deve temer.

Se toda essa preocupação simplesmente estivesse criando mais pessoas com perspectivas cuidadosas e paranóicas, talvez pudéssemos aprender a viver com essa série de crenças e superstições bobas. Infelizmente, também está tornando as pessoas mais ignorantes; mais

EXPANDINDO HORIZONTES: ACEITAR RISCOS E RECOMPENSAS

emocionais e menos empíricas; mais suscetíveis às sensações de estresse e excesso de informação; mais viciadas em televisão e cinema para se apropriarem de suas mensagens e idéias. É uma ansiedade presunçosa, que está tornando pessoas inteligentes em fantoches de marqueteiros e em consumidores passivos de conhecimento de segunda mão e dogmas pluripartidários. A solução é uma correção generalizada da forma como a sociedade passou a ver, comunitariamente, o risco e o perigo, inerentes a todos os aspectos da vida. Também devemos aceitar os riscos. Não quero dizer, com isso, que devamos começar a praticar esportes radicais, embora essa seja uma opção. Quero dizer sair da zona de conforto. Isso é um clichê, e um bom clichê, eu diria, mas permita-me ser mais exato. Aceitar riscos significa fazer atividades que não estejam em consonância com a identidade autodefinida e habitual de cada um. Se uma pessoa for do tipo naturalmente cerebral, uma atividade de risco seria aprender a consertar pequenos aparelhos e se matricular em aulas de *line dancing**. Se uma pessoa for extrovertida e estiver sempre agitada, uma atividade de risco seria começar a pintar aquarelas ou observar pássaros. Há temores universais, mas, geralmente, o medo tem a ver com riscos que operam em nível pessoal.

Há muito tempo, povos construíram fortalezas e muralhas em volta das cidades para manter as coisas que temiam – tortura, estupro, assassinato – a uma distância segura. Hoje, construímos as muralhas ao redor de nós mesmos e dos outros sob nossa influência para nos garantirmos contra ameaças tão irreais e infinitamente improváveis que nem chegam a existir de fato. Não é nenhuma coincidência que o medo esteja vicejando na era da emoção e intuição. Preocupações e medos infundados

---

*Tipo de dança *country* – participantes estão em fila e dançam de acordo com padrões coreográficos preestabelecidos. (*N. da T.*)

Think!

são conseqüência direta da degeneração emocional. O pensamento crítico é essencial para controlar ou compreender as emoções e destruir as muralhas autolimitadoras construídas pelas pessoas. Ele não só é necessário para entender os riscos e avaliá-los racionalmente, mas também para aceitar que certa dose de risco é pré-requisito para um pensamento crítico e criativo bem desenvolvido.

Avaliar e entender o risco são duas tarefas mentais diferentes. A primeira costuma envolver o uso de métodos estatísticos para chegar a uma estimativa da probabilidade de ocorrer um evento – doença, acidente, acertar na loteria. Profissionais armados de modelos e computadores assumiram essa tarefa, e os especialistas em avaliar riscos e em administrá-los são muito requisitados hoje em dia. Dezenas de agências governamentais, como Environmental Protection Agency [EPA]* e Food and Drug Administration, fazem avaliações de risco rotineiras, a fim de regulamentar, por exemplo, as emissões dos canos de descarga ou os tipos de materiais liberados para uso na embalagem de alimentos. A tendência esmagadora nesse tipo de verificação, durante os últimos trinta anos, tem sido reduzir as estimativas de risco para o público a níveis cada vez mais baixos, freqüentemente a custos muito altos. (Por exemplo, desde que a poluição do ar foi regulamentada, na década de 1970, a qualidade do ar melhorou 29 por cento, embora a população norte-americana tenha crescido 36 por cento e os quilômetros viajados de carro, 143 por cento.) Muitas pessoas aplaudem isso, alegando que o custo vale o benefício. Mas há uma falha nesse acordo: o risco não pode ser eliminado. Sempre haverá perigo em um milhonésimo de determinada substância química, uma chance em mil de ficar doente com certo remédio, no final temos de dar a mão à palmatória e nos conscientizar de que "este" é um nível aceitável de risco. Nós, melhor dizendo, elas, as au-

---

*Agência de Proteção ao Meio Ambiente. (*N. da T.*)

EXPANDINDO HORIZONTES: ACEITAR RISCOS E RECOMPENSAS

toridades governamentais eleitas em nosso nome aceitam que os benefícios de determinada ação valem os riscos a ela vinculados.

Riscos, portanto, estão por toda a parte e, visto não sermos capazes de calculá-los até a 15ª casa decimal, temos de compreendê-los. Quando alguém diz: "a probabilidade de ser fulminado por um raio é maior do que a de ganhar na loteria", compreendemos, intuitivamente, que será pouco provável sermos agraciados com o prêmio. Sabemos disso porque, por experiência, sabemos que poucas pessoas são fulminadas por raios. Mesmo assim, embora todos saibam que é quase impossível ganhar, milhões compram bilhetes da loteria semanalmente. Agora, voltando aos moradores da Califórnia presos em suas casas por causa dos leões que foram vistos na área. Especialistas em vida selvagem dizem que a histeria é injustificada e que as possibilidades de ser morto por um leão são as mesmas de ser atingido por um raio. Mesmas possibilidades, resultados completamente diferentes. No primeiro caso, jogar na loteria, o risco não tem qualquer influência na decisão das pessoas. No segundo, a ameaça do leão da montanha, o mesmo risco provoca uma modificação radical no comportamento e modo de vida dos moradores da região.

Isso não faz sentido. A explicação mais comum para tal discrepância é que a desvantagem de se acreditar na possibilidade de ganhar na loteria é muito pequena (investir poucos dólares), se comparada com a vantagem potencialmente grande de se aposentar imediatamente. Acreditar na remota possibilidade de ser atacado por um leão, por outro lado, oferece uma vantagem potencialmente grande (evitar a morte), se comparada à pequena desvantagem de confinar-se. Analisando-se a situação por outro prisma, no entanto, veremos que as desvantagens em ambos os casos estão sendo subestimadas. Ao se ignorar a reduzidíssima probabilidade de ganhar na loteria, jogam-se fora centenas, senão milhares de dólares por ano. Se a pessoa investisse esse dinheiro

THINK!

durante seus trinta anos de carreira, poderia ter centenas de milhares de dólares a mais e realizar o sonho de uma aposentaria precoce. Por outro lado, ao submeter-se ao pavor e modificar radicalmente o comportamento para evitar a menor chance de ser atacado por um leão, cede-se a um tipo de aprisionamento voluntário pelo medo, dúvida e delírio, que mina as energias físicas e intelectuais. Com isso, a pessoa acaba sacrificando parte de sua vida.

Tradicionalmente, os tomadores de decisão, as empresas e os indivíduos apegaram-se aos custos sociais e econômicos associados ao risco – por exemplo, o saneamento de um vazamento químico.

Hoje em dia, um número crescente de indivíduos se conscientiza de que há altos custos psíquicos e sociais associados não só ao risco, mas também ao medo e ao poder que ele exerce sobre a opinião, o pensamento e o comportamento das pessoas. O escritor Roger Lowenstein, ao observar que não há dia que passe sem alguma notícia medonha sobre um ou outro indicador financeiro, mesmo em economias relativamente saudáveis, concluiu que, "ao limitar o risco, perde-se a oportunidade de ganhar". Esse princípio é aplicável à vida, bem como ao mercado de ações. Uma pesquisa feita em 2003, por Matthew D. Adler, da University of Pennsylvania Law School, afirmou que agências reguladoras incorporam "avaliação de riscos" nas análises que fazem. Ao observar que o medo e a ansiedade são estados que reduzem o bem-estar mental, Adler escreve: "Proponho, concretamente, que a metodologia utilizada para quantificar e calcular o custo de enfermidades físicas leves, como dores de cabeça e resfriados [...] deva ser estendida ao medo." Ele admite perplexidade diante da "efetiva ausência de estudos econômicos sobre os custos do medo e da ansiedade, tendo em vista a vasta literatura sobre economia ambiental e os custos de outros benefícios intangíveis, como a existência das espécies e a preservação da vida selvagem".

EXPANDINDO HORIZONTES: ACEITAR RISCOS E RECOMPENSAS

A proposta me parece muito coerente. Se cientistas e reguladores conseguem usar modelos para quantificar e estimar os gastos provenientes das mudanças no ambiente físico, por que não seria possível avaliar os custos resultantes das mudanças em larga escala do ambiente psicológico do ser humano? Certamente pânico e medo têm custos sociais e econômicos, como no exemplo do cancelamento das férias por medo de ser mordido por um mosquito infectado com o vírus do oeste do Nilo. É possível que, ao tentarmos quantificar esses custos, possamos compreender melhor a origem do medo e procurar mitigar suas causas, da mesma forma que tentamos mitigar o risco. Se temos especialistas na prática de administração de riscos, por que não ter analistas e consultores profissionais em administração de medo?

Um comercial para o programa *Night Stalker**, da televisão ABC, oferece uma perspectiva irônica do medo, ao perguntar: "O que fazer se aquilo que tememos for... real?" De certa forma é. Um assassinato é real. Um estupro é real. Furacões e *tsunamis* são reais. Até mesmo a possibilidade de ser atacado por um leão da montanha é real. A totalidade das coisas que temos de temer na verdade não mudou; foi a conscientização de sua existência que cresceu. Como resultado, acredito, o pavor descontrolado tornou-se uma das ameaças mais perniciosas ao modo de vida norte-americano. O fenômeno não se limita à nossa sociedade – é uma tendência mundial. Não estou falando de controles de segurança. Refiro-me a uma atitude que se enraizou em nossa alma e que, a julgar pela aparência, está nos transformando, rapidamente, em uma sociedade com tolerância zero para qualquer nível de risco. Esse princípio vem se manifestando tanto em nível pessoal – nas escolhas que as pessoas fazem – quanto no nível da sociedade e da cultura – o estojo de química da minha filha não contém substâncias químicas.

---

*"Espreitador Noturno." (*N. da T.*)

Think!

O parquinho de diversões de hoje consiste num caminho almofadado e circundado de cordas, com rampas e corredores que levam as crianças com segurança de A a C, sem qualquer possibilidade de elas ficarem penduradas ou caírem em B. Nada de estrutura de barras, nada de escorregas altos e assustadores. Não é de admirar que as crianças prefiram o ambiente virtual do computador – pelo menos você pode se arriscar e abrir caminho derrubando obstáculos nesse mundo imaginário. Na verdade, não pode haver qualquer tipo de aventura, seja intelectual ou de outra sorte, sem risco. Visto estarmos sistematicamente reduzindo os riscos, acabamos também, inadvertidamente, reduzindo as possibilidades de sucesso, progresso e descobertas. Virginia Postrel, no livro *The Future and Its Enemies*, observa:

> *Mas, em muitas áreas da vida, tanto tentativa quanto erro – a liberdade de experimentar e a habilidade de falhar – têm sido corroídos por pessoas estáticas, desconfortáveis com os riscos inevitáveis como os existentes no sistema evolucionário. Nossa cultura é permeada pela desaprovação de correr riscos, que também modela nossas leis. Às vezes, proibimos que se corram riscos. Outras, expandimos as conseqüências daquele que se atreveu a correr riscos para terceiros. Em qualquer dos casos, esmagamos o aprendizado essencial ao progresso.*

Tendo em vista que essa atitude está tão enraizada, solucioná-la tornou-se cada vez mais complicado. Reforma na legislação civil da responsabilidade extracontratual e redução ou supressão de honorários advocatícios, baseados em porcentagem sobre o valor da causa, certamente ajudariam a refrear a violência litigiosa, que produz políticas e organizações adversas ao risco. Mas, no final das contas, as escolhas e correções que fazemos só terão efeito em nível pessoal. Há algumas coisas que podemos fazer. Para chegarmos a uma visão realista e razoá-

Expandindo horizontes: aceitar riscos e recompensas

vel sobre os riscos e perigos, parece que devemos, primeiramente, confrontar a origem ou as causas do medo exagerado. Isso permitirá que percebamos se estamos errados e, se estivermos, onde erramos; e que avaliemos se há alguma abordagem que permitirá reduzir nossa sensibilidade aos riscos inerentes à vida e à sociedade moderna. Em segundo lugar, devemos compreender a *importância* de administrar e controlar nossa opinião sobre riscos; conscientizar-nos do que ganharemos se mudarmos, a saber, uma mente livre de distrações desnecessárias e uma vida muito mais participativa, dinâmica e eficiente.

Em setembro de 2005, o público estava hipnotizado com as imagens nítidas da carnificina que o furacão Katrina provocou na cidade de Nova Orleans. Manchetes com palavras solitárias como "caos" e "anarquia" eram grafadas em tamanho descomunal na primeira página dos jornais. Cenas de pessoas em estado de choque, desabrigadas ou presas no topo dos telhados, cercadas pelas águas das enchentes estavam dando a volta ao mundo. Milhares de desaparecidos, dos quais muitos já deviam estar mortos. A catástrofe pareceu confirmar os temores mais profundos e obscuros; ela foi uma exibição perturbadora do poder devastador da natureza e da fragilidade não só da vida, mas também da segurança. Katrina demonstrou que a natureza é poderosa e, freqüentemente, cruel. Mas, no fundo, a catástrofe foi acionada não só pela natureza, mas por decisões erradas de seres humanos como, por exemplo, pelo projeto do sistema de diques capaz de conter um maremoto provocado por um furacão que não ultrapassasse a categoria 3. Katrina estava na categoria 4. O risco era conhecido. Um artigo publicado na revista *Scientific American*, de 2001, chamou Nova Orleans de "um desastre à espera de acontecer". O artigo falava de uma maquete feita por pesquisadores da Louisiana State University, prevendo que, se um furacão de categoria 4, como o Katrina, atravessasse o Golfo do México, proveniente do sudeste, inundaria a cidade

261

THINK!

em 36 horas, deixando-a 6 metros embaixo da água. Foi exatamente o que aconteceu. O nível do risco foi compreendido na íntegra, e, ainda assim, o risco foi "administrado" nesse nível. Em retrospectiva, é claro, parece óbvio que as defesas de uma cidade abaixo do nível do mar, numa área freqüentada por tempestades tropicais gigantescas, fossem administradas numa perspectiva de pior cenário possível, da mesma forma que uma ponte é calculada para suportar o peso máximo com um fator de segurança adicional de quebra.

Geralmente, não nos preocupamos quando atravessamos pontes. Da mesma forma, compreender o que se passou em Nova Orleans não deveria nos tornar mais apreensivos sobre os riscos e perigos que corremos, pelo contrário. Se não houvesse explicação, o medo estaria garantido. O motivo pelo qual podemos eliminar a maioria de nossos medos é o fato de os seres humanos terem usado o pensamento crítico e a criatividade para antecipá-los, abatê-los e eliminá-los. Como mostra o caso de Nova Orleans, erros de *julgamento* podem ocorrer. Mas o desastre também é uma demonstração e prova da tese deste livro: o pensamento crítico depende de análise, lógica e *ação*. É um processo de duas etapas. Pesquisadores, engenheiros e autoridades governamentais sabiam que isso podia acontecer e que, provavelmente, aconteceria, mais dia, menos dia. Mas todo o raciocínio, maquetes e análises não valem nada, se não se fizer nada. A maquete não havia se baseado em uma série de pressuposições sem provas e conjecturas sobre o futuro, mas em fatos conhecidos e mensuráveis que se repetiram com freqüência no passado. Um colapso do pensamento crítico, falta de planejamento, hesitação, indecisão num momento crucial podem ter conseqüências devastadoras. Pessoas, empresários, líderes de equipes, organizações e autoridades governamentais têm de pensar bem antes de passar à ação.

É claro que muitos temores são naturais. Para a própria sobrevivência, o corpo humano já vem com certas fobias inscritas – altura,

EXPANDINDO HORIZONTES: ACEITAR RISCOS E RECOMPENSAS

cobras, espaços fechados são alguns dos temores mais usuais. Mas como é que "sabemos" que corremos perigo ao ingerir água da torneira, pesticidas ou alimentos transgênicos? A reposta é: aprendemos esses medos. Como relata Richard Lovett, em artigo publicado na revista *Psychology Today*: "A experiência e a cultura também nos ensinam o que temer [...] Temos mais medo de acontecimentos catastróficos, como um acidente de avião, do que de riscos diários, como o câncer. Em parte, é a cobertura da mídia que faz com que o perigo seja aparentemente maior do que realmente é [...] o que resulta em certo grau de comportamento ilógico." Lovett afirma que o processo de aprendizado nos tornou mais temerosos de riscos criados pelo homem, como poluição e terrorismo, do que, por exemplo, de cobras, que são raramente vistas na vida moderna. No caso da ansiedade ao voar, o medo de altura pode haver se combinado à memória de descrições horríveis de acidentes de avião para criar essa reação emocional "ilógica". Nos Estados Unidos, apenas um entre 1,6 milhão de passageiros morre em acidente aéreo, por ano, o que se compara à morte de um entre 6.800 motoristas durante o mesmo período.

O medo do pesticida DDT, hoje proibido, é uma boa ilustração de como a percepção de perigo ou de risco frente a uma substância criada pelo homem é modelada pela cultura e aprendizado. O DDT foi usado em larga escala, inicialmente, durante a Segunda Guerra Mundial, para proteger as tropas norte-americanas de doenças provocadas por insetos, como o tifo e a malária. Os testes realizados pelo United States Public Health Service* demonstraram que não havia problemas sérios de toxidez para os seres humanos e, nesse sentido, essa nova substância foi um progresso diante dos pesticidas feitos com arsênio, extremamente perigosos. Após a guerra, o DDT foi usado para erra-

---

*Serviço de Saúde Pública dos Estados Unidos. (*N. da T.*)

Think!

dicar a malária do sul dos Estados Unidos. A Organização Mundial de Saúde credita ao DDT até 100 milhões de vidas – por exemplo, em 1943, a Venezuela teve mais de 8 milhões de casos de malária; em 1958, após o uso do DDT, o país registrou apenas oitocentos casos. Infelizmente, o DDT tinha um efeito colateral imprevisto. Na década de 1960, pesquisadores fizeram uma associação entre a exposição ao DDT e o adelgaçamento da casca dos ovos de diversas espécies de aves, como águias e falcões. Essa descoberta foi documentada no livro *Silent Spring**, de Rachel Carson, e, em 1972, a EPA baniu o DDT. Naturalmente, Carson recebeu elogios por, possivelmente, haver salvo da extinção essas magníficas aves de rapina. No entanto, suas afirmações sobre o DDT ultrapassaram os efeitos do pesticida sobre a vida selvagem, responsabilizando-o por matar pessoas. Em um artigo intitulado "Silent Spring at 40"**, publicado no site Reasononline, Ronald Bailey contradiz: "Carson citou, inadequadamente, casos de exposição aguda à substância como prova de seus efeitos cancerígenos. [...] A verdade é que *jamais* foi constatado que o DDT seja um carcinógeno, mesmo após quatro décadas de minuciosos testes."

Silent Spring ajudou a dar início ao movimento ambientalista moderno, mas também liderou a prática de usar meias-verdades científicas para fazer afirmações insustentáveis sobre os riscos de atividades humanas à saúde e ao meio ambiente, dando a idéia de que o planeta está, literalmente, sendo refogado em veneno e difundindo um pavor contra a tecnologia em geral – encorajando, assim, a crença de que qualquer substância feita pelo homem é altamente tóxica e potencialmente cancerígena. Esses temores não têm fundamento na realidade. Por exemplo, Bruce Ames, professor de biologia celular e molécula na University

---

*"Primavera Silenciosa." (*N. da T.*)
**"Primavera Silenciosa aos 40." (*N. da T.*)

EXPANDINDO HORIZONTES: ACEITAR RISCOS E RECOMPENSAS

of Califórnia, Berkeley, descobriu que os seres humanos ingerem aproximadamente 10 mil vezes mais pesticidas naturais (substâncias produzidas naturalmente por plantas para impedir pragas), em peso, do que pesticidas produzidos em laboratório. Além disso, em um estudo, vinte de 42 toxinas vegetais testadas em animais de laboratório eram carcinogênicas. Apesar disso, os pesquisadores dizem que comer frutas e vegetais é bom para a saúde. Assim, toxinas vegetais não oferecem risco à saúde e resíduos de pesticidas artificiais, menos ainda.

Em 1999, o Dr. Ames recebeu a National Medal of Science* por seu trabalho. Sou capaz de apostar que 50 por cento dos norte-americanos ouviram falar de Rachel Carson ou do *Silent Spring*, enquanto apenas em circunstâncias afortunadas, como um simpósio de biologia, seria possível congregar cinqüenta pessoas que já ouviram falar de Bruce Ames. A afirmação de Carson, de que substâncias fatais estão envenenando o ambiente sem serem vistas, certamente é mais populista e atrai a atenção da mídia. As descobertas de Ames, que são positivas e salvam a indústria química, não atraem tanto assim. É claro que nem todas as ameaças ambientais propagadas por grupos "verdes" e pela mídia são falsas. Sou completamente a favor de proteger o ambiente e também tenho uma sólida base científica. Acho que posso fazer valer a objetividade. Do meu ponto de vista, no entanto, o movimento ambientalista, nas mãos de pessoas com boas intenções, mas atrapalhadas ou desencaminhadas, tornou-se uma das principais fontes de propagação de medos irracionais e infundados na sociedade. Além disso, não seria preconceituoso afirmar que os piores casos de extremismo ambiental, não-científico, têm sua origem em indivíduos e organizações que se identificam com a esquerda politicamente. Essa evolução é uma das mais infelizes na história do pensamento crítico.

---

*Medalha Nacional de Ciência. (*N. da T.*)

THINK!

Bettina Lange e Gerard Strange comentaram sobre isso em artigo publicado na *Capital and Class*: "Ultimamente, mais do que as tradicionais questões trabalhistas ou, se pensarmos bem, até mesmo as batalhas feministas, são as questões ambientais que estão motivando, principalmente os mais jovens, à atividade política, e essa atividade tende a ser mais inspirada na anarquia do que no marxismo." E isso porque nem o grande coletivista disputou a primazia das necessidades da humanidade, por um lado, e do pensamento racional e crítico, por outro, sobre a emoção. Hoje, a crença da opinião pública em ambas as premissas é, no mínimo, tênue. No fundo, o movimento ambiental, mascarado de riscos imaginários, estatisticamente insignificantes ou improváveis, politizou tanto a razão quanto a ciência. Visto o meio ambiente ser "bom", tornou-se politicamente incorreto questionar racionalmente não só a ciência, mas os custos do extremismo ambiental para a economia, sociedade e psicologia humana.

Essa censura tanto individual quanto da sociedade como um todo é bastante clara no best seller *Cultura do medo*. Na introdução, Glassner postula, audaciosamente, que "temores falsos e exacerbados só causam sofrimento". Ele acredita que "os norte-americanos têm medo das coisas erradas". Que coisas são essas e como chegamos a acreditar nelas? O autor observa que a obsessão que redes de notícias locais, em todo o país, têm pelo crime (capturado pelo bordão dos editores "se sangra, 'dá' manchete") leva grande parte da população a acreditar que o crime é desmedido, quando as estatísticas, como o índice de homicídios cometidos por jovens, demonstram ter caído drasticamente. Glassner faz incontáveis comentários criteriosos e divertidos sobre a indústria do medo, mas, quando se trata de estourar o balão da mãe de todos os medos, o medo que deu início à epidemia de medo contemporânea, o medo que deu um viés político ao raciocínio e às ciências, o medo, enfim, de sermos destruídos por práticas ambientais negligen-

266

EXPANDINDO HORIZONTES: ACEITAR RISCOS E RECOMPENSAS

tes, ele mais se parece com um urso de pelúcia portando uma arma de plástico. Na verdade, ele não chega nem a tocar no assunto. Não há uma única alusão à paranóia ambiental no livro. É óbvio que Glassner acredita que esse medo seja justificável. Assim, aparentemente pelo menos ele deve admitir que grande parte do pânico divulgado sobre o meio ambiente seja real. De cabeça, posso mencionar quatro notícias alarmantes sobre questões ambientais danosas para a saúde publicadas em larga escala – o uso do pesticida Alar em maçãs, o fumo para um fumante passivo, os efeitos da radiação eletromagnética dos cabos de alta tensão e a suposta toxicidade do bifenil policlorinado (PCB), usado em alguns aparelhos eletrônicos –, que, no entanto, jamais foram validadas por qualquer pesquisa da área científica.

O medo enfraquece a percepção, levando a pensamentos e conclusões erradas. Por exemplo, um estudo realizado pela EPA descobriu que as principais preocupações da população com a saúde, relacionadas com o meio ambiente, incluíam lixo radioativo, radiação provocada por acidentes nucleares, poluição industrial de hidrovias, e vazadouros de lixo tóxico. Quando a EPA consultou seus próprios especialistas, no entanto, chegou a uma lista completamente diferente de preocupações. O lixo radioativo e a radiação provocada por acidentes nucleares não foram nem mencionados, e uma das preocupações menos prementes da população, por exemplo, a poluição do ar em ambientes fechados, foi classificada como de "alto" risco. A agência chegou à conclusão de que havia uma disparidade extraordinária entre a opinião do público em geral e a dos especialistas.

Naturalmente, há muitos temores que não são baseados em evidências ou métodos racionais. Em vez de negligenciar essas percepções, contestam muitos cientistas sociais, as políticas e regulamentações públicas voltadas para questões de risco deveriam incorporá-las. Parece que a justificativa para esse argumento reside no fato de políticas e

267

THINK!

leis baseadas unicamente na ciência serem "elitistas". Paul Slovik, professor de psicologia da University of Oregon, encoraja certa benevolência para com opiniões populistas, afirmando que pessoas comuns não são irracionais ou confusas, quando comparadas aos especialistas, mas possuem um tipo de "racionalidade antagônica" que merece respeito. O risco, continua Slovik, não é uma simples questão de números, e um sistema de controle de risco adequadamente projetado deveria ter elementos democráticos, além dos tecnocráticos. Em outras palavras, especialistas em planejamento, advogados e legisladores devem permitir que julgamentos e medos intuitivos e instantâneos da população, no que tange a questões tecnológicas complexas, predominem e orientem o modo como pensam sobre o controle do risco. Assemelha-se à asseveração de Cass Sunstein, em seu ensaio "Laws of Fear"*, de que tal abordagem significa institucionalizar a fantasia no direito e jurisprudência:

> *Tendo em vista as características previsíveis da cognição humana, as intuições não são dignas de confiança, além de serem passíveis de erro quando do se trata de fatos. Como vimos, esses erros têm conseqüências danosas para políticas reguladoras. Para serem eficazes, os reguladores devem estar atentos ao risco percebido, além do real. Mas, quando se trata de políticas, o que prevalece, na maior parte do tempo, é o risco real, não o percebido.*

No final, o que conta não é se certa atividade – voar, por exemplo – é percebida como sendo arriscada ou perigosa por provocar receio, involuntariamente, ou por fugir ao controle do indivíduo; o que importa, tanto no nível do indivíduo quanto da sociedade, é a probabilidade de a prática da atividade fazer mal. Se as pessoas decidissem se vão ou não

---

*"As Leis do Medo." (*N. da T.*)

EXPANDINDO HORIZONTES: ACEITAR RISCOS E RECOMPENSAS

voar baseando-se nos sentimentos intuitivos, dificilmente alguém pegaria um avião, e as companhias aéreas estariam falidas. A maioria consegue superar o medo intuitivo graças à irrefutável evidência empírica que comprova a segurança do vôo. Se os reguladores insistissem que as companhias desenvolvessem procedimentos de segurança baseados nos temores intuitivos da população, o mecânico teria de checar uma lista de duzentos pontos durante a inspeção de cada vôo, tornando o congestionamento atual em O'Hare* uma proeza de eficiência logística. Os mesmos princípios se aplicam à salvaguarda da população contra o terrorismo. Quanto dessa segurança pode ser considerado realmente eficiente e quanto não passa de um exagero?

Talvez bastasse um mero manual de fundamentos básicos do universo do risco para que algumas pessoas conseguissem superar seus medos. Nesse caso, recomendo *Risk: A Practical Guide for Deciding What's Really Safe and What's Dangerous in the World Around You*, de David Ropeik e George Gray. No entanto, para chegar a correr riscos e se tornar um pensador melhor, é necessário reconhecer a origem de nossos medos e suspeitas exacerbados. No Capítulo 6, descrevi o papel da mídia na criação de percepções temerosas do mundo. Mas, por meio dela também recebemos informações úteis, e o governo e os negócios mantêm-se honestos, portanto, devemos lhe dar crédito. Apesar disso, não podemos perder de vista que a mídia é a principal origem de tudo que alimenta a ansiedade, independentemente se o faz sem querer ou abertamente. Tanto Glassner, quanto Frank Furedi, no livro já mencionado, fornecem-nos inúmeras histórias e exemplos contundentes das maquinações da mídia a ponto de termos a sensação de que há um assassino com um machado na mão à espreita atrás da porta. Entretanto, conforme observado anteriormente, ao concordar com

---

*Aeroporto Internacional de Chicago. (*N. da T.*)

THINK!

uma afirmação feita por Furedi, a fixação da mídia no espúrio e no arriscado não é a causa do problema, e sim, seu *sintoma*. A meu ver, uma das possíveis razões para esse crescimento da ansiedade e do pânico quando se trata de coisas sem muito risco ou importância é que tal ansiedade foi transformada em algo parecido a uma "emoção superior", semelhante à culpa, confiança ou desespero (em oposição às emoções primárias, basais, como raiva, ou pavor – daquele de fazer o cabelo ficar em pé quando, por exemplo, um pit bull avança em cima de nós). É uma resposta aprendida ou um constructo social, captado de exemplos e expectativas alheias. Os especialistas podem falar de pensamento crítico e fatores de risco relativo o quanto quiserem. O raciocínio terá pouca influência sobre uma resposta emocional tão enraizada, que chega a se assemelhar a uma crença.

A teoria de que muitas de nossas emoções superiores são constructos sociais tem raízes filosóficas que remontam a Aristóteles. Durante os séculos XIX e XX, ela foi retomada e ampliada por filósofos como Ludwig Wittgenstein. No livro de John McCrone, *The Myth of Irrationality*, o autor expõe a idéia básica:

> *Uma emoção como a culpa, por exemplo, não é inata, mas aprende-se durante a infância. Durante os primeiros anos de vida da criança, um dos pais se debruçará sobre ela e a repreenderá sempre que ela fizer algo errado [...] Mais tarde, quando crescemos e internalizamos o código do que é certo e errado na cultura em que vivemos, tornamo-nos nossos próprios guardiões morais [...] E a história se repete para todas as outras emoções superiores.*

Por que as pessoas adquirem medos de coisas, acontecimentos e circunstâncias que, comprovadamente, não põem em risco, ou põem só minimamente em risco, seu bem-estar e o da comunidade? Um motivo poderia ser o fato de o medo ser compatível com suas crenças, ideais ou

EXPANDINDO HORIZONTES: ACEITAR RISCOS E RECOMPENSAS

ideologia. Elas querem acreditar. Outro motivo poderia ser simples condicionamento social. Quando uma vizinha expressa suas dúvidas sobre a qualidade da água corrente, parece ter um argumento plausível, e ainda sustenta o argumento tornando-se freguesa do serviço de entrega de água engarrafada, e essa ação torna-se um modelo poderoso de comportamento normativo. Os demais podem investir o próprio tempo em investigar se a premissa dela é válida ou não, ou podem, simplesmente, aceitá-la como verdadeira, partindo da lógica de que *não* pode fazer mal algum acreditar que a água não seja boa para consumo, enquanto não acreditar *poderia* fazer mal. Já que os riscos associados à tecnologia e outras complexidades da vida moderna excedem a capacidade ou mesmo a vontade de muitas pessoas de compreendê-los, medos e crenças semelhantes tornaram-se condições mentais padrão, códigos segundo os quais o comportamento se orienta.

Mas ainda há esperança e uma possível solução. Da mesma forma que as emoções superiores, como a desconfiança, podem ser aprendidas, elas também podem ser desaprendidas. Há incontáveis exemplos de pessoas que conseguiram superar todos os tipos de medo que antes as levavam a um comportamento limitado – por auto-imposição – ou mesmo destrutivo. A abordagem para desaprender medos adquiridos pode ter uma natureza positiva – como o aprendizado de técnicas para falar em público – ou pode se basear no poder da chamada capacidade negativa – rejeitar idéias e expectativas impostas por terceiros. Minha esperança é que uma parcela maior da sociedade adote com vigor esses métodos, já que a eliminação do medo é uma das chaves para reaver o controle dos pensamentos, o desejo de curiosidade e aventura e a vida dinâmica da mente.

O último ponto mencionado faz alusão à pergunta "por que" correr riscos e, de certa forma, também sugere a solução mais eficaz para comportamentos e perspectivas temerosas e adversas ao risco, a saber,

Think!

a motivação, pois se chegou à conclusão de que uma mente sem medos funciona melhor. Com a tecnologia da imagem por ressonância magnética para observar e estudar o cérebro humano, pesquisadores descobriram que certas emoções, como o medo, interferem na habilidade da mente focar e se concentrar. "Há tempos, sabemos que certas pessoas se distraem com mais facilidade e que as emoções podem ter grande parte de influência nisso", afirma Kevin S. LaBar, professor assistente na Duke University's Center for Cognitive Neuroscience*. "Nosso estudo demonstra que dois fluxos de processamento ocorrem no cérebro, sendo que as tarefas que necessitam de concentração correm paralelas aos sentimentos até se juntarem, no final." Durante a pesquisa, as pessoas se distraíam de várias formas, chegando, por vezes, a formar uma imagem que evocava uma resposta emocional. Os resultados confirmam que as emoções interferem em habilidades motoras e de raciocínio especificamente focadas em tarefas.

Correr riscos ainda tem outro efeito sutil, além de saudável, no processo do pensamento crítico e criativo, pois provoca a necessidade de pensar corretamente. Se uma pessoa, organização ou governo opta por correr certo risco, por mais nobre que seja – abrir uma firma, posicionar-se contra a tendência predominante, decidir sobre o destino de um ditador assassino e traiçoeiro – torna-se imprescindível empregar o que há de melhor em pensamento tecnicamente sofisticado, inteligente, inovador e eficaz. Entram em jogo pesquisa, planejamento estratégico, habilidades argumentativas e administrativas, planos de contingência e laços de realimentação, a fim de incorporar informações novas. Mais informações novas, em uma situação de alto risco, não devem ser motivo para estresse ou aborrecimento; elas são a força vital de um método que está no cume da capacidade intelectual huma-

---

*Centro de Neurociência Cognitiva da Universidade Duke. (*N. da T.*)

Expandindo horizontes: aceitar riscos e recompensas

na. O risco demanda responsabilidade. Para sermos bem-sucedidos e mantermos a liderança, precisamos readquirir aquela confiança em correr riscos que, um dia, definiu a população norte-americana como a sociedade do "tornar possível".

Não estou sugerindo que desprezemos qualquer cuidado e vivamos uma vida selvagem e negligente, a fim de melhorar a destreza mental. Certa feita, George Carlin disse o seguinte: "Tenho muitas idéias. O problema é que a maioria delas não vale nada." Há muitos projetos impulsivos por aí e o fato de serem arriscados não significa que a devota concentração de uma pessoa fará com que eles dêem certo. Conscientizar-se do risco e querer reduzi-lo ao nível mais baixo e viável é sensato e desejável, tendo trazido inúmeros benefícios sociais. Cintos de segurança salvaram milhares de vidas, e leis antipoluentes, como o Clean Water Act, tornaram os cursos de água norte-americanos os mais limpos do mundo. Antecipar os riscos com bastante antecedência é uma das facetas essenciais do raciocínio analítico sofisticado e desenvolvido. Como foi documentado no livro de Thomas Davenport, *Pense fora do quadrado*, estudos demonstraram que, embora as pessoas com índices de desempenho mais alto corram mais riscos, elas afirmam que "correm riscos calculados". Elas avaliam, com cuidado, os prós e contras de investir tempo em projetos ou empreitadas novas, mas, uma vez decidido, elas são capazes de manter longe as distrações e de controlar o conjunto de tarefas necessárias para sua execução.

Certa vez, fui contratado como consultor para ajudar na abertura de um negócio, uma pequena empresa de galvanização. O proprietário, a quem chamarei de Ron, conseguira um bom empréstimo para comprar o negócio, oferecendo sua casa como garantia. A empreitada era extremamente arriscada devido a uma série de razões. Não só os bens

THINK!

pessoais de Ron estavam penhorados, mas também seus maiores clientes eram indústrias automobilísticas, ou seja, empresas conhecidas por sua volatilidade. Ron, que tinha estudado informática, havia desenvolvido alguns métodos inovadores de reduzir os riscos. Ele tinha de "ganhar" cada contrato numa cotação de preços junto com empresas concorrentes. O método padrão de fazê-lo é calculando, aproximadamente, num pedaço de papel, quanto custaria, em termos de material, mão-de-obra, etc., produzir uma peça única e acrescentar uma porcentagem de lucro. Ron havia desenvolvido um programa que lhe permitia levar em conta as dimensões exatas da peça em questão, eliminando a adivinhação da quantidade de material (metal) necessária para produzi-la. Ron era competitivo e, com razão, estava orgulhoso do programa, que lhe dava uma vantagem sobre os rivais. "Ninguém consegue me pegar", costumava dizer, com um largo sorriso nos lábios.

Risco – o verdadeiro, não o percebido – é uma realidade. O desafio está em não ignorá-lo, mas em vê-lo pelo que é e combatê-lo. O que mais costuma intimidar as pessoas, geralmente, não é o risco ou o perigo em si, mas sim, as implicações que vêm com o risco, ou seja, o esforço e uma mente ativando todos seus neurônios. Aceitar o risco requer uma mente livre de medos ou preconceitos sobre o modo como o mundo funciona, obriga a pessoa a deixar sua zona de conforto e criar uma nova. Para muitos, isso é pedir demais.

O escritor William Faulkner, certa vez, disse o seguinte: "Se eu tivesse de escolher entre a dor e nada, acabaria escolhendo a dor." Pelo que sei, Faulkner não era masoquista. Ele não estava se referindo à dor física ou privações, embora tenha passado por ambas, mas à batalha entre uma complacência imobilizadora do cérebro e a busca pelo prazer. Faulkner sabia que apenas em combate, confrontando-se com os próprios medos e as dificuldades da vida, uma pessoa pode se tornar plenamente humana e viva, e crescer.

EXPANDINDO HORIZONTES: ACEITAR RISCOS E RECOMPENSAS

A ciência comprovou que esse crescimento é um fato, não mera força de expressão. Em *How People Learn*, John Bransford e seus colegas apresentam evidências comprovando que a mente literalmente se expande quando encontra desafios. Em um estudo, descobriu-se que animais criados em ambientes complexos tinham um volume maior de vasos capilares por neurônio e, portanto, maior fornecimento de sangue para o cérebro, do que animais criados em ambientes cercados e estéreis. Em outro, animais submetidos a algum tipo de aprendizado acabavam formando um maior número de sinapses (conexões entre os neurônios) no cérebro do que animais que faziam o equivalente roedor a assistir à televisão. Uma descoberta mais recente e importante é que, no aprendizado, trata-se de um processo integrado, que requer todas as partes do cérebro e que, para ser verdadeiramente eficaz, exige um "ciclo ativo". Não basta ler. Os melhores pensadores e alunos são aqueles que usam a informação recebida para obter um resultado funcional.

Essa descoberta significa, pelo menos indiretamente, que há certa relação entre o pensamento e a saúde física. Pensadores criativos e certeiros costumam ser pessoas irrequietas, cheias de curiosidade e energia nervosas. Em contrapartida, muitas pessoas são aquietadas ao ponto de simplesmente existir ou a uma complacência devido às suas rotinas e hábitos. Isso não significa que elas não sejam curiosas por nascença ou que sejam idiotas indolentes. É mais provável que tenham se esquecido de como é ser curioso. Visto seus empregos e famílias sugarem tanto de sua atenção, elas foram levadas a perder contato com o macroscópico, a realidade mais ampla, a sensação de admirar-se e o fato inquestionável de terem, como qualquer outro ser humano, livre-arbítrio. Na verdade, você realmente *pode* fazer qualquer coisa. Simplesmente existir parece ser o padrão universal de existência. Europeus (e canadenses) que desaprovam os americanos pelas perspectivas e forma de vida provincianas e estreitas não se conscientizam de que estão vivendo sob telhado

Think!

de vidro. A complacência, aversão ao risco e "mentalidade de grupo", nessas sociedades, não só tornaram-se tendências preocupantes, mas chegam a ser parte integrante da mentalidade patriótica e nacionalista. O senso de superioridade tornou-se tão importante para a frágil auto-identidade dessas sociedades, que muitas pessoas encolheram sua zona de conforto ao tamanho do buraco de uma agulha. Elas não querem correr o mais remoto risco de terem seus preconceitos ridicularizados. O norte-americano médio, pelo menos, tem esperança de ser bem-sucedido e se desembaraçar de uma vida de simplesmente existir, já que não é obrigado a assumir ares de presunção perpétua.

Além disso, os norte-americanos têm a vantagem de viver na sociedade e economia mais prolificamente dinâmicas jamais criadas. É uma sociedade que (ainda) recompensa, nominalmente, aqueles que correram riscos, inventaram algo e pensaram de forma original e inteligente. Conforme Virginia Postrel escreveu, é essa "busca sem fim por conhecimento – seja para melhorar os clipes de papel, descobrir novas formas musicais ou aperfeiçoar práticas gerenciadoras – que encanta os dinâmicos (e) escandaliza os críticos sociais sedentos por imobilidade, que modelaram o *Zeitgeist* ocidental durante décadas".

A vida norte-americana é um clarim contínuo convidando as pessoas a entrarem na arena.

Escolha sua arma. Pesquisas comprovam que conforto material, apenas, não garante felicidade. Simplesmente existir não é liberdade, alívio ou satisfação; simplesmente "é". Para ser verdadeiramente feliz, é preciso sentir-se comprometido e usar a mente; é preciso perceber que se conseguiu realizar algo. Uma única vez que se assuma o controle já é o suficiente para expandir os horizontes morais e intelectuais, e fazer com que se pense melhor crítica e criativamente. Não precisa ser nada "intelectual". Pode ser tão simples quanto andar de bicicleta até a loja, em vez de dirigir, e parar num bar para ciclistas para tomar uma

Expandindo horizontes: aceitar riscos e recompensas

cerveja. Ao fazermos algo completamente diferente do que identificamos como nossa "personalidade", estamos estimulando pensamentos e idéias, e redescobrindo projetos e objetivos.

Um exemplo extremo disso é a chamada auto-experimentação. Conforme foi documentado em artigo da *New York Times Magazine*, um homem lançou mão da auto-experimentação para curar-se de insônia e perder peso. A intenção, segundo os autores, Stephen J. Dubner e Steven D. Levitt, é a pessoa experimentar "um milhão de soluções até encontrar uma que funcione". O homem levou dez anos, mas acabou descobrindo que sua insônia matinal poderia ser curada "se, no dia anterior, ele recebesse bastante luz da manhã, pulasse o café e passasse, pelo menos, oito horas em pé".

Tornamo-nos uma sociedade preocupada com protocolo e política, aflita com a forma como os outros "nos vêem". Sob um artigo sobre obesidade, publicado no FreeRepublic.com, no espaço dedicado a comentários, uma pessoa fez uma reflexão sobre a relutância dos norte-americanos (e dela própria) em andar: "Sinto-me pouco à vontade de caminhar pela vizinhança para me exercitar. Moro em um condomínio fechado com poucas ruas. A loja de conveniências mais próxima encontra-se a três quilômetros de distância. Por isso, muitos dos meus vizinhos ficam preocupados quando vêem alguém caminhando, para cima e para baixo, naquelas ruas calmas." Se os vizinhos dele ficam inquietos ao vê-lo caminhando sozinho por aquela vizinhança pacífica, pergunto-me como se sentiriam se o vissem passar vestindo uma batina ou pavoneando-se sob o chapéu de chefe da banda ou tocando gaita-de-foles. Talvez eles se sentissem como os irlandeses, quando São Patrício chegou e espantou as cobras. Talvez saíssem correndo de suas casas, vestindo camisetas e carregando garrafas de licor de amêndoas, cantando louvores a robustas donzelas e musculosos marinheiros que algum dia conheceram.

Think!

Devemos incutir um pouco do descaramento inglês em nosso estilo de vida. Não me refiro a copiar os britânicos, por Deus, não! Os Estados Unidos eram conhecidos por sua ousadia; hoje, pela posição decadente. Os Brat Pack* foram substituídos pelos Snack Pack, uma série de moças e rapazes que parecem saídos de um único molde, sem qualquer talento perceptível ou estilo característico, além da entonação que dão à frase "E lá fui eu 'tipo' me apresentar", quando estão sendo entrevistados por Regis** e Oprah. Grandes nomes como Arnie, Trevino e Chi-Chi deram lugar a Tiger, Mickelson e Vijay – grandes golfistas, não há dúvida, mas tão fascinantes quanto um campo cheio de tojo e urze. Johnny Depp, sozinho, pode ter conseguido resgatar a possibilidade de produzir roteiros desafiadores no cinema norte-americano, mas temo que as únicas pessoas ainda influenciadas pela artista, que demonstrou ter mais colhões em toda sua geração, Madonna, são mulheres brancas, moradoras de bairros endinheirados, que levam seus filhos de uma aula para outra, ou freqüentadores de clubes noturnos retrô para homossexuais.

Tive um professor que descreveu como personalidades "albedo" eram impostas às pessoas. "Albedo" é a propriedade que têm os planetas de refletir a luz do Sol no espaço. Ele afirmava que algumas pessoas refletem idéias, maneirismos, estilo e gostos, não origens. Mais e mais, parece que estamos sentados em uma câmara de ressonância, escutando a nós mesmos. Republicano? Para o lado de lá. Democrata? Ali. É proibido discutir. "Arriscado" demais. Sem querer, testei essa teoria enquanto estava sentado com um grupo de pessoas, das quais não conhecia ninguém, durante uma recepção de casamento. Todos se apresentaram, e a

---

*Grupo de jovens atores que sempre aparecia nos mesmos filmes, durante a década de 1980. Dentre eles, estava a atriz Demi Moore. (*N. da T.*)

**Da dupla Regis e Kelly, apresentadores do programa de entrevistas matinal *Ao vivo com Regis e Kelly*, durante o qual entrevistam grandes celebridades. (*N. da T.*)

EXPANDINDO HORIZONTES: ACEITAR RISCOS E RECOMPENSAS

conversa se estendia, educadamente, sobre o tempo, a situação da colheita de tomate naquele ano e cachorros. Depois de alguns minutos, alguém se deu conta de que eu era editor de uma revista de negócios e perguntou-me se a economia ia se manter forte. Tenho certeza de que divaguei, mas não tive nenhuma má intenção ao concluir minha análise afirmando o óbvio, ou seja, que a globalização – e conseqüente difusão do capitalismo de mercado livre – tem sido um dos fatores mais importantes para a melhora do nível de vida no mundo todo, desde seus primórdios. Alguém pigarreou. Por um momento, pensei que a senhora ao meu lado, uma professora aposentada, fosse se atirar no assoalho de linóleo do hall de entrada. Ela pegou o guardanapo e usou-o como um leque. Os demais à mesa olhavam, indulgentemente, para o nada.

QUANDO EVITAR RISCOS torna-se o objetivo primário da sociedade, buscando-se apenas a si próprio e mantendo a cabeça baixa, a vida acaba se resumindo a um torpor reconfortante. Os pensamentos sufocam, o fornecimento de sangue para o cérebro é reduzido e acabamos formando menos sinapses, em vez de mais. Novamente, não *somos* obrigados a fazer nada. *Podemos* apenas ficar aqui sentados e permitir, coletivamente, que os cérebros murchem, deixando a próxima geração arcar com as conseqüências. Convido o leitor, no entanto, a levar em consideração os benefícios de pôr um boné na cabeça, pegar uma flauta de brinquedo e fazer uma excursão pelas ruas do condomínio pacífico e confortável, em cima de um patinete.

Metaforicamente, é claro.

CAPÍTULO 11

Escutar a harmonia da razão: aceitar a objetividade, pensar criticamente

Os problemas não podem ser resolvidos pelo mesmo nível do pensamento que os criou.

— ALBERT EINSTEIN

Tanto a história quanto a experiência diária têm comprovado, sempre de novo, que o pensamento crítico é um método muito superior para a resolução de problemas e a tomada de decisões do que uma abordagem intuitiva e ao acaso. Às vezes, baseia-se na averiguação de números e estatísticas, mas os elementos básicos são os mesmos para todos os tipos de abordagem de pensamento crítico utilizados para escrever um relatório, descobrir meios para melhorar as vendas ou consertar a porta emperrada da garagem. Esses elementos são o uso da evidência empírica (coletar dados, conhecimento) e do raciocínio lógico, além do ceticismo. Estimular as pessoas a usarem a cabeça, pensarem bem e serem lógicas é um refrão recorrente na sociedade. Mesmo assim, verdade seja dita, raros são os que foram ensinados a distinguir entre pensar bem e mal. Como é que cada um dos três elementos fun-

Think!

ciona e se encaixa para viabilizar o processo do pensamento crítico, caracterizado por uma análise cuidadosa, com o intuito de chegar a um julgamento objetivo e bem fundamentado? Será esclarecedor examinar todas essas características para descobrir, com um olhar novo, como cada uma delas funciona, onde podemos nos enganar, e por que o senso de objetividade – aceitar certo arcabouço de referência (a realidade) independentemente das próprias crenças, opiniões e sentimentos – é a cola que mantém tudo junto.

Os fatos, madame, apenas os fatos (empirismo)

Como disse no Capítulo 3, os Estados Unidos foram fundados por um povo com uma visão empírica sobre o mundo e a sociedade. Observe os fatos. Não importa o modo como a natureza humana poderia ser, e sim como ela *é*. O que uma pessoa diz não é o que conta, e sim o que ela *faz*. Com essa abordagem pragmática, os Estados Unidos tornaram-se uma das sociedades mais inventivas, empreendedoras e produtivas na era moderna.

A evidência empírica é essencial para o correto pensamente crítico e o conhecimento confiável. Antes de tirarmos conclusões sobre qualquer coisa, precisamos coletar os fatos. A evidência empírica freqüentemente é aquela que podemos ver, tocar, ouvir, provar ou cheirar, mas ela também pode se apresentar sob a forma de fatos obtidos por meio de alguma autoridade, em pesquisas, estatísticas, testemunhos e outras informações. As estatísticas podem ser adulteradas, tornadas irrelevantes ou distorcidas por métodos de amostragem, testemunhos podem conter falhas ou ser duvidosos. Portanto, esse tipo de informação recebido de segunda mão costuma ser suspeito. Dependendo da fonte,

ESCUTAR A HARMONIA DA RAZÃO...

podemos aceitar muitas informações como seguras, mas, na era da internet, muitas pessoas se acostumaram a deixar que outros fossem seus olhos e ouvidos. Não há dúvida de que há um limite para o tempo que podemos investir em checar a veracidade dos fatos que nos chegam, mas, sempre que essas informações influenciarem de forma contundente nossas decisões (o que inclui opiniões e crenças), precisamos certificar-nos de que a evidência é fidedigna. Na maioria dos casos, a única pessoa que pode fazer isso por você é você mesmo.

A evidência que temos por meio de nossos sentidos é inquestionável. Não está aberta a interpretações. E o fato de não estar aberta para questionamentos ou invalidação não se deve à afirmação de uma autoridade superior. Deve-se, isso sim, ao fato de a experiência demonstrar, em uma sociedade livre, que evidências sensoriais são validadas por *todos* os seres humanos conscientes e não debilitados. Quando digo que rosa é uma cor associada à palavra "vermelho", e meu vizinho diz ser uma cor diferente, azul, posso estar errado. Mas, quando um milhão de pessoas confirmam que ela é vermelha, começaremos a dar uma olhada na lista telefônica para encontrar ajuda para o vizinho. Um contra-argumento filosófico – e, por vezes, até legal – para a objetividade universal é o exemplo comum de duas pessoas que observam o mesmo acontecimento, mas o vêem de forma diferente, como, por exemplo, um acidente. Uma diz que o motorista avançou o sinal, enquanto a outra garante que ele freou antes. Podemos, tranqüilamente, partir do princípio de que essas são pequenas falhas técnicas da observação (ou da memória), e não uma evidência de que a objetividade seria inventada, uma questão de ponto de vista. É semelhante ao problema do replay no jogo de futebol – embora o juiz esteja observando o jogo de perto, a velocidade torna difícil julgar o que aconteceu em determinada partida. A visão do juiz poderia estar obstruída. No caso do acidente, uma observação precisa chega a ser mais proble-

283

Think!

mática ainda, visto as testemunhas geralmente estarem distraídas. A observação poderia ser afetada pela extensão da amostragem. Se juntássemos pessoas o suficiente que viram o acidente, poderíamos chegar a um consenso nítido sobre o fato de o motorista ter ou não freado. Se não há consenso, isso só pode provar a limitação da percepção humana. Sabemos que o motorista parou, ou não.

Isso pode parecer até pedantismo, mas a verdade e a objetividade, hoje em dia, costumam girar em torno de questões semânticas semelhantes – "Depende do significado da palavra 'ser'." Fatos não são, simplesmente, fatos incontestáveis, eventos mensuráveis e observáveis, palavras com definições precisas ou dados que querem dizer exatamente o que significam; eles são "textos" políticos que devem ser lidos e interpretados, para serem modelados do jeito que queremos que o mundo seja (voltarei a falar sobre isso). Fazer observações acuradas e empíricas sobre o mundo, na verdade, não é nada simples ou fácil. Algumas pessoas conseguem fazê-lo melhor do que outras e, para tornar-se realmente bom nisso, deve-se treinar muito, seria o equivalente cerebral aos exercícios abdominais. Uma regrinha prática óbvia é que as emoções e outras confusões mentais interferem nas observações. Com freqüência, esse fato se confirma quando me apresentam a alguém e, em seguida, esqueço seu nome. O que aconteceu naquele instante foi um momento de autoconsciência, quando deixei de prestar atenção no que estava sendo dito para me preocupar com minha própria apresentação.

A importância da observação empírica para o pensamento e o conhecimento é ilustrada no personagem ficcional Sherlock Holmes. Ele é conhecido pelos fãs ao redor do mundo pelo eficiente raciocínio dedutivo e analítico, mas, antes de tudo, ele é um observador cuidadoso. No romance *O signo dos quatro*, Holmes afirma que o detetive ideal deve ter três qualidades: a capacidade de observar, de deduzir e o conhecimento. Ele revela ser um especialista em cinzas de tabaco, capaz

Escutar a harmonia da razão...

de identificar 140 tipos de cinzas de charuto, cigarro e de tabaco para cachimbo. O detetive diz o seguinte a Watson: "Para o olhar treinado, há tanta diferença entre a cinza negra de Trichinopoly e a fuligem branca da verônica, quanto entre o repolho e a batata."

O criador de Holmes, Sir Arthur Conan Doyle, parece ter aprendido a importância da observação de um professor, Dr. Joseph Bell, enquanto estudava na Edinburgh Medical School. Doyle ficou fascinado com a capacidade de observação e de dedução de Bell e freqüentemente anotava trechos da conversa entre o médico e seus pacientes. Outro escritor, Jack Kerouac, descreve um jogo que ele e seus amigos costumavam jogar a fim de testar a capacidade de observação. A idéia era lembrar e recriar um ambiente – um quarto, uma festa, um restaurante – nos mínimos detalhes. A pessoa tinha de descrever as roupas que cada um vestia, os objetos na sala, os aromas, os maneirismos e humores dos presentes, e assim por diante. Não é necessário ser detetive ou escritor para beneficiar-se da observação cuidadosa e meticulosa. Parece que o joguinho de Kerouac é um método divertido e altamente eficaz para praticar e desenvolver a capacidade de observação. Limpe a mente de problemas imediatos e observe de perto o mundo à sua volta. Você ficará surpreso com o que verá. Uma noite, num dos poucos momentos que tive de Sherlock, entrei na casa de meus sogros para buscar minha filha e perguntei se ela já tinha saído do banho.

– Como é que você sabe? – perguntou minha sogra.

– A janela do banheiro, no andar de cima, está embaçada – respondi, orgulhoso.

Minha capacidade de observação tende a diminuir, em vez de aumentar. Minha esposa me perguntou se eu tinha visto os narcisos em flor no jardim dos fundos, o tapete novo na entrada, as gravuras de Lichtenstein penduradas no corredor que dava para o hall. Não. Eu não acertava uma. Aquilo era mais do que um mero sinal de egocentrismo e insensi-

THINK!

bilidade. Aquilo era a vida, e eu estava deixando-a passar. Se você treinar a observação, não só enriquecerá o pensamento, mas também ampliará o prazer de tudo que você, até então, achava simplesmente óbvio.

USE A CABEÇA EM VEZ DO CORAÇÃO (RACIOCÍNIO LÓGICO)

Pensar criticamente, fazer uma análise e avaliação cuidadosa para chegar a conclusões acertadas, independentemente se é feito por um cientista ou mecânico, vai depender de raciocínio lógico. Antes de elevar suas expectativas, no entanto, devo fazer a seguinte ressalva: não posso explicar ou ensinar a alguém, em alguns parágrafos, como raciocinar logicamente. Existem cursos universitários completos devotados ao ensino da lógica. Mas há o princípio básico: a lógica é usada para estabelecer racionalmente uma conexão entre o que é sabido (evidência) e uma afirmação ou premissa. A lógica conta com *inferências*. Uma inferência é um passo implícito ou explícito que alguém deu para associar a evidência à afirmação. Por exemplo, na seguinte ordem: "Não vá nadar! As ondas estão altas e pode haver uma contracorrente", há uma série de inferências implícitas e lógicas. A primeira inferência é que as ondas altas estão criando uma contracorrente perigosa; a segunda, que alguém pode se afogar pegando essas ondas.

O *silogismo* é outro método lógico formal. Ele é composto de três proposições: a premissa maior, a premissa menor e a conclusão. Por exemplo, se a premissa maior for "a população do centro-oeste é adepta da bricolagem", e a menor é "Troy é do centro-oeste", então, a conclusão é "Troy é adepto da bricolagem".

O cérebro humano parece ter certas habilidades inerentes para usar inferências lógicas. Mesmo assim, elas devem ser praticadas e

ESCUTAR A HARMONIA DA RAZÃO...

aprendidas. Steven Schafersman, geólogo, escreveu no livro *An Introduction to Science*, o seguinte:

> *Devo ressaltar que a maioria dos indivíduos não raciocina logicamente, pois nunca aprendeu a fazê-lo. A lógica não é uma habilidade [...] que se desenvolverá gradualmente e se aperfeiçoará por si própria, e sim uma habilidade ou disciplina que deve ser aprendida dentro de um ambiente educacional formal.*

A lógica é fundamental para todos os campos formais de ensino, da medicina à contabilidade ou às técnicas de encanamento. A capacidade do raciocínio dedutivo lógico me foi incutida durante determinado curso de ciências, que fiz há muito tempo, na graduação – química orgânica. A química orgânica, que também costuma ser chamada de química da vida ou química "do carbono", é muito complexa. Em vez de nos determos com moléculas que consistem em alguns átomos, por exemplo, o sal (um átomo de sódio e um átomo de cloro), a química orgânica descreve as propriedades e reações de moléculas compostas de dezenas ou milhares de átomos. Nosso corpo é composto de vinte tipos de moléculas orgânicas chamadas de aminoácidos, intercaladas de gordura e muita água, e movido a carboidratos. Proteína, gordura, carboidratos, plantas, árvores, bactérias, vírus – todos os elementos fundamentais da vida e a aparentemente infinita variedade de formas de vida são o resultado das moléculas orgânicas e suas interações. Métodos lógicos, científicos e racionais são usados para estudar e compreender os fundamentos orgânicos das funções do corpo humano, para curar doenças e também para sintetizar remédios, substâncias químicas úteis, material plástico e fibras artificiais.

Meu professor, um homem com certa robustez, cabelos escuros, curtos e opacos, expôs, logo na primeira aula, o escopo da matéria, ad-

287

THINK!

mitindo, em seguida, os desafios que ela apresentaria para neófitos como nós: "A química orgânica é um campo de estudos vasto e rico, que só pode ser dominado com profundo conhecimento dos princípios básicos da teoria molecular e o uso de raciocínio dedutivo e lógico" foi, aproximadamente, o que ele nos disse. Podíamos deixar a intuição do outro lado da porta, pois não teríamos nenhum uso para ela na sala de aula. Aprendemos que há um aspecto espacial significativo na química orgânica. As moléculas assumem estruturas diferentes – tetraedros, ciclos fechados, cadeias ramificadas. A estrutura das moléculas, por sua vez, é determinada pelas propriedades de cada átomo individual, por exemplo, com quantos outros átomos ele poderia se combinar – digamos, o carbono pode se combinar com, no máximo, quatro outros átomos. Quando essas moléculas complexas se juntam sob condições apropriadas, chamadas de "reação", não teremos uma confusão insondável, e sim beleza. As moléculas combinam-se entre si de forma específica e previsível para produzir coisas como o ácido acético (vinagre), álcool, açúcar, ácido acetilsalicílico (aspirina) ou náilon. Nas provas, o professor costumava pedir que montássemos as moléculas desde o início. Mude a posição de um átomo e você terá uma molécula nova com propriedades completamente diferentes. E, como nosso professor "à la Poe" previra, tudo era passível de explicação, partindo-se dos princípios e do raciocínio lógico e dedutivo, para ser confirmado posteriormente, milhões de vezes, por experimentos.

Profissionais de vários campos, comerciantes e os adeptos do "faça-você-mesmo" podem ser tão bons nos fundamentos do raciocínio lógico quanto um cientista. Como de praxe, tornamo-nos melhores com a experiência. É um método, como cozinhar, sendo que a receita depende de dois ingredientes essenciais: o conhecimento e a objetividade. A certa altura da cadeia do raciocínio lógico, há que ter algum conhecimento especial – que ondas muito altas podem provocar contra-

ESCUTAR A HARMONIA DA RAZÃO...

correntes, ou que o pentano é um hidrocarboneto formado por uma cadeia linear de cinco carbonos.

O conhecimento emocional é a alternativa tão propagada para o conhecimento factual ou empírico e para a objetividade. Mas uma coisa é dizer que as emoções desempenham um papel ajudando-nos a aprender, e outra é dizer que elas são o mesmo que conhecimento e raciocínio. A distinção ficou vaga, em parte e aparentemente, devido a conceitos errados nas mensagens transmitidas por livros populares como o best seller de Daniel Goleman, de 1995, *Inteligência emocional*. Na verdade, Goleman define como inteligência emocional (IE), tudo que não seja quociente de inteligência (QI). Não resta dúvida de que seja importante saber como outras pessoas se sentem e ser capaz de projetar confiança. Esses e outros atributos da IE são tão importantes quanto a inteligência – ou até mais importantes do que ela – para determinar o sucesso, a felicidade e a satisfação de uma pessoa, afirma Goleman. E há pelo menos uma característica da IE – a habilidade de regular os humores e impedir que o sofrimento subjugue o pensamento – que parece ser crucial para o pensamento crítico e seus elementos básicos, a saber: observação, raciocínio lógico e ceticismo. Schafersman escreve o seguinte:

> *Freqüentemente, o raciocínio lógico requer um embate com a vontade, pois, por vezes, a lógica nos obriga a negar as emoções e encarar a realidade, o que pode ser penoso. Mas lembre-se: emoções não são evidências, sentimentos não são fatos, e crenças subjetivas não são crenças substantivas.*

Uma pesquisa recente confirmou que não só é possível controlar a emoção, mas que também é saudável fazê-lo. O estudo, conduzido pelo Dr. Zindel Segal, professor de psiquiatria e psicologia da University of Toronto, comparou o cérebro de pessoas que haviam se recupe-

THINK!

rado da depressão usando terapia comportamental cognitiva e de outras que haviam usado um antidepressivo. Os pacientes que haviam tomado a droga demonstraram mudanças na parte mais primária do cérebro, o sistema límbico; já os pacientes que haviam se sujeitado à terapia demonstraram mudanças na parte superior do cérebro, associada ao pensamento mais elevado. O estudo não só demonstra que as pessoas conseguem melhorar ao mudar a forma de pensar, mas, de acordo com um colega de Segal, Dr. Adam Anderson, "nos permite, como indivíduos, compreender e regular nossa emoções". A descoberta, segundo Anderson, é especialmente significativa: "Estamos olhando para um potencial humano intocado."

O papel desempenhado pelas emoções no processo de aprendizado e raciocínio ainda não está de todo claro. Em um estudo muito citado, pessoas com lesões cerebrais que impedem a habilidade de expressar emoção para tomar decisões tiveram resultado inferior ao tentarem discernir qual era o baralho de cartas "marcadas", e perderam mais dinheiro do que aquelas com funcionamento emocional normal, que eram capazes de prestar atenção na "intuição" e definir os baralhos que continham as melhores cartas. Em primeiro lugar, não estou bem certo se o resultado da pesquisa, ou seja, que pacientes com lesões cerebrais tiveram piores resultados em um jogo de sorte manipulado, prova qualquer coisa. Mas o estudo também me parece conter uma falha na pressuposição intrínseca de que tomar decisões sempre estará relacionado com interesses imediatistas, um tipo de jogo de soma-zero, no qual se está para ganhar ou perder. Geralmente, as decisões que tomamos e os problemas que resolvemos não resultam em uma resposta instantânea que nos permita ajustar nossas ações em conformidade com os ganhos ou perdas que percebemos – por exemplo, o conteúdo de um relatório empresarial ou a decisão de se candidatar a determinado emprego. As conseqüências de tais decisões e a avaliação do resultado como sendo positivo ou negativo pode-

ESCUTAR A HARMONIA DA RAZÃO...

riam permanecer desconhecidas por meses e até anos. Qual poderia ser o papel desempenhado pelos mais profundos sentimentos na qualidade dessas decisões, senão um simples comentário: "Estou me sentindo bem a respeito do relatório." Essa sensação de bem-estar provavelmente é o resultado de haver feito o dever de casa, ter pensado muito e ter se debruçado sobre os detalhes. Uma pesquisa muito mais significativa, citada anteriormente, descobriu que as emoções, na verdade, interferem na habilidade de a mente focar e desempenhar uma tarefa específica que demanda raciocínio.

As emoções – especialmente na forma como, aparentemente, influenciam a armazenagem de memórias – parecem desempenhar um papel crucial no modo como adquirimos conhecimento real, embora tenham menos influência no uso apropriado que fazemos desse conhecimento para raciocinar e resolver problemas. Lucidez é o atributo mais importante para o pensamento lógico e aguçado. Habilidades de raciocínio requerem conhecimento – um detetive hipotético necessitará de evidência forense e terá de saber como interpretá-la antes de poder deduzir quem cometeu um crime; uma engenheira precisará saber os códigos de construção e a resistência dos diversos materiais antes de poder projetar um novo prédio. Não há nenhuma saída fácil e rápida para aperfeiçoar o raciocínio lógico – ler, escrever e estudar matemática. "A matemática é divertida", parafraseio um pôster educativo. Em um mundo de crescente ambiguidade e subjetividade, a matemática dá à pessoa respostas concretas e evidências tangíveis de um mundo objetivo. Há uma série de livros de atividades, básicos e avançados, para o matemático leigo. Também creio que cursos introdutórios de lógica e de metodologia científica deveriam ser obrigatórios nos currículos do ensino médio. Para chegar a isso, educadores poderiam eliminar uma aula de ginástica, partindo da lógica de que um corpo são requer uma mente sã.

291

THINK!

MOSTRE-ME O DINHEIRO
(CETICISMO)

Da mesma forma que a verdadeira arte é mensurada pela "suspensão voluntária da incredulidade", a boa ciência é aferida pela "suspensão voluntária da credulidade". O ceticismo, que pode ser definido, simplesmente, como dúvida carente de evidência, encontra-se no cerne do pensamento crítico e do método científico, seu primo aclamado e mais formal. Muitas vezes, o ceticismo é confundido com cinismo, que, na verdade, é seu extremo oposto. Enquanto o ceticismo é a afirmação da existência da verdade e da objetividade no mundo, embora difíceis de achar, o cinismo acredita que a verdade esteja enterrada sob uma montanha de mentiras. O cinismo pode ser caracterizado pela expressão: "Todo mundo tem seu preço." Na opinião do cínico, a sociedade é corrupta, ainda que de forma risível. O falecido roqueiro Frank Zappa era um cínico clássico, pelo menos sua música confirma isso.

O conceito de ceticismo foi levado a seus limites mais profundos por Sócrates, aquele estudioso implicante e peripatético, que discutia (infinitamente) que não podemos aceitar um fato, idéia ou crença por ter vindo de uma "autoridade" superior. Por meio de debates (interrogatórios, na verdade), apropriadamente chamados de diálogos socráticos, o filósofo demonstrou que significados confusos, evidências torpes e contradições espreitavam sob as suposições mais comumente aceitas na sociedade grega. Ele estava interessado em descobrir o significado ou a natureza verdadeira de ideais como justiça, igualdade e a função do Estado na vida dos indivíduos. Ele foi um empirista absoluto. Por exemplo, ele acreditava em igualdade de oportunidades, mas não em igualdade de condições, e afirmava que a única forma de determinar se uma pessoa era melhor do que outra seria examinando ambas sob exatamente as mesmas condições. Ele demonstrou a im-

292

ESCUTAR A HARMONIA DA RAZÃO...

portância de fazer perguntas profundas e inquiridoras, de não aceitar nada como obviedade, e demonstrou que mesmo os mais instruídos e poderosos podiam ficar desnorteados e tornar-se irracionais. Sócrates incomodou muita gente, e os gregos acabaram despedindo-se dele, dando-lhe um copo de cicuta.

Desde então, nunca mais se perseguiu uma atitude cética com o mesmo vigor. Hoje em dia, por motivos anteriormente citados – o computador, a cultura do marketing, o "estresse" – vivemos, ao que parece, no menos cético dos tempos. A prática comum é aceitar tudo pelo "valor nominal", nem que seja porque a maioria das pessoas acredita que não tem tempo para sondar por baixo da superfície. Mas falta de ceticismo sempre abriu caminho na opinião reinante, mesmo entre pessoas que se consideram difíceis de convencer. Essa tendência ingênua, em minha opinião, pode ser vista no aumento do conceito de tempo compartilhado, na ampla aceitação de que o aquecimento global induzido pelo dióxido de carbono seja um fato, e na tentativa de ridicularizar a teoria evolutiva como uma pseudociência.

Apesar dos incontáveis testemunhos de aborrecimentos passados e das inúmeras evidências de que, em muitos casos, o custo das cotas de um sítio ou apartamento em tempo compartilhado excede, e muito, o valor real, milhares de pessoas aceitam a oferta de um fim de semana fora, sucumbindo ao marketing agressivo, para descobrir, no final, que pagaram preços exorbitantes por uma fonte interminável de problemas societários. Numa exposição sobre o negócio em torno do tempo compartilhado, publicado no *Dallas Observer*, um corretor referiu-se ao futuro de tais cotas como "essencialmente desprezível". A crença de que a Terra está aquecendo por causa de emissões criadas pelo homem, como foi dito anteriormente, não passa de uma teoria, que não é nem boa, pois, em primeiro lugar, não pode ser testada e, em segundo, não explica todos os fatos – por exemplo, como a Terra

THINK!

tem se aquecido e resfriado durante milhões de anos antes da chegada do ser humano. Tanto a evolução (o ponto de vista de que toda a vida evoluiu a partir de simples moléculas orgânicas, no decorrer de centenas de milhões de anos) quanto o "projeto inteligente" (o ponto de vista de que a vida é complexa demais para ter sido formada por eventos aleatórios) são teorias, e nenhuma é passível de teste. No entanto, a evolução foi confirmada por registros fósseis que demonstram a crescente complexidade e diversidade das formas de vida com o passar do tempo, enquanto o projeto inteligente é digno de menção pela completa falta de evidência que o comprove.

A sociedade ganharia em termos práticos e filosóficos se passasse a ter uma atitude mais cética no que se refere a certas afirmações e conhecimento recebido. Uma forma de compreender por que o ceticismo é importante para a verdade e o conhecimento é familiarizar-se mais com o método científico. Esse método, como o projeto de um experimento, é uma abordagem organizada para, mediante o pensamento crítico, chegar a uma verdade mais generalizada sobre o mundo e tudo que há nele. O método é baseado em evidência, não em crença; e será ele, e não o conhecimento adquirido, que definirá, de fato, a prática da ciência. O primeiro passo para o método científico é a *observação* – e não pode ser qualquer tipo de observação, deve ser uma observação sem preconceito. Para um cientista, isso geralmente é feito por meio da mensuração de algo – como a temperatura, o batimento cardíaco ou a posição de um planeta – em termos exatos. O passo seguinte implica fazer uma *pergunta*. Na época em que a Terra, e não o Sol, supostamente se encontrava no centro do sistema solar, Copérnico, estudioso do século XV, perguntou-se o seguinte: "Se a Terra está no meio, por que alguns planetas movem-se, de tempos em tempos, de leste para oeste e, em outros tempos, de oeste para leste?" O terceiro passo do método científico é formular uma *hipótese*, ou

ESCUTAR A HARMONIA DA RAZÃO...

uma conjectura que responderá à pergunta. Copérnico acreditava que a resposta sobre os planetas poderia ser explicada se o Sol, e não a Terra, estivesse no centro do sistema solar, com os planetas movendo-se ao redor dele em órbitas perfeitamente circulares. O quarto passo no método científico é fazer *previsões* para testar a hipótese – se os planetas se movem em órbitas circulares ao redor do Sol, eles devem estar em determinada posição, com relação à Terra, em certas épocas do ano. O movimento dos planetas observado da Terra pode, por vezes, parecer "em marcha à ré", pois o tempo que a Terra leva para girar em torno do Sol difere do tempo que outros planetas levam. O quinto e último passo é realizar um *experimento* a fim de confirmar ou refutar a previsão. Copérnico mediu a posição dos planetas e descobriu que eles estavam nas posições exatas que ele havia previsto com sua teoria – ou quase. O modelo de Copérnico havia errado ao atribuir órbitas circulares aos planetas, quando, na verdade, eles se movem em órbitas elípticas, uma descoberta feita por Johannes Kepler, aproximadamente cem anos mais tarde.

A beleza da ciência baseada no método científico é que, diferentemente do conhecimento derivado estritamente de boatos ou dogmas, ela tem a capacidade de se autocorrigir e incorporar novas evidências, à medida que elas se tornam disponíveis. Durante anos, cientistas acreditaram que todo o espaço era permeado de uma substância invisível, ou "éter". Quando um experimento realizado por A. A. Michelson e E. W. Morley, no final do século XIX, não descobriu nenhuma evidência do éter, a teoria foi descartada. Em vez de ser uma ferramenta ao alcance apenas de gênios e nerds, o método científico oferece uma técnica e uma lição de valor prático incomensurável. Pessoas, empresas, organizações e governos que conseguem incorporar novas evidências e informações em seu pensamento, táticas e estratégias serão mais eficazes ao tomarem decisões e resolverem problemas. Eles

THINK!

serão menos rígidos em suas abordagens e mais aptos a se ajustarem a circunstâncias mutáveis.

A percepção dos norte-americanos e da população de outros países ao redor do mundo pode ser moldada pelo ceticismo – ou pela falta dele. Por exemplo, se eu lhe perguntasse os dois maiores produtores de petróleo do mundo, você diria Arábia Saudita e... um daqueles outros países no Oriente Médio. No entanto, o segundo maior produtor de petróleo do mundo são os Estados Unidos (empatado com a Rússia). O país produz 7.698.000 barris por dia, de acordo com estatísticas compiladas pela revista *Economist*. Ou, de cabeça, qual o país com o maior número de agressões graves? Certamente, os Estados Unidos, tão marcados pelo crime, o país que o mundo viu em vergonhosa exibição após a devastação do furacão Katrina, em Nova Orleans, devem estar no topo da lista para receber essa honra duvidosa. Entretanto, se calcularmos o número de agressões por 100 mil habitantes, a Suécia, eterna ganhadora da medalha de honra ao mérito nas Nações Unidas, tem duas vezes mais agressões do que os Estados Unidos – 667 contra 319. Ou, então, rápido! Liste um ou dois países que investiram mais dinheiro em armamento e defesa – o espírito belicoso de Michael Moore em relação aos Estados Unidos certamente coloca o país em primeiro lugar. Porém, se calcularmos os gastos com a defesa em porcentagem do PIB, os Estados Unidos não ficam nem entre os primeiros quarenta da lista. A Coréia do Norte, com 25 por cento, é o que mais investiu, enquanto Cuba, Rússia e Egito desviam uma parcela maior da sua produção econômica total para as Forças Armadas do que os Estados Unidos. Essas estatísticas sugerem que deveríamos usar uma boa e saudável dose de ceticismo ao expressar opiniões, de resistência para não acreditar em tudo que ouvimos ou, no caso dos filmes de Michael Moore, em tudo que sentimos.

Não há dúvida de que temos de aceitar certas coisas pelo valor nominal, como aquilo que observamos, por exemplo. Ceticismo ao extre-

296

ESCUTAR A HARMONIA DA RAZÃO...

mo poderia levar a um tipo de pane emocional e intelectual, em que a pessoa chega a duvidar que duvida. O filósofo Karl Popper, visto por alguns como a sumidade do método científico e autor da máxima sobre o ceticismo, afirmava que a crença de que todos os cisnes eram brancos deveria ser acrescida da ressalva "até aparecer um cisne negro". Hoje, cresce o número de cientistas insatisfeitos com a linha-dura de Popper. Eles argumentam que evidências confirmando uma teoria têm papel mais significativo na ciência do que aquelas que a refutam. Ceticismo ao extremo também levou muitas pessoas brilhantes a fazer comentários bastante tolos. A seguir, alguns exemplos:

- "Máquinas voadoras mais pesadas do que o ar são impossíveis." (Lorde Kelvin, matemático britânico, por volta de 1895)
- "Não há a menor indicação de que algum dia se obterá energia nuclear." (Albert Einstein, 1932)
- "Creio que haja um mercado mundial para uns cinco computadores." (Thomas Watson, presidente da IBM, 1943)

Na época, é provável que essas avaliações parecessem perfeitamente razoáveis para o público e a maioria dos cientistas. O valor real do ceticismo, no entanto, não está em avaliar o que pode ou não acontecer no futuro longínquo, mas sim em fazer julgamentos sobre o que está acontecendo no presente. Para praticar o ceticismo nesse nível, não é necessário um laboratório de pesquisas ou uma viagem para uma reunião de vendedores de tempo compartilhado. Basta ligar a televisão.

A EFICÁCIA E O PODER do pensamento crítico e do método científico para descobrir a verdade e resolver problemas complexos são freqüentemente comprovados. Sabe-se que estudiosos e cientistas famosos,

THINK!

desde Pascal até Stephen Jay Gould, tornaram-se poéticos sobre o papel que a intuição, o acaso e os momentos "heureca!" desempenharam ao ajudá-los a resolver problemas ou tropeçar numa descoberta. Minha teoria sobre isso (embora não possa ser testada) é que grandes pensadores também são fascinados por esse aspecto do processo do pensamento humano, pois, em primeiro lugar, ele não pode ser "explicado" de todo e, em segundo, eles passam 99 por cento do tempo no modo crítico clássico. A intuição e todos os outros tipos de inspiração são válidos, mas, para terem algum valor como insight ou descoberta, eles ainda devem ser testados e demonstrados. Como eu havia observado no início, não costumamos nos interessar pela quantidade de insights intuitivos que acabaram amassados na lixeira. No meu estúdio, tenho várias prateleiras cheias de momentos "heureca!", que não foram publicados. Geralmente, não são pulos milagrosos do pensamento que produzem obras criativas magníficas, descobertas revolucionárias ou sucessos estrondosos, mas sim conhecimento concreto específico, estudos intermináveis, observação empírica detalhada, altos padrões, atenção refinada para detalhes, análise lógica e habilidade técnica – o estudo minucioso que Michelangelo fez da anatomia humana, o cálculo diferencial que Newton inventou, o ensino prático de Frank Lloyd Wright e seu estágio com um arquiteto renomado, o conhecimento enciclopédico de estatística de um administrador de time de baseball. Ulrich Kraft, em artigo intitulado "Unleashing Creativity"* escreve o seguinte: "Vários psicólogos sugeriram modelos diferentes do processo criativo, mas a maioria inclui uma fase 'preparatória' prévia. A preparação é difícil e demorada."

Embora o pensamento crítico e criativo e o método científico tenham carregado nas costas o peso da labuta que deu origem às obras

---

*"Liberando a Criatividade." (*N. da T.*)

ESCUTAR A HARMONIA DA RAZÃO...

de arte mais fabulosas da humanidade e às descobertas mais revolucionárias sobre o universo físico, a sociedade moderna tende a empurrá-los para um canto, enquanto colocam a emoção e a intuição num pedestal para serem adoradas. Os estudiosos não falam do poder do racionalismo científico, mas de seus limites. Professores universitários renomados são intimidados por estudantes e colegas, fomentadores de uma cultura de culpa, para assumir uma posição defensiva com relação à ciência e sua capacidade de controlar a natureza. Feministas, ambientalistas e outros grupos que se sentem ameaçados ignoram os milagres do dia-a-dia, inclusive os médicos, viabilizados pela ciência, e acusam o racionalismo de criar mais problemas em vez de resolvê-los, bem como de impor um amplo sistema de valores ocidental, machista e caucasiano à cultura e à sociedade.

E nós que pensávamos estar usando a cabeça, nada mais. Porém, qualquer solução intelectualmente satisfatória e pragmática para o declínio do conhecimento, raciocínio e pensamento na sociedade terá, no final das contas, de se debruçar sobre essas críticas.

Pelo menos, uma parte da explicação para a tendência de ignorar ou condenar a razão e enaltecer a emoção e a intuição parece ser a natureza humana. John McCrone, no livro *The Myth of Irrationality*, diz que a crença de que temos uma essência emocional e criativa misteriosa está profundamente enraizada na psique humana popular. McCrone afirma que essa crença está errada:

Isso é o que queremos acreditar de nós mesmos e não o que a evidência nos demonstra. Gostamos da idéia de que abrigamos um poço secreto de poder. Ela torna nossa vida mais interessante — como morar na encosta trêmula de um vulcão que pode entrar em erupção a qualquer momento [...] No entanto, apesar do inegável charme, essa crença na irracionalidade humana é um mito.

299

Think!

McCrone diz que a solução para compreender a mente humana é vê-la como um fenômeno social. Porém, tudo indica que a crença popular identificada por McCrone é a mesma responsável pelo "mito" sobre a existência de uma alternativa real para a razão – ou seja, a crença generalizada de que é possível continuar dependendo do instinto e de julgamentos instantâneos para ir levando a vida e ser bem sucedido. Outra explicação para a atração que a emoção exerce é a natureza igualitária da sociedade. A razão e o pensamento crítico são vistos por muitos como elitistas ou dependentes de poderes especiais, pois são freqüentemente – mas nem sempre – acentuados por um mínimo de instrução formal. Em nível mundano, isso explica a moda atual do interesse em livros que pregam o poder da intuição – do feitio de *Blink*. No nível mais subversivo política e socialmente, o instinto igualitário ou anarquista pavimentou o caminho para o movimento pós-modernista, com seu evidente desafio aos pilares centrais do pensamento crítico e da ciência: a verdade e a objetividade.

O pós-modernismo tem suas raízes na moda Dadaísta da década de 1920, e continuou sendo desenvolvida por uma série de intelectuais franceses, dentre os quais merecem destaque Jacques Derrida e Michel Foucault. Em contraste com a busca pela estética, ética e conhecimento racionais do Iluminismo, o pós-modernismo preocupa-se com a "autenticidade" desses ideais. O movimento elaborou um vocabulário retórico que, continuamente, questiona e subverte essa autoridade por meio de um método chamado desconstrução. O pós-modernismo alega que não existe nenhuma verdade ou beleza universal, apenas perspectivas múltiplas, fragmentadas, que estão, elas próprias, sempre abertas a reinterpretações infinitas. Do ponto de vista pós-modernista, jamais uma pessoa poderá dizer, em termos absolutos, que sabe algo.

Seria tentador, embora ingênuo, desacreditar essa teoria como uma bobagem intelectual. Entretanto, conforme detalhado em livros

ESCUTAR A HARMONIA DA RAZÃO...

como *The Closing of the American Mind*, de Allan Bloom, o pós-modernismo tornou-se uma forte influência em nossas universidades e cultura. Bloom observa: "Há uma coisa de que o professor pode estar completamente certo, ou seja, praticamente todo aluno que ingressa na universidade acredita, ou diz acreditar, que a verdade seja relativa." Muitas pessoas crêem que o movimento tenha seqüestrado o ensino universitário, e que seu objetivo político último seja limitar a liberdade de expressão e acabar com o debate aberto e a manifestação de idéias. Essa noção espalhou-se até as escolas do curso fundamental, onde alunos recebem exercícios para contar o número de pessoas em uma história e categorizá-las segundo sexo e raça; e professores de ciência costumam organizar discussões e projetos em torno dos males provocados pela ciência e tecnologia. Ao declarar que a ciência é um tipo de propaganda para um sistema de valores da elite privilegiada, conseguiu-se macular politicamente a razão e o método científico. Desde os anos 1960, quando o pós-modernismo floresceu em toda sua exuberância, a razão foi associada, subliminarmente, à elite governante e tachada de inapropriada. Ironicamente, o pós-modernismo se valeu, pelo menos na imaginação geral, da própria ciência e de leis físicas, como a da relatividade e do princípio quântico da incerteza – embora ambas operem em áreas bem distantes da experiência cotidiana humana e sejam irrelevantes para ela.

No que se refere à prática e à abordagem, no entanto, o pós-modernismo nada tem a ver com a ciência. Essa alegação é sustentada pelo fato de que "algo tão pós-moderno" quanto o princípio quântico da incerteza – uma característica do mundo subatômico, que foi confirmada pelo método científico como sendo "verdadeira", em termos absolutos, incondicionais – tenha sido rejeitado pelos pós-modernistas. Além disso, o princípio da incerteza não se aplica ao mundo macroscópico da experiência comum, no qual podemos medir tanto a

Think!

posição quanto o *momentum* dos objetos com perfeita exatidão, fato comprovado cada vez que voamos em um avião. Apesar disso, os pós-modernistas parecem querer ir ao extremo para embaralhar o senso comum e destruir a "ilusão" de que estamos realmente vendo o que vemos; que nossos sentidos e experimentos nos dão, na grande maioria das vezes, uma descrição absolutamente correta do mundo como ele é. Numa famosa tirada, um pós-modernista conhecido declarou que até mesmo a constância da velocidade da luz seria uma artefato humano ou um valor cultural. Essa deve ter feito Einstein se virar no túmulo! A emoção e o medo obscurecem a observação empírica. A perspectiva pós-modernista fraturada de "muitos mundos", no entanto, torce nossa *interpretação* das observações, pois cria um clima de confusão, no qual os fatos ou dados devem ser, antes de qualquer coisa, ajustados aos sentimentos projetados por terceiros ou a um "bem" universal. Partindo de semelhante paradigma, tentar encontrar explicações para as observações – por exemplo, que garotos podem ser irrequietos e desordeiros, que meninas têm notas mais baixas em matemática, ou que apenas uma pequena percentagem de afro-americanos consegue ler textos mais complexos – invariavelmente levará à proposta de causas – e soluções – políticas complexas, em vez de práticas e simples. Segundo nossa sociedade não-objetiva, esses dados, essas observações simplesmente não podem significar o que, aparentemente, significam. Procuramos por um mal ou uma censura que funcione em algum nível social ou psicológico, para, em seguida, solicitarmos a cura ou reparação a alguém (geralmente, ao governo). Negar a objetividade tem seu preço. Com cada droga ou programa especial que nos é apresentado como cura, somos levados a crer que a sociedade eficiente e igualitária, que tanto almejamos, encontra-se logo ali. Um estado (ou droga), no entanto, não ensina uma pessoa a sobressair-se em leitura ou matemática, ou a integrar-se socialmente. As habilidades

ESCUTAR A HARMONIA DA RAZÃO...

cognitivas são complexas demais para serem apreendidas com uma hora de aula por dia. As soluções para esses e outros problemas, obviamente, só serão viáveis em nível cultural e pessoal.

O pós-modernismo, na verdade, não passa de uma travessura intelectual e de um puxão de cabelo, ainda que tenha objetivos altamente politizados. Uma criança que explode uma caixa de correio com fogos de artifício está agindo de acordo com um dos mais profundos princípios do pós-modernismo – destruir, criar desconforto para aqueles que conseguiram conforto através dos frutos da razão e de uma vida racional. Mesmo assim, tendo em vista os objetivos políticos e subversivos, o pós-modernismo requer a nossa máxima atenção. Felizmente, sua premissa primeira é refutada pela lógica e pela ciência que o movimento despreza. Por exemplo, os pós-modernistas afirmam que a ciência, o pensamento crítico e a racionalidade incorporam o sistema de valores branco, ocidental e machista e, portanto, ao ensinar e praticar tais métodos, naturalmente se chegaria a uma sociedade que desvaloriza a ética e a perspectiva de outras culturas. Primeiro, a afirmação não é sustentada por evidências – evidências do uso da lógica e da razão foram constatadas em inúmeras culturas, inclusive no antigo Egito, Babilônia e na cultura Maia. Hoje, indivíduos de todas as raças e ambos os sexos estão empenhados em pesquisas científicas. Além disso, a afirmação de que a racionalidade é derivada de valores de um grupo branco e machista é, por si só, racista e sexista. Barbara Ehrenreich* se vangloria, na Z Magazine, de sua posição: "Jamais submeteria a idéia de racionalismo a uma classe ou raça mais elitista. Por que eu lhes cederia isso? É uma pretensão perturbadora." Finalmente, a ciência cognitiva demonstrou que o cérebro humano vem equipado para

---

*Conhecida escritora e ativista política norte-americana. Apesar de haver se formado em física e ter um doutorado em biologia celular, seu interesse em mudanças sociais levou-a a optar pela militância política em vez da carreira científica. (N. da T.)

THINK!

resolver problemas pelo uso do raciocínio lógico. Isso não significa que todos tenham a mesma capacidade para usar a lógica, mas algumas habilidades lingüísticas inatas comprovam que o cérebro humano tem a tendência de fazê-lo. É o que Steven Pinker afirma em *Como a mente funciona*: "As crianças usam *e*, *não*, *ou* e *se* corretamente antes dos 3 anos [...] Inferências lógicas são onipresentes no pensamento humano, principalmente quando compreendemos a linguagem." Resumindo, o raciocínio parece ter valores predefinidos, mas esses valores são universais para todas as culturas e ambos os sexos. O raciocínio é elitista apenas no fato de algumas pessoas dominarem melhor seus princípios e sua prática do que outras – nascemos com os elementos rudimentares da habilidade de raciocinar.

Quanto ao fato de não haver padrão universal para algo como verdade ou beleza, já fiquei observando o pôr do sol, incontáveis vezes, com milhares de outras pessoas, da Mallory Square, em Key West, e nunca ouvi alguém sair de lá dizendo: "Que coisa horrível!"

EM DALLAS, EM 1989, eu me encontrava num salão de conferências lotado e ouvi Stanley Pons anunciar, durante um encontro com a American Chemical Society*, que ele e seu colega Martin Fleischmann haviam descoberto um meio de gerar uma reação de fusão nuclear sustentável em laboratório, algo chamado de fusão fria. Apesar de não haver nenhum mecanismo conhecido e viável para explicar a fusão fria e de a pesquisa ainda não ter sido submetida ao crivo e à experimentação dos pares, assim que a apresentação chegou ao fim, um salão repleto de pessoas com profundos conhecimentos científicos levantou-se e ovacionou Pons pela descoberta fenomenal.

---

*Sociedade Norte-Americana de Química. (*N. da T.*)

ESCUTAR A HARMONIA DA RAZÃO...

Acredito que todas essas pessoas tenham se banhado nas águas medicinais do ceticismo nesse meio-tempo. Desde aquela declaração, a fusão fria morreu uma morte silenciosa. Poucos químicos duvidam de que aquilo que Pons e Fleischmann (dois cientistas de credenciais indubitáveis até então) afirmaram ter acontecido durante seu experimento tenha, de fato, acontecido. O problema é que nem eles nem outros jamais puderam repetir o feito, pelo menos, não com certa regularidade. Também ficou claro que, o que quer que os cientistas tenham produzido em laboratório, não se tratava de uma fusão nuclear. A fusão fria foi relegada ao purgatório infame da ciência, chamado de "artefatos". Essa história também demonstra que nem pensadores críticos treinados profissionalmente nem o pensamento crítico em si são infalíveis. A fusão fria nos lembra que a ciência e a razão são praticadas por seres humanos, que, freqüentemente, misturam suas crenças, preconceitos e egos no processo do pensamento.

No livro *The Same and Not the Same*, o ganhador do Prêmio Nobel Roald Hoffmann observa que o irracional costuma estar perigosamente próximo da superfície, em muitos cientistas. A seguir, alguns comentários feitos sobre um dos estudos que Hoffmann havia apresentado para o processo de revisão de pares (os cientistas fazem observações anonimamente, por meio de terceiros):

Não sou nem nunca fui um admirador do trabalho realizado por Hoffmann no campo inorgânico e organometálico. Para um jogador de bridge, as intromissões paralelas, por mais inteligentes que sejam, não têm o menor interesse. Hoffmann é muito inteligente – mas não o suficiente para fazer algo de positivo. Intrometer-se, mesmo de forma positiva, torna-se cansativo com o tempo.

O elemento humano durante o pensamento e a prática científica desperta especulações quanto aos limites dos métodos racionais do

THINK!

pensamento. Filósofos e não-cientistas afirmam que o valor da vida costuma se encontrar no contexto subjetivo. Não há dúvida de que nem tudo que ocorre em sociedade é quantificável, calculável ou previsível. Essa ambigüidade é apresentada da seguinte forma, numa análise publicada em uma revista *Economist*, de 2005: "Parece que qualquer teoria sobre como o 11 de setembro mudou os nova-iorquinos é refutada com uma explicação igualmente plausível." A realidade é confusa, vaga. Que tipos de insights, soluções e verdades o pensamento crítico pode nos oferecer? John Horgan, no livro *O Fim da Ciência*, afirma que os cientistas estão sofrendo de uma escassez no que se refere ao tipo de perguntas a que a ciência e a mente humana podem responder de fato. Na opinião do autor, a ciência moderna está se tornando, cada vez mais, "irônica", "ao fazer perguntas irrespondíveis, ela nos lembra que todo o nosso conhecimento é parcial e nos conscientiza do pouco que sabemos". Outros, como o físico Robert Laughlin, dizem que não é a ciência que está chegando ao fim, mas a visão reducionista, do tipo "causa-e-efeito", inerente ao raciocínio lógico. Segundo essa visão, argumenta ele, criou-se "a falsa ideologia do domínio humano sobre todas as coisas". Em *A Different Universe*, Laughlin detalha como ele e outros cientistas passaram a estudar as propriedades não-lineares e "emergentes" que não haviam sido previstas por teorias ou modelos padronizados.

Os problemas a serem resolvidos pela ciência podem ou não estar se esgotando, mas nós os temos de sobra em nosso dia-a-dia. É possível que as propriedades emergentes se tornem uma nova e fascinante área de estudo nos limites da ciência, embora a maioria de nós ainda seja atormentada pelas propriedades iminentes, o aqui e agora. A verdade é que poderíamos usar uma dose daquele bom e velho pensamento crítico reducionista e objetivo, do tipo "causa-e-efeito", para resolver o problema da espuma que escapa do ônibus espacial, tornar

Escutar a harmonia da razão...

Nova Orleans perfeitamente segura contra inundações, ajudar grande parte da população a aprender a redigir melhor, administrar empresas numa economia global, embasada no conhecimento, reconstruir o Iraque de forma mais eficiente, combater o aumento dos preços da saúde pública e, em larga escala, ajudar cada indivíduo a alcançar seus objetivos e enriquecer sua vida.

Até alguém encontrar uma maneira melhor de resolver esse tipo de problemas, a abordagem analítica, reducionista, científica é o único jogador em campo. Ela deve combinar a avaliação, a lógica e a análise com a ação; caso contrário, todo o esforço será inútil. Pensando bem, o método reducionista e científico é muito mais flexível e de fácil acesso e ético do que muitos acreditam. A fusão fria, por mais que comprove a falibilidade da ciência, também prova sua qualidade fundamental – a capacidade de se autocorrigir. Poucos dias após a declaração de Pons, cientistas tentaram repetir a experiência sem obter sucesso e deram sinal vermelho ao bravateador. Em vez de ser elitista, a ciência e o pensamento crítico baseados em observação, raciocínio lógico e ceticismo incorporam os mais elevados ideais da democracia. A abordagem crítica e racional é a linha de defesa contra o dogma, o preconceito e a superstição. Pessoas podem tentar usar a ciência para fazer declarações excêntricas, como a superioridade de uma raça sobre a outra, mas o pensamento crítico pode organizar um exame exaustivo dos fatos e das evidências para refutá-las. Eventos horríveis como a Inquisição e o Holocausto foram manifestações da repressão de um questionamento aberto e racional pelo medo, ódio e poder do Estado, não uma conseqüência do racionalismo. A ciência pode ser utilizada para fazer coisas nefastas, como gás nervoso e bombas nucleares, mas o racionalismo científico, o processo de pensar racionalmente, tem demonstrado uma formidável resiliência ao ser envolvido em prol de causas funestas e torpes.

THINK!

Quando o pensamento crítico dá errado como método, deve-se a observações malfeitas (ou dados incorretos), falhas de memória ou raciocínio errado. Deficiências no raciocínio podem ser provocadas por falta de rigor lógico, em função de algum apelo emocional. Algumas das falácias, que podem ser categorizadas por tipo, são a falsa causa, a generalização precipitada, a falsa analogia e o "declive escorregadio", resumidas a seguir.

FALSA CAUSA

Proposições com falsa causa são uma fonte comum de erros no raciocínio lógico. Um dos erros mais comuns de falsa causa é o raciocínio *post hoc*. *Post hoc* é uma expressão extraída de uma frase latina mais longa que, traduzida, significa "depois disso, portanto, por causa disso". O raciocínio *post hoc* implica em aceitar que um evento foi provocado pelo evento que o antecedeu. Por exemplo: "um homem cometeu assassinato após assistir a um programa de televisão com cenas violentas, portanto a violência na televisão deu origem ao seu comportamento." A associação temporal entre os dois eventos não prova um vínculo causal. Outra variação, às vezes chamada de falácia da causa única, costuma ser muito usada na mídia e é parafraseada da seguinte maneira: "Um estudo descobriu que pessoas que comem peixe vivem mais, portanto, comer peixe fará com que você viva mais." Raramente há um único fator numa circunstância complexa, como a saúde de uma pessoa, que seja responsável pelo resultado geral – neste caso, não adoecer e ter vida longa.

ESCUTAR A HARMONIA DA RAZÃO...

GENERALIZAÇÃO PRECIPITADA

Uma conclusão baseada em poucos exemplos ou em um exemplo atípico pode levar a generalizações que não têm fundamentos reais. Por exemplo: "Tive um problema com o motor no meu carro da GM. A GM constrói carros de má qualidade." A indústria automobilística norte-americana tem sido alvo de crítica, portanto a lógica soa plausível. No entanto, a empresa J. D. Powers efetuou um levantamento da qualidade dos veículos ao saírem da fábrica e constatou que, nos últimos anos, a GM vem construindo os veículos de melhor qualidade no mercado. A generalização apressada também pode levar a estereótipos e preconceitos: "Pedro foi despedido porque faltava muito ao trabalho. Latinos são irresponsáveis." Uma amostragem maior certamente refutaria essa afirmação preconceituosa.

FALSA ANALOGIA

Uma comparação entre duas coisas que não são iguais em qualquer aspecto relevante é ilógica. A falácia costuma ser usada como artifício retórico, com objetivos políticos, para influenciar os sentimentos da população, como no exemplo a seguir: "O senador vem de família rica e privilegiada. Ele não compreende as necessidades da classe trabalhadora." Se o caráter de alguém dependesse apenas de sua origem, pessoas que nasceram na cidade seriam incapazes de apreciar a natureza e crianças nascidas de pais pobres e sem instrução jamais desejariam freqüentar a universidade. Outra falsa analogia é utilizada na afirmação hipócrita "o que é bom para uns, também é para outros", como ocorre em: "Dar maior autonomia aos empregados tornou as empresas mais eficientes. Se dermos mais autonomia às crianças, em casa e nas

THINK!

salas de aula, elas aprenderão melhor." A eficiência no local de trabalho pouco tem a ver com o ensino e a criação de filhos. Tal raciocínio costuma ser insinuado, embora não seja diretamente verbalizado.

DECLIVE ESCORREGADIO

Este tipo de argumento é freqüentemente usado para evitar mudanças ou riscos. A falácia do declive escorregadio parte do princípio, sem qualquer evidência, de que um evento levará, inevitavelmente, a outros eventos, em geral, com resultado indesejado. Às vezes, o argumento é usado para justificar a ineficiência ou a burocracia de uma companhia ou governo, afirmando que qualquer mudança exporá os envolvidos a novos riscos incontroláveis, como se percebe por exemplo, na afirmativa: "Se reduzirmos de cinco para uma a quantidade de assinaturas necessárias para alocar dinheiro em casos de assistência emergencial ou de catástrofes, o dinheiro será desviado." Mas aqui, o especialista em lógica deve avaliar o ganho em potencial enorme, contra o risco relativamente pequeno (com um sistema de controle e balanços) de algumas perdas menores. A falácia também tem sido ouvida com freqüência em outras partes do mundo, ultimamente, no bordão a seguir: "Os Estados Unidos invadiram o Iraque unilateralmente e adotam uma política unilateral com o objetivo de ter a supremacia sobre o mundo." Embora a invasão do Iraque, liderada pelos Estados Unidos, não tivesse o apoio unânime de todos os países do mundo, ela não foi unilateral, mas consistiu em uma coalizão de mais de trinta países que aceitaram tomar parte, voluntariamente. Livrar um país de um ditador, permitir que o povo redija a própria constituição e eleja os próprios líderes e sair de lá assim que for possível não me parece condizer com a definição de querer ser hegemônico.

ESCUTAR A HARMONIA DA RAZÃO...

As FALÁCIAS NO RACIOCÍNIO e os erros comuns no pensamento crítico são previstos e nem sempre são ruins. Eles são parte essencial do processo de tentativa e erro, enquanto se aprende a pensar bem. Por exemplo, em 1911, Einstein tentou calcular o quanto um raio de luz envergava ao passar pelo campo gravitacional do Sol – no seu cálculo, o fator de erro foi dois. Em *Einstein: A Relative History*, Dr. Donald Goldsmith relata que os eventos comprovariam que suas "tentativas de solucionar os problemas que surgiam ao procurar explicar a gravidade levaram-no a alguns erros úteis".

O pensamento crítico, a prática da observação, avaliação e de fazer inferências lógicas de modo a chegar a conclusões coerentes não precisa ter, necessariamente, um objetivo científico ou útil. Pode ser usado, simplesmente, para se aprofundar em assuntos a fim de aprimorar a conscientização e o discernimento. Por falar em coisas que não sei: Qual a diferença entre as cervejas "lager" e "ale"? O que foi o movimento de "Beaux Arts"? O que significa "to say a song" ou "musician 'swings'"? Como sabemos que um tapete persa é de boa qualidade?

O mundo está cheio de conhecimento "silencioso", que jamais se revelará sozinho. Ele precisa ser sintonizado e amplificado por um cérebro curioso e ativo. O pensamento crítico desempenha um papel vital em filtrar esse conhecimento, retirando as impurezas, a fim de usá-lo para informar e nutrir uma das capacidades humanas mais ecléticas: "gosto" e discernimento. Gosto costuma ser chamado de conhecimento crítico e aqueles que o usam, de críticos. Mas o gosto, que é uma compreensão refinada de "por que" e "como" as coisas funcionam de determinado jeito, aparentemente também é um ingrediente essencial na criatividade de pessoas criativas. A seguir, por exemplo, a opinião do guitarrista Pat Metheny sobre o estilo do pianista Paul Bley, na canção "*All the Things You Are*", partilhada durante uma entrevista no *New York Times*: "A relação que ele tem com o tempo é o que há de

311

THINK!

melhor em empurrar e puxar; combatê-lo e, ao mesmo tempo, frase a frase, fazer essas conexões interessantes entre o contrabaixo e a bateria, dando a impressão de que está um pouco no topo e, em seguida, um pouco atrás." O ouvido treinado de Metheny é capaz de discernir coisas na música que a maior parte de nós perde.

A vida, por um ou outro motivo, permite pouca imobilidade. Como tantas outras coisas, o cérebro ou está se desenvolvendo ou está se perdendo. Inúmeros estudos baseados em imagens feitas do cérebro demonstraram que as pessoas que se mantêm ativas mentalmente tendem a sofrer menos de senilidade, e que quanto mais cedo o cérebro for ativado, melhor. A ginástica mental pode variar – aprender uma segunda língua, fazer palavras cruzadas, tocar um instrumento musical, entalhar madeira, ler, escrever – mas os efeitos costumam ser os mesmo: um cérebro que sabe mais e pensa melhor.

Ler e escrever são particularmente importantes para o pensamento crítico, visto cientistas cognitivos terem reconhecido, há tempos, que a linguagem é a chave para todo o pensamento superior. O poder do pensamento é tão bom quanto a qualidade da linguagem na qual ele é expresso. Escrever é pensamento crítico em ação e, tendo isso em vista, a exigência de apresentar um ensaio escrito na prova de SAT já é um progresso. A explosão de e-mails é uma faca de dois gumes para as habilidades de redação: por um lado, significa que mais pessoas estão usando a palavra escrita para se comunicar do que em qualquer outra época da história; por outro, o estilo automático e interativo do e-mail não se presta para um pensamento balanceado e uma prosa rigorosa. A memória é outro componente crucial para um bom pensamento crítico, porque não importa quanto você sabe, se não consegue se lembrar. Escritores como Charles Dickens e Jack Kerouac parecem ter tido memória fotográfica, o que, em parte, estava relacionado com a meticulosidade com que observavam. Em casa, costumamos jogar o

312

Escutar a harmonia da razão...

jogo da memória. Uma centena de cartas é colocada no chão, de cabeça para baixo, em dez fileiras de dez. Cada carta tem uma figura – um violão, um peixe, um palhaço – sendo que sempre há duas figuras iguais. O objetivo do jogo é encontrar as cartas com a mesma imagem e conseguir maior número de pares, a fim de ganhar a partida. Se você virar a carta com o palhaço, por exemplo, o truque é lembrar onde se encontra a carta com o outro palhaço, que alguém desvirou quatro lances antes. Uma vez que nem minha mulher nem eu jamais conseguimos ganhar das crianças, os resultados comprovam, sem sombra de dúvida, que, pelo menos na minha casa, a memória está relacionada à idade. Estudos demonstraram que uma dieta melhor e mais exercícios físicos também aguçam a memória. Sendo assim, espero que, com um pouco de esforço, eu consiga evitar cair no barranco.

Pensamento crítico, método científico, racionalismo – estes são termos ligeiramente diferentes usados para definir uma abordagem rigorosa, que explora o conhecimento e a observação a fim de fazer inferências lógicas que levarão a julgamentos sensatos, decisões acertadas e à verdade. Por meio desta abordagem, foram feitas descobertas revolucionárias e não-intuitivas sobre o universo físico; foram planejadas e executadas monumentais obras de arte; foram aperfeiçoados métodos para aumentar a eficiência, os lucros, a produtividade e os percentuais de conquistas em centenas de áreas e profissões diferentes. Muitas vezes, mas nem sempre, conhecimento específico e métodos analíticos avançados são necessários para maximizar a eficiência técnica. O raciocínio lógico encontra-se em seu cerne, e a história e a psicologia demonstram que ele é inato ao cérebro humano e universal para todas as culturas. O método pode falhar, mas, com o tempo, geralmente se autocorrige. As pessoas podem aperfeiçoar o pensamento crítico se

THINK!

esforçando para melhorar a memória, tornando-se mais observadoras, aprendendo o máximo que puderem e sendo céticas. Se, no entanto, permitirmos que nossa sociedade e legislação continuem a ser informadas pela subjetividade em detrimento da objetividade, com a desculpa de que o mundo é composto de um sistema de verdades isoladas, exclusivas para cada indivíduo ou identidade grupal, então não resta nenhuma esperança de usarmos o raciocínio para resolver qualquer problema, ou até chegar a um consenso em questões substanciais. Teremos conseguido extinguir a eficácia do nosso poder maior e, portanto, logicamente, teremos conseguido extinguir a nós mesmos.

CAPÍTULO 12

Um jeito fácil e rápido de salvar a civilização

George Reynolds sabe como resolver problemas. Ele é diretor de iniciativas industriais e universitárias da Northrop Grumman e já detectou e solucionou problemas em dezenas de projetos, eliminando desperdício e excessos e economizando, com isso, milhões de dólares para o fornecedor aeroespacial e militar. Em praticamente todos os casos, observa ele, o maior obstáculo não era técnico, e sim administrativo – mudar hábitos ineficientes e modos de pensar que se institucionalizaram e causaram, de saída, os problemas. "Todo mundo é a favor do progresso; ninguém é a favor de mudanças", afirma Reynolds, ironicamente.

Hoje, os Estados Unidos encontram-se em circunstância semelhante. O maior quebra-cabeça não é propriamente solucionar problemas, mas corrigir o pensamento que causa os problemas. Não há dúvida de que, em qualquer situação específica – como no retrocesso do desempenho dos estudantes, nas falhas em atendimentos de emergência, na falta de previsão ou originalidade no combate do terrorismo –, erros de lógica ou dados escassos possam ter sido a causa principal do erro. Mas a complexidade e gravidade do âmbito dessas calamidades sugerem um mal-estar intelectual que consiste em mais

THINK!

de uma parte – não apenas um colapso do pensamento, mas um rompimento entre o pensamento e a ação, uma disjunção entre o planejado e o executado, entre o propósito e o resultado.

Certamente há muitas explicações alternativas para falhas na execução do que, em outras circunstâncias, seria considerado pensamento confiável; ou para a impossibilidade de pensar de todo; mas creio que a explicação mais fácil e abrangente seja um consenso generalizado da mentalidade instantânea. É a redução do poder outrora outorgado ao pensamento crítico e à razão, a perda da habilidade de argumentar para influenciar pessoas, políticas e instituições, que está levando a um retrocesso nos resultados norte-americanos e da civilização ocidental como um todo. O desafio mais premente de nosso tempo é mudar essa mentalidade.

A tarefa inclui nada menos do que mudar, voluntariamente, um padrão que rege o pensamento e institucionalizou a emoção, o dogma, as maquinações políticas, a falsa ciência, a aversão ao risco e a culpa em detrimento do empirismo, da objetividade e da razão. Os interesses em jogo são altos – nada menos do que nosso padrão de vida, a segurança nacional e a possibilidade de elevar a qualidade de vida em outras partes do mundo. Sem um modelo objetivo ou uma estrutura como ponto de referência, este modo de pensar está criando uma sociedade à sua imagem e semelhança – uma associação frouxa de universos isolados, cada um governado de acordo com suas "verdades" auto-refletidas, capaz de conversar e se comunicar apenas consigo mesmo, defendendo seu direito à auto-estima, agindo como seu próprio juiz e árbitro, e produzindo o equivalente a uma pane moral e intelectual. Jacques Barzun, no livro *From Dawn to Decadence, 500 Years of Western Cultural Life*, ressalta que, nas condições modernas atuais, não importa o quanto uma determinada proposta possa parecer acertada, "Não serão só dois, mas três ou quatro grupos, organizados ou

Um jeito fácil e rápido de salvar a civilização

improvisados, estarão prontos com argumentos contrários" para opôla. Desnecessário dizer, a possibilidade de se realizar qualquer coisa em semelhante sociedade é drasticamente limitada. Barzun acredita que tal condição favoreça "o impulso para o primitivismo", uma perspectiva abertamente hostil às condições da vida moderna e à situação atual, além de perpetuamente em busca de causas para promover – o combate à energia nuclear, às minas terrestres, a questão do aborto. O resultado disso: "As instituições funcionam com dificuldade. Repetição e frustração são inevitáveis."

Kenneth Minogue, professor de ciências políticas na London School of Economics, num artigo intitulado "How Civilizations Fall"*, publicado no *New Criterion*, afirma que o limite entre a barbárie e a civilização foi obscurecido pela subjetividade e igualitarismo, encorajados pelas próprias instituições políticas e sociais ocidentais.

No passado, a civilização era uma sensibilidade partilhada por uma classe de pessoas, enquanto a barbárie era encontrada não só em tribos para além da fronteira, mas também entre os escravos e serviçais dentro dos domínios da própria cultura. Nas democracias liberais modernas, essa clara distinção entre uma cultura e uma classe desapareceu. Todos se comovem com formas mais elevadas de cultura. O ensino, museus e a mídia estão ao alcance de todos. Mas a barbárie permanece uma força ativa na sociedade moderna, devido tanto à grosseria e à ignorância, quanto à perda de coerência cultural entre os que confundem alguns anos em uma instituição de formação superior com o ensino em si.

É fato que os bárbaros estão jantando conosco. Minogue sugere que essa não-elite, caracterizada, ao que parece, apenas pela extrema

---

*"Como ocorre a derrocada das civilizações." (*N. da T.*)

Think!

carência de idéias, talento e originalidade, usou os privilégios da sociedade democrática ocidental para usurpar o poder com a intenção, na melhor das hipóteses, de moldá-la de forma a servir aos seus interesses, e na pior, de destruí-la. O autor postula que o feminismo radical, em particular, enfraqueceu, e talvez haja condenado à morte, os princípios éticos e intelectuais sobre os quais a civilização foi capaz de crescer e florescer. Mas parece igualmente plausível que esses princípios estejam sendo corroídos pelo ambientalismo radical, multiculturalismo radical ou pela fomentação radical do medo. O que credencia esses diversos movimentos, de saída, é um modo de pensar que aceita proposições baseadas na emoção, subjetividade e em ideologias predeterminadas.

Nossa cultura de mercado não só encoraja a subjetividade, ela também a administra. Marqueteiros querem que nos sintamos especiais, "indivíduos", e, ao mesmo tempo, que não sejamos diferentes. As diferenças – isto é, diferenças reais entre pessoas – são um grande problema para os publicitários, pois elas segmentam a audiência e reduzem a receita. Para os marqueteiros, um mundo ideal seria aquele em que os homens gostassem das mesmas coisas que as mulheres, e estas, das mesmas coisas que eles. O cinema e programas de televisão demonstram o desejo dos produtores de representar uma sociedade completamente igualitária e quase andrógina, na qual as mulheres são valentes e aventureiras, e os homens, sensíveis e passivos. O Santo Graal seria um impactante "cruzamento", um filme, programa, romance que atraísse ambos os sexos, todos os grupos étnicos e faixas etárias. Durante os últimos três anos e antes mesmo de ganhar um torneio, a golfista adolescente Michelle Wie deve ter recebido mais cobertura em jornais diários do que Jack Nicklaus em toda sua carreira. Por quê? Porque seus adversários, em alguns torneios, eram homens. Wie, para sua idade, é uma excelente golfista, e a história realmente desperta in-

Um jeito fácil e rápido de salvar a civilização

teresse. Mas há centenas de rapazes, jovens golfistas amadores, tão bons ou melhores do que Wie, que jamais receberam uma única linha de publicidade no *USA Today*.

A ascensão da subjetividade e os padrões de fragmentação que ela impôs à vida norte-americana explicam uma série de tendências sociais e políticas. Primeiro, explica por que o "capital social" do país, ou seja, a afiliação a associações voluntárias não-religiosas tem decaído durante os últimos anos. Universos ilhados só procuram a si mesmos. Segundo, explica a crescente marginalização do pensamento crítico e da razão, e a valorização da imagem e do materialismo, como padrões para uma vida significativa e bem-sucedida. À medida que a lógica e a razão perdem influência nos resultados obtidos ou decisões tomadas no trabalho, em casa e na sociedade, é natural que as pessoas comecem a se perguntar: "Para que me dar ao trabalho?" Tomar decisões emocionais e subjetivas tornou-se um meme, uma tendência ao autofortalecimento. Quando perguntei a uma pessoa cuja inteligência respeito por que estava apoiando o protocolo de Kyoto para a redução de emissões de dióxido de carbono (um não-poluente) ao custo de bilhões de dólares, quando a maioria dos cientistas confirma que essas reduções não terão impacto no clima terrestre, ela respondeu: "Uma vez, Reagan disse que eram as fezes dos pássaros, e não a poluição, que estavam provocando a acidez dos lagos. Foi então que cheguei à conclusão de que tudo depende daquilo em que você quer acreditar."

Longe de ser uma exceção, essa perspectiva tornou-se a norma, indicando o colapso da crença humana na razão como forma de resolver os problemas, guiar o progresso e argumentar inteligentemente em diversos níveis de polidez. É claro que a acidez de alguns lagos no oeste dos Estados Unidos não se devia às fezes de pássaros, mas às emissões de dióxido de enxofre e de nitrogênio (liberados pela

Think!

queima do carvão por usinas da região), que se alojavam na chuva e no solo (essas emissões foram reduzidas significativamente desde 1990). Mas, por um exemplo ingênuo de desprezo intelectual, essa pessoa, como muitas outras, sofreu uma profunda lesão psicológica, que não lhe permite mais confiar nas qualidades da própria mente. Criou-se mais um universo insular, num oceano através do qual é impossível construir uma ponte ligada à razão.

A fragmentação causada pelo banimento da razão da vida pública parece estar alimentando um círculo vicioso cada vez mais acelerado. O pensamento crítico acaba em desuso ou é contaminado por falácias; quando é usado, costuma ser ignorado ou desacreditado, fazendo com que caia ainda mais em desgraça. Hoje, conforme observou o historiador James Harvey Robinson, "a maior parte de nosso suposto raciocínio consiste em encontrar argumentos para continuar acreditando naquilo em que já se acredita". Ironicamente, uma sociedade de universos insulares, cada um com suas crenças convictas e inabaláveis – embora a maioria dessas crenças não tenha sido submetida a qualquer exame prévio –, não está produzindo diversidade, e sim uniformidade. Já que a mente que carece de crítica e curiosidade não é criativa, com o tempo, o nivelamento do conhecimento, das idéias e das atitudes acontece por baixo. "Somos o que pensamos", diz o ditado e, na medida em que o pensamento nãocrítico absorve fatias cada vez menores do mundo, ele também se torna cada vez mais superficial. Ele vomita trivialidades, dá voz a meias-verdades e preconceitos alheios e é incapaz de expressar nuanças. A rápida deterioração da crítica literária e social norte-americana não se deve à falta de escritores e estudiosos famosos, mas é conseqüência da falta de público. A preponderância de livros explicando "Como fazer..." é resultado da demanda do mercado, produzida por uma mente superficial que se afastou do entendimento, da

UM JEITO FÁCIL E RÁPIDO DE SALVAR A CIVILIZAÇÃO

prudência e do gosto para se aproximar do campo nivelado, da recompensa instantânea e do resultado rápido. Tal sociedade, com o tempo, invariavelmente torna-se mais e mais exigente, dependente de serviços. Não é nenhuma coincidência que tenha havido uma contínua expansão do intrometimento do governo na vida dos norte-americanos, apesar de um quarto de século de tentativas mais ou menos sérias para reduzi-lo e um forte consenso popular para dar conta do serviço. Crenças subjetivas não estão equipadas para participar do mundo; elas querem é ser cuidadas. Enquanto nos recolhermos a nossos universos insulares, evitando riscos, ansiosos por preservar nossos sistemas de crenças a todo custo, sensíveis à opinião alheia, limitando as manifestações como homens e mulheres livres a um mínimo, o sistema informal do qual a vida civil e pública depende começa a ruir. Uma coesão que, normalmente, surgiria a partir da interação social, cívica, comercial e intelectual tem de ser imposta por regras. Nesta sociedade fragmentada, hobbesiana*, criada por nós, os propósitos são projetos grandiosos, estudos mais aprofundados, maior supervisão e programas adicionais. Estamos cedendo a ação de governar a especialista e instituições.

Butler Shaffer, professor de direito na Southwestern University School of Law, analisa os efeitos nefastos da expansão do Estado e da burocracia para sociedades avançadas num artigo intitulado "The Decline and Fall of a Civilization"**. A seguir, um trecho:

O problema com tudo isso, alertam-nos os historiadores, é que a institucionalização dos sistemas que produzem os valores dos quais depende a civili-

---

*Baseada na filosofia do inglês Thomas Hobbes (1588-1679), segundo a qual os membros da sociedade devem submeter-se a um poder centralizado e abrir mão da liberdade natural para que essa autoridade possa assegurar a paz. (*N. da T.*)
**"O declínio e a queda de uma civilização." (*N. da T.*)

THINK!

zação acaba destruindo essa mesma civilização. Arnold Toynbee* observou que uma civilização começa a declinar quando há "uma perda de energia criativa na alma de indivíduos criativos" e, com o passar do tempo, a "diferenciação e diversidade que caracterizava uma civilização dinâmica são substituídas por 'uma tendência à padronização e uniformidade'".

Por que a burocracia e, mais especificamente, a institucionalização de valores provoca o declínio de uma sociedade? Resumidamente, porque as sociedades criativas e produtivas são sociedades dinâmicas, capazes de se adaptar a condições complexas e mutáveis. Mesmo na época do Império Romano, o mundo nunca era previsível; e hoje, é menos ainda. Numa sociedade globalizada, estruturada na comunicação de conhecimento em tempo instantâneo e com amplo alcance, informações, tendências e eventos ocorrem rápido demais para as instituições poderem padronizar e prever. No entanto, como demonstra a letargia no combate ao retrocesso do ensino básico, ao terrorismo globalizado, aos efeitos do furacão, os Estados Unidos, símbolo por excelência da iniciativa e responsabilidade individual, ficaram paralisados com a ilusão de que são as instituições, e não as pessoas, que resolvem os problemas. Uma sociedade atolada num pântano de regras, regulamentos, comissões e departamentos, todos governados como feudos por pequenos imperadores e imperadoras, está de mãos atadas.

Visto a sociedade norte-americana moderna ter uma estrutura aparentemente racional – planos, sistemas, modelos –, alguns críticos argumentam que as falhas e os problemas são causados pela própria razão. De acordo com essa teoria, os limites inerentes ao método racional acabariam fazendo com que ele se voltasse contra si mesmo. Outros, como o escritor John Ralston Saul, ampliaram o tema a ponto

---

*Historiador britânico (1889-1975). (*N. da T.*)

UM JEITO FÁCIL E RÁPIDO DE SALVAR A CIVILIZAÇÃO

de torná-lo uma acusação abrangente da razão e da ciência como causas primeiras de toda e qualquer atrocidade e mal que tenha acometido o Ocidente nos últimos quinhentos anos. No livro *Voltaire's Bastards*, Saul escreve o seguinte: "O século XX, que presenciou a vitória definitiva da razão pura no poder, também testemunhou o desencadeamento sem precedentes da violência e da deformação do poder. É difícil, por exemplo, deixar de notar que o assassinato de 6 milhões de judeus foi um ato perfeitamente racional." O livro é um compêndio assustadoramente prolixo, de uma constante retórica obtusa, sem qualquer fundamento com evidências ou lógica. Na verdade, longe de ser racional, o Holocausto foi o epítome por excelência da loucura. Ele não foi o produto da razão, da lógica ou da evidência, mas o resultado do delírio, da histeria, da hipnose em massa, e de uma sede assassina que usou um povo como bode expiatório. Ingenuamente, Saul iguala a razão a um Estado, à sua formação e funcionamento. Mas um Estado funciona por causa do poder e por meio dele, e não pela razão, tendo como objetivo principal a autopreservação. Seu propósito é exercer a autoridade e manter a ordem. Qualquer sistema auto-referencial, como o Estado, geralmente não está estruturado – nem politicamente inclinado – para usar elementos do pensamento crítico (evidências, lógica, ceticismo) para descobrir, por exemplo, que um sistema diferente ou partido político de oposição tem uma boa idéia para reduzir o déficit e melhorar a alfabetização. E é por isso que os norte-americanos, por tradição, sempre temeram o crescimento do poder do Estado e redigiram uma constituição que, originalmente, o limitasse.

O que os Pais Fundadores deste país não previram é que o empirismo seria substituído por sentimentos, que a razão e a lógica seriam suplantadas pela subjetividade e que a sociedade daria menos importância a ações mensuráveis e ao trabalho do que à imagem e à percepção. Ao colocar os sentimentos em igual patamar que o intelecto e a

Think!

razão, automaticamente, afasta-se a sociedade da liberdade, objetividade e razão, tornando-a dependente de instituições, aceitando a intrusão do governo e padrões baseados em critérios subjetivos. É nessa direção que os Estados Unidos vêm escorregando durante quase um século. Professores universitários e intelectuais costumam não sofrer os efeitos de uma sociedade que responde à virtude, e não à razão. A justiça universal sempre é um padrão oscilante. Quanto vale, em dinheiro, uma indenização por danos físicos e morais provocados pelo derramamento de café?* Cinco milhões de dólares? Cem milhões de dólares? Até que ponto se pode administrar o risco de alguém se machucar desempenhando certa atividade – uma chance em mil, ou em um milhão? Se Johnny, Alicia ou José não sabem ler, de quem é a culpa? O fato de estarmos integrados e sermos multiculturais implica em darmos igual valor a todas as idéias? O presidente do Departamento de Língua Inglesa da Pennsylvania State University observou o seguinte, certa vez: "Aposto como *A cor púrpura***, de Alice Walker, é mais ensinado em departamentos de inglês, hoje em dia, do que todas as peças de Shakespeare juntas. Como podemos fomentar a criatividade e os feitos em uma sociedade com padrões inexistentes ou relativos? Na década de 1980, testemunhei quando o diretor de recursos humanos de uma grande fábrica de automóveis informou a um jovem que ele não receberia a promoção para o cargo que exigia melhores qualificações, embora tivesse tirado notas melhores do que muitos dos que haviam sido contratados, pois a companhia tinha de empregar mulheres e representantes das minorias. Aquele rapaz saiu do escritório zangado e perturbado; outro universo insular.

---

*Refere-se a uma ação movida por uma cliente contra a empresa Starbucks (cafeteria), depois de um atendente que a servia ter derramado café nela. (*N. da T.*)
**Drama sobre adolescente negra violentada pelo padrasto, separada dos filhos e entregue a um fazendeiro. (*N. da T.*)

324

Um jeito fácil e rápido de salvar a civilização

Uma vez que se envereda por ele, o caminho da subjetividade e dos sentimentos não leva a uma sociedade melhor, pelo contrário, ela se torna cada vez mais deficiente, dependente de instituições, programas governamentais, advogados, terapia, conhecimento adquirido, superstição e dogmas. Ele não produz um mundo mais "justo", e sim mais alienado e desmoralizado. Embora a razão possa falhar e ser utilizada para justificar a injustiça, ela também depende de um contexto social organizado, de leis e algumas limitações à liberdade. A razão, em essência, vem pré-embrulhada com a ética. Pessoas livres que adotam o pensamento crítico em busca de seus próprios interesses estão, naturalmente, buscando "o mundo que querem para si". Elas também estão construindo uma sociedade "justa", na qual todos são responsáveis por seus atos, e o interesse próprio só tem valor em relação ao interesse mútuo geral. Administradores das empresas de hoje demonstram nítida compreensão de como a razão e a busca por interesses próprios levam o conjunto a melhorar, quando têm por objetivo tornar a organização mais enxuta. O modelo de negócios predominante hoje em dia é baseado numa mentalidade enxuta, que elimina a hierarquia, descentraliza e cria divisões ou fábricas que operam independentemente, com total responsabilidade pelo projeto do produto ou do serviço, pelas vendas e produção. Uma empresa, por exemplo, a Magna International, Inc., estabeleceu um padrão no universo automotivo pelo sucesso da abordagem racional e enxuta, que conferiu aos empregados tanto um alto nível de responsabilidade quanto recompensas em potencial.

Ao refletir sobre o milagre da economia norte-americana, um artigo da *Economist* conclui: "quanto um país bem-sucedido como este poderia melhorar se realmente tentasse."

Além de um elogio, esse comentário também contém uma alegação potencialmente grave, uma questão que está levando muitas pesso-

THINK!

as no mundo inteiro e alguns norte-americanos a refletir. Será que "não fazer melhor" significa "estar em decadência"? Não preciso fazer nenhuma ode ao Império Norte-Americano. É evidente. A enorme riqueza dos Estados Unidos é prodigiosa e, provavelmente, sem precedentes na história. Economistas do grupo de estudos da Timbro, na Suécia, descobriu que, se a Europa fizesse parte dos Estados Unidos, apenas o PIB de Luxemburgo, per capita, seria equiparável ao dos estados americanos mais ricos (dos cinqüenta que formam o país). A população não deveria se ofender ao perceber a avidez com que se deseja detectar os primeiros sinais de decadência. Não é tanto a inveja que motiva essa curiosidade observadora quanto a precedência e evidência empírica. A ciência e a psicologia confirmaram que nada que é vivo existe em completa estase. Um ramo de lilases, um salmão, uma pessoa, uma civilização ou está se movendo para cima, para algum ápice orgânico, fisiológico, intelectual ou cultural, ou está se movendo para baixo. Por vezes, o movimento, como no mercado de ações, pode ser infinitesimal e passar praticamente despercebido. Outras vezes, pode haver uma série de pequenos e múltiplos picos e depressões. Com o tempo, no entanto, a tendência se estabiliza. A história, é claro, confirma que todas as grandes civilizações, impérios, reinados decaem com o tempo, embora continuem exercendo profunda influência muito depois de haverem atingido o auge. Enquanto a ascensão de determinada civilização, por exemplo, o Império Britânico, pode levar centenas de anos, seu apogeu – em termos de completa realização e extensão do poderio, criatividade e influência – costuma durar bem menos do que isso, às vezes, até menos de um século, e muitos historiadores acreditam que as causas para o declínio se estabelecem na cultura muito antes de os primeiros sinais de fraqueza se tornarem aparentes.

Não há nada de científico nas especulações sobre as causas do declínio de civilizações, mas uma das explicações comumente citadas

Um jeito fácil e rápido de salvar a civilização

pelos historiadores é o ciclo de vigor crescente alternado com a decadência gradual. O historiador James Anthony Froude resumiu o fato da seguinte forma: "A virtude e a verdade geraram a força, que levou ao domínio, que trouxe riquezas, que fomentou o luxo, que, por sua vez, induziu à fraqueza, levando ao colapso – a seqüência fatal repetida tantas vezes." O Império Romano, que floresceu entre 27a.C. e 300d.C., aproximadamente, parece haver seguido exatamente o padrão do ciclo, embora o luxo não tenha sido o único motivo da fraqueza que o assolou. Uma população decrescente dificultou o recrutamento de homens para servir o exército e cobrar os impostos dos cidadãos. O declínio foi acelerado por lideranças incompetentes e dissolutas. Com o tempo, o mau cheiro da deterioração alcançou os bárbaros, que invadiram Roma em 410d.C. O ímpeto para o declínio de outras civilizações tem sido atribuído a certos eventos específicos. A Dinastia Han, na China, de 206a.C. a 9d.C., por exemplo, apresenta sinais de que fora vítima de uma revolta popular contra a exploração senhorial. Uma visão mais surpreendente, embora politicamente correta, é a proposta pelo autor Jared Diamond, que parece ser a contraparte histórica de *Blink*: a ascensão e queda das civilizações são causadas por circunstâncias, meio ambiente e acontecimentos aleatórios, fortuitos.

Outra linha de pensamento na teoria do colapso de civilizações enfoca menos causas macroscópicas e pura sorte, para responsabilizar mudanças psicológicas de sua população. Não é o luxo, a corrupção ou a invasão em si que acabam por ameaçar e enfraquecer a sociedade, mas o declínio moral e espiritual, o tédio ou algum tipo de letargia intelectual. Essa, ao que parece, é uma descrição mais exata da situação nos Estados Unidos de hoje.

A mudança mais significativa no país, nos últimos duzentos anos, não foi política, econômica ou mesmo filosófica – foi psicológica. A subjetividade e as emoções substituíram a evidência empírica, o ra-

Think!

ciocínio e o ceticismo como fundamentos para o olhar da nação sobre a vida, a justiça e a busca da felicidade. E isso resultou numa epidemia de *desinteresse* intelectual. Para que demonstrar curiosidade sobre o mundo e o que se passa nele quando "aquele" mundo não tem a mínima relevância para a minha vida? "É tudo uma questão daquilo em que você prefere acreditar", é o bordão usual, que encobre a rendição da razão à emoção e intuição. Se tal olhar levasse, meramente, à relativização de valores e crenças, teria um sentido. Em vez disso, a tendência também está levando à relativização da capacidade de julgamento das pessoas, à inabilidade de tomar decisões acertadas, à falta de imaginação e criatividade e à perda de força de vontade. O resultado disso é que os interesses de muitas pessoas são definidos, primordialmente, em termos de causas, sendo a principal a que está voltada para si própria, sua identidade, sua cultura.

Samuel Huntington, no livro *O choque de civilizações*, alerta sobre a ameaça que uma fixação na identidade cultural e no separatismo pode tornar-se para o sistema político norte-americano.

Os Pais Fundadores viam a diversidade como uma realidade e um problema: daí o lema nacional, e pluribus unum, *escolhido pelo conselho do Congresso Continental [...] Posteriormente, líderes políticos que também temiam os perigos da diversidade racial, seccional, ética, econômica e cultural [...] responderam ao chamado de "uni-nos", e fizeram da promoção da unidade nacional sua responsabilidade mais premente. "Um método absolutamente eficaz de levar esta nação à ruína, ou impossibilitá-la de continuar sendo uma nação", alertou Theodore Roosevelt, "seria permitir que se tornasse um emaranhado de nacionalidades briguentas." Na década de 1990, no entanto, os líderes dos Estados Unidos não só permitiram isso, como promoveram, persistentemente, a diversidade, em vez da unidade do povo que governam.*

328

Um jeito fácil e rápido de salvar a civilização

Universos insulares, como já observei, são exigentes e requerem ainda mais assistência, aconselhamento e serviços governamentais e pessoais. O escritor e psicólogo Rollo May acredita que um sinal claro de que a sociedade norte-americana está em declínio é a crescente dependência de terapia.

No início de uma era (civilização), não há psicoterapeutas. Mas, quando ela chega ao fim – foi assim para todas as eras ao longo da história –, um em cada dois indivíduos torna-se terapeuta, pois não há como auxiliar as pessoas necessitadas, que formam longas filas na frente do consultório do psicoterapeuta. Creio que seja um sinal da decadência de nossa era, e não de nossa invejável inteligência. Em cada dois habitantes da Califórnia, um é psicoterapeuta.

É possível que a terapia seja necessária para alguns, mas, quando uma população em peso faz terapia, é sinal de ser uma indulgência que se tornou, para a maioria, um estudo do "self", o estudo de sua própria subjetividade. Tal estudo é imprescindível em um universo carente de verdades, no qual o autoconhecimento é o único conhecimento. Entretanto, num espaço de tempo prolongado, que é típico de muitas sessões de terapia hoje em dia, tal atividade prejudica a produtividade e a criatividade da sociedade. Em termos históricos, uma civilização declinará quando ela investe cada vez mais capital intelectual em preocupações que subtraem a riqueza e as inovações existentes, sem colocar nada no lugar. A terapia, usando terminologia empresarial, é "periférica".

Parece que não há muitas pesquisas sobre o papel que a subjetividade desempenhou na derrocada de grandes eras, civilizações e nações. Mesmo assim, é óbvio que deve haver uma relação. A objetividade está enraizada no mundo externo, suas leis físicas, no funcionamento da sociedade, nas necessidades práticas dos seres humanos; a subjeti-

Think!

vidade está fixada no "self", na contemplação da consciência e no significado de seus próprios estados emocionais. Foi a objetividade que motivou a humanidade a medir o mundo com a ciência e a matemática, desenvolver a linguagem, produzir ferramentas e dedicar-se à cerâmica, construir aquedutos e ocupar-se com a escultura e pintura. Todas as civilizações dinâmicas e criativas são, fundamentalmente, objetivas. A objetividade viabiliza a razão e o pensamento crítico. Os antigos gregos fizeram uso desse discernimento para formar um novo tipo de sociedade, a democracia. O significado da objetividade para a democracia grega, e para a democracia em geral, é esclarecido por Charles Van Doren, no seguinte trecho do livro *A History of Knowledge*:

> *Resumindo, de repente havia algo de novo no mundo, que os gregos chamaram de "episteme" e nós, de ciência. Conhecimento organizado. Conhecimento público, baseado em princípios que podiam ser periodicamente revistos e testados – e questionados – por todos [...] Houve enormes conseqüências. Primeiro, cresceu a idéia de que havia apenas uma verdade, não muitas, sobre tudo: as pessoas podiam até discordar, mas, se isso acontecia, então alguns deviam estar certos, e outros, errados.*

A idéia de que "alguns deviam estar certos, e outros, errados" não condiz com o multiculturalismo moderno, o feminismo radical nem o ambientalismo extremado e não-científico. Mas a objetividade e a razão são universais. Parece que a subjetividade cresceu em detrimento da objetividade, pois a subjetividade tornou-se o equivalente a uma solução rápida – um método de corrigir os erros percebidos no passado, de evitar o risco de futuros erros e de tornar a vida mais fácil. Se não dá para elevar uma população até certos padrões educacionais, reduza-os. Se vão protestar do lado de fora do seu escritório, não importa o que a ciência diga, mas você deve criar uma nova regulamentação

330

UM JEITO FÁCIL E RÁPIDO DE SALVAR A CIVILIZAÇÃO

bem cara, senão pode esperar um ovo na cara. A subjetividade tornou-se o instrumento preferido para a subversão política, a conveniência e a indenização. Em sua capacidade de instilar sentimentos extremamente debilitantes de culpa e autodepreciação na sociedade, a subjetividade parece ser uma característica de civilizações em declínio ou extintas. Niall Ferguson documenta, no livro *Empire*, o seguinte: "Quando fui a Oxford, em 1982, o Império não chegava nem a ser divertido. Naqueles dias, a Oxford Union* ainda debatia moções solenes como 'Esta casa ainda lamenta a colonização'." É claro, no entanto, afirma Ferguson, com a humildade apropriada, o Império Britânico do século XIX e início do XX fez muita coisa boa.

DE CERTA FORMA, PORÉM, os Estados Unidos têm a época, a localização e, até mesmo, a história a seu favor. Tirando a dependência do petróleo estrangeiro, o país não apresenta nenhuma fraqueza significativa que se originasse em sua geografia, nas rivalidades étnicas e ódios alimentados por ciclos históricos de violência, na mentalidade de estado do bem-estar social, ou num governo estruturalmente incorrigível. As mais conceituadas universidades e instituições de pesquisa da nação não têm concorrentes. O país conta com abundância de água, solo, recursos naturais e capital, além de ser movido a inovação e iniciativa privada desde sua fundação. Citando, novamente, Huntington: "A lição mais importante da história das civilizações, no entanto, é que muitas coisas são prováveis, mas nada é inevitável." Os Estados Unidos também são incentivados com oportunidades grandiosas e novas.

---

*Sociedade privada, composta de membros da Universidade de Oxford, que debatem assuntos diversos de forma acirrada. As sessões são, comprovadamente, ótimo treinamento para futuros políticos britânicos. (*N. da T.*)

Think!

O mundo está mudando, e os norte-americanos, tradicionalmente, têm conseguido se adaptar às mudanças melhor do que ninguém. Alguns estudiosos e escritores acreditam que o ataque terrorista de 11 de setembro marcou um ponto crítico na história, ridicularizando a noção de que todas as civilizações acabam se tornando Estados universais, idéia inicialmente proposta pelo filósofo Oswald Spengler. Em tempos modernos, a visão de Spengler foi reinterpretada com o sentido de que a globalização e a informação eletrônica transformarão o mundo em uma monocultura, na qual as únicas diferenças serão a eficiência e as realizações da economia de mercado de determinado país ou região. Em vez disso, está claro que ainda permanecem grandes diferenças sociais, culturais, políticas e econômicas entre as nações e regiões do globo. O mundo pode não ser tão plano quanto muitos – como Thomas Friedman* – supõem. Neste ambiente, serão as idéias e, mais importante do que só elas, as idéias em ação – e não a grandeza militar ou o muque econômico do tipo industrial – que desempenharão papel decisivo, influenciando relações internacionais, expandindo a democracia e viabilizando o sucesso de novos projetos de negócios. A influência futura de nosso país nessa área geopolítica dependerá, em grande parte, de sua capacidade intelectual e da habilidade de comunicar idéias logicamente para uma audiência global diversificada, da qual grande parte desejaria gostar dos Estados Unidos. As empresas norte-americanas certamente precisarão de pensamento crítico e de um conjunto de habilidades intelectuais específicas para competir de forma eficiente neste ambiente; da mesma forma nosso governo, para derreter o gelo e melhorar as relações com aliados tradicionais, e convencer países emergentes de que a democracia é no interesse *deles*.

---

*Jornalista norte-americano, três vezes ganhador do prêmio Pulitzer, escreve, principalmente, sobre relações internacionais. (*N. da T.*)

Um jeito fácil e rápido de salvar a civilização

Uma simples demonstração desse ponto é a guerra contra o terrorismo e a Guerra no Iraque, ambas seriamente comprometidas devido ao grande *deficit* de lingüistas especializados em árabe. Pode-se ampliar esse princípio e continuar conjecturando como seriam melhores as relações com nossos aliados e os chamados parceiros estratégicos se não só tivéssemos um grande corpo diplomático, mas grupos consideráveis de cidadãos fluentes em alemão, francês, chinês ou russo. Costuma-se perder muito na tradução, por outro lado, igualmente importante é o que a língua materna simboliza para uma nação – a incorporação de sua história e cultura. Fomos mimados com a universalidade do inglês, mas a simples habilidade de falar outra língua pode conquistar tanto, ou mais, quanto milhões em ajuda externa ou rodadas de diplomacia de ponte-aérea.

O pensamento crítico e, mais especificamente, o pensamento crítico de melhor qualidade também é necessário dentro de nossas fronteiras, para abordar problemas de longa data como o ensino, a decadência urbana, a saúde pessoal e a disparidade racial em leitura, redação e outras habilidades essenciais para a vida profissional. Para convencer a população da importância do pensamento crítico aplicado, ela deve reconhecer que não se pode esperar que o governo encontre soluções pragmáticas e eficazes para esses e outros problemas complexos. Não há nenhuma evidência empírica de que qualquer governo, seja onde for, possa fazer mais do que fornecer soluções de remendo para problemas cruciais como esses. As soluções, especialmente em um país fundamentado nos princípios da liberdade e da responsabilidade individual, devem vir, no final das contas, da própria população.

A questão maior que se coloca é como os Estados Unidos passarão de uma sociedade regida pela emoção, ideologia e conveniência política para uma guiada pela razão e pela lógica? Em capítulos anteriores, sugeri soluções específicas – voltar a um estilo parental ativo, que provê

Think!

apoio e orientação; correr riscos e aceitar mudanças como um meio de ampliar a mente e encontrar satisfação; buscar os elementos necessários para o pensamento crítico e estudá-los; além de compreender que existe uma verdade objetiva fora de nós. Esses passos aumentarão a importância que se dá ao conhecimento e permitirão que se pratique a arte de fazer inferências e julgamentos, apoiando-se em observação e em dados. Algumas mudanças institucionais também favoreceriam a causa do pensamento crítico. Um relatório compilado por um grupo de cientistas internacionais, "Statistics, Science and Public Policy"*, insta o governo a fazer melhor uso dos cientistas em prol dos interesses públicos. As recomendações contidas no relatório fazem sentido em vista das anomalias criadas por políticas e leis torpes que têm sido introduzidas na sociedade, e dos custos delas decorrentes. É compreensível que projetos eleitoreiros, redundância burocrática, ambientalismo e segurança em excesso, a responsabilidade civil extracontratual, programas de ação afirmativa, reportagens preconceituosas ou incontestavelmente falsas na mídia tenham instilado, na mente do público, sérias dúvidas sobre a existência da objetividade e da verdade. Reformas profundas na legislação e nas instituições são imprescindíveis para restaurar a confiança de que vivemos em um mundo racional, governado por um conjunto de leis racionais, que se aplicam igualmente a todos.

Mas a maior mudança deve ser filosófica. Uma coisa é pedir a alguém que leia. Outra, bem diferente, é criar e viver em condições nas quais a leitura seja considerada importante, e até essencial. Por isso, os objetivos do aprendizado não podem se restringir à habilidade de recitar as capitais dos estados ou de calcular a circunferência de um círculo. O ensino deve ser visto como imprescindível para uma sociedade funcional, por meio do emprego e *aceitação* do pensamento crítico e da

---

*"Estatística, Ciência e Política Pública." (*N. da T.*)

Um jeito fácil e rápido de salvar a civilização

lógica como meios para resolver problemas, tomar decisões e determinar políticas. Chester Barnard verbalizou isso da seguinte forma: "Para mim, a contradição mais interessante e impressionante da vida é o fato de quase todo mundo falar constantemente de 'lógica' [...] por um lado, e pelo outro, esse mesmo grupo ser incapaz de manifestá-la e relutar ao ver outros manifestarem-na." Se uma família, empresa ou governo não aceita os fatos e as conclusões logicamente inferidas a partir deles, nem age de acordo com eles, então todas as afirmações sobre a importância do aprendizado tornam-se ocas. As pessoas podem aprender por meio de um treinamento, a fim de preparar-se – e aos seus filhos – para exercer funções necessárias no desempenho de certas tarefas. Sob condições regidas pela subjetividade e emoção, não há muita motivação para aceitar o desafio de um estudo abrangente, que dure toda a vida, para desenvolver o pensamento crítico.

Digo que "não há muita motivação" porque acredito que o aprendizado é sua própria recompensa, algo que só tem a acrescentar à qualidade de vida e à plena satisfação. Estou certo de que não sou nenhuma exceção. Parece haver uma crescente e reprimida demanda por conhecimento e idéias na vida pública norte-americana. A população dos Estados Unidos é a quarta do mundo que mais investe em livros per capita, e a popularidade de best sellers como *O caçador de pipas* e *John Adams* demonstram que os norte-americanos estão lendo mais do que romances sensuais ou de suspense. A crença de que nós só pagamos para assistir a filmes de ação tolos, sem diálogos, cheios de violência e efeitos especiais é um mito. Os dois filmes de maior bilheteria de todos os tempos foram *Titanic* e *Guerra nas Estrelas*, dificilmente o tipo de filme que se poderia chamar de "mete bala". Numa entrevista para a PBS, o escritor Gregg Easterbrook diz ver sinais de uma mudança de valores em muitos grupos da sociedade norte-americana.

THINK!

Uma teoria que descarto é a que diz estarmos num período de transição, passando de uma carência material para uma carência de significado [...] Creio que as pessoas estão adquirindo novo interesse em realmente sentir que sua vida tem significado ou valor. É senso comum, hoje, você sabe, a gente pensar: moro numa casa bonita, tenho um carro confortável, meus filhos estão na universidade, mas que significado tem a minha vida? Que propósito ela tem? Tenho a impressão de que é muito mais comum pensar nisso hoje e, obviamente, acho que isso é saudável.

Uma tendência que apóia a observação feita por Easterbrook é o crescimento de "Socrates cafés", que são encontros informais semanais, dedicados à discussão de questionamentos filosóficos. Esse conceito surgiu do livro homônimo de Chris Phillip e, no momento, há aproximadamente 150 desses grupos de encontro no mundo, sendo a maior parte nos Estados Unidos. Durante um deles, numa cafeteria de Seattle, debateram-se questões como "Até que ponto a mídia é responsável pela cultura *trash*?" e "Que lugar a música deve ter na sua vida?", de acordo com um artigo publicado no *Seattle Post-Intelligencer*. Um dos participantes disse que uma coisa é dar, simplesmente, sua opinião, e a outra é justificá-la, como se espera dos participantes do café.

Objetividade, raciocínio e evidência empírica foram as bases do método desenvolvido pelo grande filósofo. Os cafés são uma idéia maravilhosa, pois, independentemente da posição social e profissional, os indivíduos precisam de manifestações claras e de experiências próprias que mostrem a imensa utilidade do pensamento crítico para sondar o mundo e resolver problemas práticos.

Não é de surpreender que uma forma de mergulhar diretamente na capacidade do pensamento crítico é ler ou escrever críticas. Por críticas, quero dizer uma avaliação racional de um trabalho, questão, evento, organização ou da sociedade em geral. Houve um tempo em que esse tipo de

Um jeito fácil e rápido de salvar a civilização

crítica era muito escrito e lido em pequenas gazetas e revistas. Algumas dessas publicações ainda estão em circulação, mas não costumam ser muito lidas. Hoje em dia, as pessoas são confrontadas com crítica apenas em resenhas de livros ou na seção de opiniões sobre restaurantes em jornais. A prática da crítica deveria, em primeiro lugar, fortalecer a conscientização, e não a consciência ou sentimentos, à semelhança de Michael Moore. Há um motivo para Moore sempre usar um boné. Ele é um moleque, com estilingue no bolso traseiro, acertando alvos grandes e fáceis. Seu método de fazer filmes é altamente subjetivo. Moore já tirou suas conclusões antes de começar a filmar. E para que seu método funcione, alguns fatos devem ser selecionados, e outros, rejeitados. Só podemos supor que sua obra atraia certo grupo de pessoas, não só pela política que ela abarca, mas também pela forma como ela retrata a percepção seletiva da vida e da sociedade desse mesmo grupo.

A GRANDE MARÉ DE EMOÇÃO E julgamentos instantâneos que varreu o país parece puxar e empurrar as pessoas para duas margens opostas. Ou tudo está certo neste país, ou tudo está errado. Nenhum dos dois lados é objetivo ou construtivo. No entanto, quando se trata de transmitir a mensagem para o público, as evidências demonstram o seguinte: seja na questão subjetiva de filmes ou histórias cobertas pela mídia, ou na execução de políticas públicas ou da lei, o lado do "tudo está errado" geralmente é a maioria. Muitos estrangeiros que só conhecem os Estados Unidos por meio de Hollywood ou da mídia, acham que os norte-americanos vivem num estado que faz lembrar Uganda, no qual uma diminuta porcentagem vive em mansões, e os demais moram em favelas, guetos ou trailers. O sentimento de culpa e autodepreciação ficou tão em voga que algumas pessoas tentam formalizá-lo pelo projeto de reconstrução do Ground Zero – como se não houvesse melhor lugar. Um as-

Think!

pecto desse projeto, o Centro da Liberdade Internacional e o Centro de Desenho, foi projetado e revelado como "parte de um tributo duradouro à liberdade", segundo o governador de Nova York, George Pataki. Um parente de uma das vítimas do 11 de setembro, no entanto, chamou o Centro da Liberdade de "tutorial multimídia, de alta tecnologia, sobre a desumanidade entre os seres humanos", conforme publicado pelo *Wall Street Journal*. Debra Burlingame, a parente em questão, acrescentou que sua construção no Ground Zero seria "criar um 'Museu de Tolerância' sobre os túmulos submersos do USS Arizona*". A comissão que supervisiona o projeto do Centro da Liberdade está reavaliando os planos.

Seria ótimo se a restauração da objetividade e da relevância do pensamento crítico na sociedade norte-americana fosse tão fácil quanto pedir às pessoas que abram mão de seus fetiches, sofrimentos, raivas pessoais e de todo tipo de extravagância emocional; para aceitarem a responsabilidade pela própria situação, mesmo que isso signifique permitir que alguém ou alguma coisa as trate de forma arrogante ou injusta. O problema, creio eu, não é que as pessoas não consigam ou não queiram mudar. O problema é que grupos numerosos — advogados, burocratas, empresas, feministas, minorias, ativistas — vêm se beneficiando com a institucionalização da subjetividade. O distanciamento da ciência, a politização da tomada de decisões, a eliminação dos padrões e a cumplicidade da mídia com a indústria do medo são fenômenos que não nasceram espontaneamente em solo norte-americano. Eles são o resultado de uma pressão política sistemática e de uma conscientização de que votos, empregos e muito dinheiro podem ser ganhos com toda essa baboseira.

Estou convencido, no entanto, de que todos os norte-americanos têm muito mais a ganhar, a curto e longo prazo, se terminarem esse

---

*Encouraçado norte-americano afundado durante o ataque japonês a Pearl Harbor, com 1.117 homens a bordo. (*N. da T.*)

Um jeito fácil e rápido de salvar a civilização

romance de quarenta anos com o idealismo subjetivo e voltarem para as raízes empíricas e objetivas do país.

* *Saúde/Satisfação*: Uma vida construída em torno de sentimentos subjetivos costuma ser repleta de ansiedade e medos injustificados. Uma mente intrigada com o mundo objetivo, capaz de fazer perguntas e resolver problemas, não é garantia contra a degeneração física e mental, mas as evidências demonstram forte relação entre o conhecimento e a inteligência, e o sucesso e a longevidade.

* *Segurança Nacional*: Já sabíamos, há muitos anos, onde estavam bin Laden e a Al Qaeda. Sabíamos que planejavam um ataque. Uma estratégia mais bem estudada e o *desejo* de levá-la a cabo poderiam ter evitado o 11 de setembro.

* *Dinheiro*: Os problemas latentes de uma enchente em Nova Orleans, conseqüência de uma tempestade de maiores proporções, já eram conhecidos e vinham sendo estudados há anos. Uma solução poderia ter custado alguns bilhões de dólares. Uma estimativa conservadora dos custos com a reconstrução da cidade varia entre 70 e 200 bilhões de dólares.

* *Crescimento econômico*: Lembrando o questionamento na revista *Economist*, quanto os Estados Unidos poderiam melhorar, se realmente tentassem? Apesar de aguçadas e profissionais por fora, muitas empresas norte-americanas sofrem da mesma mentalidade e burocracia "de mãos atadas" vista em vários níveis da sociedade e do governo. O crescimento e os lucros de muitas de nossas empresas avançam lentamente à medida que as linhas de produção estão se desenvolvendo, e a competição além-mar vem crescendo. Formandos com melhor pensamento crítico, de todas as universidades do país, não só das escolas de elite, são necessários para estimular novos ciclos de inovação e desafiar as antigas

Think!

teorias sobre como fazer negócios, muitas das quais não se aplicam mais a uma economia de conhecimento global.

- *Relações exteriores*: Como afirma Stephen Walt no livro *Taming American Power*, o fato de muitos países preferirem, de má vontade, a preponderância dos Estados Unidos no mundo em detrimento de outras opções ainda não significa que eles tenham de se render ao seu poder. Os Estados Unidos devem ser persuasivos e, para tanto, precisam aprender mais do que apenas um segundo idioma, embora isso também já ajudasse. Os norte-americanos devem aprender mais sobre a história e a cultura dos outros povos e nações, não para "celebrar" a diversidade, mas para compreender, especificamente, como e por que o mundo funciona. A nação precisa de diplomatas que consigam antecipar o padrão da propaganda antiamericana e debatê-la com vigor. Por exemplo, durante uma reunião com a Subsecretária de Estado para Diplomacia Pública, Karen Hughes, uma senhora saudita afirmou que os Estados Unidos tornaram-se um país de direita, no qual críticas ao governo haviam sido coibidas, de acordo com artigo publicado pelo *New York Times*. A senhora Hughes respondeu o seguinte: "Devo dizer que, às vezes, gostaria que isso fosse verdade, mas não é." Resposta inteligente, mas ela devia ter citado evidência empírica. Será que a senhora saudita ouvira falar do filme de Michael Moore, *Fahrenheit 911*? Ela sabia da enxurrada de críticas dirigidas pela mídia ao governo, após o furacão Katrina?

Não estou sugerindo que um retorno à objetividade e melhor pensamento crítico possam fornecer respostas claras a todas as questões. Não vivemos em um mundo preto-e-branco e a própria verdade freqüentemente é confusa. Mas, quando se precisa de respostas, não há alternativa. Além disso, os benefícios em potencial listados aqui não são

UM JEITO FÁCIL E RÁPIDO DE SALVAR A CIVILIZAÇÃO

de fácil acesso. Para receber o bônus da objetividade e do pensamento crítico, é necessário um grande esforço e a incorporação de um novo paradigma na vida pública norte-americana e em seu sistema educacional. Começando no ensino básico, precisamos dar mais ênfase ao estudo de história, geografia e política geral, e ao desenvolvimento das habilidades necessárias para o pensamento crítico e criativo. Esse último "módulo" de ensino consiste na resolução de problemas genéricos, não matemáticos; na redação de ensaios e resenhas; e na prática da retórica e do debate. Este estilo de educação "liberal" tradicional, como observa o professor William B. Allen, no trecho a seguir, dará aos alunos as habilidades de que necessitam para viver e trabalhar: "Uma educação liberal desenvolverá nos alunos as habilidades de falar, escrever, pensar criticamente e raciocinar eticamente, além de outras que empregadores afirmam serem essenciais em muitos setores profissionais."

É possível que todas as grandes civilizações, inevitavelmente, entrem em colapso. Visto, ao que tudo indica, os Estados Unidos estarem destinados a serem guardiões dos valores de liberdade, autonomia verdadeira e objetividade, herdados do Iluminismo ocidental, considero imperativo que o país dê tudo de si para protelar a complacência moral e mental, que vem com o sucesso e a afluência. Ainda mais tendo em vista que o verdadeiro significado de nossa experiência histórica, gravado na fundação da república, é o progresso. Aceitar menos que isso, limitar arbitrariamente o potencial dos seres humanos em nome da segurança, do igualitarismo ou de qualquer outra ideologia, significa corroer a bandeira do governo popular ao mesmo tempo em que se iça a bandeira da tirania. Para evitar isso, os Estados Unidos precisam engajar o mundo, e a si mesmos, comprometendo-se, novamente, com suas energias intelectuais vitais e substanciais. Os indivíduos desta nação precisam redescobrir e asseverar seu espírito revolucionário, que foi, e nunca deixou de ser, a coragem de usar sua própria inteligência.

341

Agradecimentos

Este livro é o resultado de uma vida, durante a qual procurei reduzir minha ignorância. Assim, não estou certo se a lista de pessoas que me apoiou e colaborou com este empreendimento desafiador – levando-o até o produto final, este livro – realmente tem um início bem definido. Portanto, recorro ao privilégio do autor e, simplesmente, "listarei a esmo".

Meus pais e irmãs, Dawn e Sandy, além de minha falecida irmã, Linda, e suas respectivas famílias têm sido uma fonte infinita de inspiração, discussão, amor, risadas e apoio moral durante todos esses anos e o longo processo que deu forma a este trabalho. Eu seria negligente se não mencionasse o apoio sutil, embora incomensurável, de meus amigos do peito, no meu caso, Michael Lowe, Michael Schaefer, Bob Cardinal, Gary Stroutsos e Tom O'Brien, cujo ceticismo, fôlego para longas noitadas e talento para traduzir literalmente as experiências de vida mantiveram-me alerta e encorajaram-me na minha busca pela verdade. Também gostaria de fazer um agradecimento especial ao meu bom amigo Jeff Cianci, pelos "Anos em Miami" (sim, porque eles desempenharam papel importante neste livro) e por aparecer com um contato-chave, que deu a partida em todo este projeto.

Não tenho palavras para expressar a extensão da gratidão que sinto para com minha agente, Nina Collins. Ela não só acreditou neste livro de saída, bem como forneceu consultoria técnica perspicaz, tanto na formulação da proposta quanto em algumas nuanças estilísticas

Think!

e estruturais. Seu assistente, Matthew Elblonk, também foi imprescindível na viabilização da proposta. Da mesma forma, tenho uma dívida de gratidão imensa para com Louise Burke e Mary Matalin, forças motrizes por trás desta nova edição da Simon and Schuster, Inc., Editora Threshold; além do que sinto-me honrado e realizado por *Think!* ser o primeiro livro desse novo empreendimento, altamente estimulante, que certamente mexerá com a cena cultural e política dos Estados Unidos.

Meu editor, Kevin Smith, foi vital e indispensável no desenvolvimento do estilo e da estrutura do livro. Seu dom perceptivo para a narrativa e para o tom do texto impediu-me de ir por outros caminhos tentadores, mas questionáveis. Igualmente grato sou ao assistente dele, Joshua Martino, por fornecer um nível maior de controle de qualidade, pelo seu apoio sólido e profissional em várias frentes. Além disso, agradeço ao copidesque, Sean Devlin, e ao editor de produção, Al Madocs, por extirparem da minha prosa, minuciosamente, tanto os erros grandes quanto os microscópicos.

Considero-me extremamente afortunado por haver "descoberto" Christine Honeyman, pouco depois de ter começado a escrever o livro. Volta e meia, sua pesquisa rendeu estatísticas e registros valiosos, além de outras informações que conferem a este livro, acredito eu, seu embasamento em evidências, sem limitá-lo a mero fruto de minha imaginação. Também não posso perder esta oportunidade para agradecer a minha editora adjunta de longa data, Cindy Macdonald, que me ensinou, desde cedo, muito sobre a importância da clareza e da precisão.

Finalmente, infinitos agradecimentos, com muito carinho, à minha esposa, Anneli, e filhas, Kristen e Katherine, pelo apoio inabalável, motivador e entusiasta a esta obra, e por terem sido tolerantes com a minha negligência.

Notas

Capítulo 1

13 BARDI, John. "Thinking Critically about Critical Thinking" (s. ed.), p.1.

14 OECD/PISA 2003, banco de dados, p. 33.

15 Resultados do National Assessment of Educational Progress 2003 *U.S. News & World Report*, 24 de novembro de 2003, p.12.

15 LUTZ, Bob. Palestra realizada na Society of Automotive Engineers World Congress, 12 de abril de 2005.

16 National Commission on Writing. "Writing: A Ticket to Work... or a Ticket Out". *New York Times*, Nova York: Brent Staples, 15 de maio de 2005. "Redação: uma passagem para o emprego... ou não."

16 GLADWELL, M. *Blink: The Power of Thinking Without Thinking.* Little Brown and Co., 2005, introduction.

____. *A decisão num piscar de olhos*, Rocco, 2005, Rio de Janeiro.

36 "Four Places Where the System Broke Down", *Time*, 19 de setembro de 2005, p. 16-23.

Think!

39   HOLTON, G. "Einstein and the Cultural Roots of Modern Science". Daedalus, Inverno 1998, p.14.

40   RUSSELL, B. *A Free Man's Worship*. London: Unwin Paperbacks, 1917.

Capítulo 2

44   LOEWENBERG, Bert James. *American Thought in American History*. Nova York: Simon & Schuster, 1972, p. 14.

45   SUMMER, William Graham. www.criticalthinking.org.

45   RUGGERIO, R. *Beyond Feelings: A Guide to Critical Thinking*. Mc.Graw-Hill Higher Education, 2003, p. 21-22.

48   *Canadian Plastics*, 15 de fevereiro de 2005. Citação do Enterprise Value Stream Mapping.

50   University of California, Berkeley. *International Journal of Behavioral Research*, 2004.

51   Time Americans Spend Reading, NPD Group, Port Washington, Nova York.

52   National Institute for Literacy. "Reading Facts". www.nifl.gov.

52   NORMAN, D.A. *Things That Make Us Smart*. Perseus Books, p.15.

55   CNN/USA Today poll (pesquisa de opinião). *USA Today*. 23 de junho de 2005, D1.

55   KREVOLIN, R. *Scriptwriting Secrets*. Maio 2002, p.14.

56   WHITE, C. *The Middle Mind*. HarperSanFrancisco, 2003, p. 44.

    ___. *A Mente Mediana*, 2004, Francis.

NOTAS

62   MAMET, D. *New York Times*, 13 de fevereiro de 2005, OpEd Section, p.15.

62   University College (estudo mencionado), James Shreeve. *National Geographic*, Março de 2005, p.16.

64   McKENZIE, J. www.fno.org.

Capítulo 3

67   WAAL, C. de. *On Pragmatism*. Thomson Learning Inc., 2005, p.15.

68   "It depends on what the meaning of the word 'is' is." *In:* Starr Grand Jury Investigation Report, nota de rodapé 1, p. 128. "Depende do significado da palavra 'ser'".

71   CAREY, B. *NewYork Times*. 3 de julho de 2005, seção 4, p. 3.

73   U.S. productivity statistics (estatísticas sobre a produtividade dos EUA), United States Department of Labor, Bureau of Labor Statistics, "Revised Data for 2003".

73   KRUPA, F. "Have the courage to use your own intelligence!" *In:* "History of Design from the Enlightenment to the Industrial Revolution", www.translucency.com. "Tenha a coragem de usar sua própria inteligência!"

73   EVANS, Harold. "They Made America". *In:* GENZLINGER, Neil. *New York Times Book Review.* 23 de janeiro de 2005, p.14. "Originality is not the prime factor, effectiveness is". "A originalidade não é o fator primordial, mas a eficácia é."

75   SAE World Congress, 12 de abril de 2005. "We're actually training our engineers to be managers." "Estamos treinando os nossos engenheiros para se tornarem administradores."

Think!

80   Ibid., "Customers are becoming more diverse". "A clientela está se tornando cada vez mais diversificada."

82   HOFSTADTER, R. *Anti-Intellectualism in American Life*. Nova York, Vintage, 1962, p. 25-50.

84   YOUNG, Cathy. "Intelectual warfare". *In: Reasononline*, Maio de 2002. "What people Deeply resent out there are those in the blue states thinking they're smarter." "As pessoas se ressentem profundamente porque a população dos estados 'azuis' se considera mais esperta."

86   LOEWENBERG, Bert James. *American History in American Thought*, p. 261. "I pay no attention to what I have been taught." "Eu não dou nenhum valor aos ensinamentos que recebi."

88   Ibid., p. 93.

88   Ibid., p. 90.

89   DILORENZO, T.J. *How Capitalism Saved America*. Crown Publishing Group, 2004, cap. 7.

91   LOEWENBERG, Bert James. *American History in American Thought*, p. 141. "The genuine liberty on which America is founded is totally and entirely a New System of Things." "A liberdade genuína sobre a qual os Estados Unidos estão fundamentados é um completo e inteiramente 'Novo Sistema de Coisas'."

91   Ibid. p.166, "The revolution was fought with words." "A revolução foi uma batalha de palavras."

91   Ibid. p. 170, "The first King of England." "O primeiro rei da Inglaterra."

NOTAS

Capítulo 4

95 DILLER, L. *Running on Ritalin*. Nova York: Bantam Books, 1999, cap.1.

96 "Ritalin is Poison". *In:* The DeWeese Report, FreeRepublic.com, p. 4 Comentário sobre efeitos colaterais do Ritalin.

96 Statistics on ADD prevalence (estatísticas referentes à regularidade de DDA). Reuters Limited, 2 de setembro de 2005, yahoo.com.

98 DAMRON, David. "Students use ADD pills as study aid." *In: Journal of American College Health*, 26 de janeiro de 2005, www.messengerenquirer.com.

98 JOHNSON, Linda. "Celgene grows to No.9 biotech company on once-loathed drug." Associated Press, 24 de abril de 2005. Market for Ritalin and other ADD-controlling drugs (Mercado para o Ritalin e outras drogas controladoras do DDA).

99 WALKER, Sidney. *A Dose of Sanity*. Nova York: Wiley & Sons, 1996, p.22. "The low level of intellectual effort was shocking." "O baixo nível de esforço intelectual era surpreendente".

99 Ibid., p. 20. "To read about the evolution of the DSM." "Se você ler sobre a evolução do DSM".

100 Ibid., p. 18. "The visceral dislike of medicine." "A aversão visceral... contra a medicina."

101 HOFF SUMMERS, C. *The War Against Boys*. Nova York: Simon & Shuster, 2001, p. 46.

101 O'SHEA, Tim. "ADD/ADHD: The Designer Disease", 1999, www. chiro.org. "As yet no distinctive pathology." "Até o momento, não foi delineado nenhum distúrbio."

349

THINK!

103 SATEL, S. & HOFF SUMMERS, C. *One Nation Under Therapy*. Nova York: St. Martin's Press, 2005.

104 EASTERBROOK, G. *The Progress Paradox*. Nova York: Random House Publishing Group, 2003.

104 National Association for Self-Esteem. *The Social Importance of Self-Esteem*.

105 BAUMEISTER, R. et al. "One study conducted by a group of University of Iowa researchers" (estudo realizado por pesquisadores da Univesity of Iowa). ScientificAmerican.com, 20 de dezembro de 2004.

105 TIERNEY, J. "When Every Child Is Good Enough." *In: New York Times*, 21 de novembro de 2004, Week in Review, p. 1.

106 BARONE, M. *Hard America, Soft America*. Crown Forum, 2004.

106 DILLER, L. *Running on Ritalin*. Nova York: Bantam Books, 1999.

Capítulo 5

110 WISSE, Ruth R. "Dear Ellen: or Sexual Correctness at Harvard." *In: Commentary*, abril de 2005, p. 32. Larry Summers's speech (palestra de Larry Summers).

110 WILL, G. "History, Hubris and Harvard." *In: Jewish World Review*, 19 de maio de 2005.

111 WISSE, Ruth R. "Dear Ellen: or Sexual Correctness at Harvard." *Commentary*, abril de 2005, p. 32.

111 CHAVEZ, L. "Bias doesn't explain gap in math, science skills." *Creators Syndicate*. Los Angeles: Calif.

NOTAS

112 The College Board, 2004 – Advance Placement Test.

113 ECCLES, J. "Why Women Shy Away from Careers in Science." *In: University of Michigan News Service.* 07 de abril de 2005.

113 FALK, D. *The Walrus,* junho de 2005, p. 60.

113 WISSE, R. "Dear Ellen: or Sexual Correctness at Harvard". *In: Commentary,* abril de 2005, p. 33.

115 Forest Products Laboratory, "Performance Engineered Composites Research." Madison, Wisc.

117 CAVANAGH, S. "Educators Revisit Girls' Loss of Math, Science Interest." *In: Education Week,* 4 de maio de 2005, N. 34, p. 6.

117 JOHNSON, S. *Mind Wide Open.* Nova York: Scribner, 2004, p. 14.

118 FARRELL, W. entrevistado por C. Deutsch, no *New York Times,* 27 de fevereiro de 2005, BU 7.

122 SANDER, R.. *Stanford Law Review. In:* LIPTAK, A. "For Blacks in Law School, Can Less Be More." *New York Times.* 13 de fevereiro de 2005, Week in Review, p. 3.

123 McWHORTER, J. *Losing the Race: Self Sabotage in Black America. In:* "The Distortion of Affirmative Action", George Will, townhall.com, Washington Post *Writers Group,* 1º de março de 2001.

123 National Assessment of Educational Progress (1999) *In:* "Reading Facts", National Institute for Literacy, www.nifl.gov.

125 MNOOKIN, S. *Hard News: The Scandals at the New York Times and Their Meaning for American Media.* Nova York: Random House, p. xvi.

126 Ibid., p. 140-200.

THINK!

126   Ibid., p. xvii.

127   Ibid., p. 188.

129   FrontPageMagazine.com, entrevista feita por Jamie Glazov, 5 de outubro de 2004.

131   HAGEL, Chuck. *New York Times Magazine*, 3 de julho de 2005, p. 17.

131   FRANKS, T. & McCONNELL, M. *American Soldier*. Regan-Books, 2004.

131   BODANSKY, Y. *The Secret History of the Iraq War*. Regan-Books, 2004, p. 490.

Capítulo 6

135   Casey Walker entrevista Lewis Lapham. *Wild Duck Review*, 16 de fevereiro de 2000. MediaChannel.org.

138   CHOMSKY, N. & HERMAN, E. *Manufacturing Consent*. Nova York: Pantheon, 1988.

139   McCHESNEY, R. *Corporate Media and the Threat to Democracy*. Seven Stories Press, 1997.

141   BROWNBACK, S. *USA Today* (Society for the Advancement of Education), LookSmart'sFindArticles, novembro de 2000.

143   McCLELLAN, S. "Fox Breaks Prime-Time Record." *Adweek*, 12 de setembro de 2005.

144   Casey Walker entrevista Lewis Lapham. *Wild Duck Review*, 16 de fevereiro de 2000. MediaChannel.org.

147   HUXLEY, A. *Brave New World Revisited*. Nova York: Harper Perennial Modern Classics, 1942, p. 35-36.

NOTAS

148 DIXON, K. "Obesity Costs Soar Tenfold to \$36.5 Billion on U.S.". *Reuters Ltd.*, 27de junho de 2005.

148 University of California, Berkelley, *International Journal of Behavioral Research*, 2004.

151 MILLER, J. "Light Show." *Sound on Sound*, fevereiro de 1994, soundonsound.com.

152 HARGUS, B. B., entrevista com Robert Moog, publicada originalmente na revista online *Perfect Sound Forever*, março de 1997.

152 MacDONALD, G. J. "Contrarian Finding: Computers are a drag on learning." *Christian Science Monitor*, edição online, 6 de dezembro de 2004.

153 FORSYTH, K. "Computers in Our Schools, Too Much, Too Soon", daviswaldorf.org, 17 de fevereiro de 2005.

154 STOLL, C. *Silicon Snake Oil*. Nova York: Doubleday, 1995, p. 133.

155 GLEICK, J. *What Just Happened: A Chronicle from the Information Frontier*. Nova York: Pantheon, 2002, p.269.

155 EMarketer, "Stop the Presses", WebMetro.com, 9 de maio de 2005.

156 Journalism.org, "The State of the News Media 2004."

159 NASA Near Earth Object News Archives, http://neo.jpl.nasa.gov/news.

160 RADFORD, B. "Ringing False Alarms." *Skeptical Inquirer.* março/abril de 2005, p. 34.

161 BROWNING, G. "How to Exaggerate." *Guardian,* 14 de agosto de 2004. guardian.co.uk.

162 LEGAULT, Michael R. "How Ideas Are Like Viruses." *National Post.* 4 de abril de 2000, A17.

THINK!

164   FUREDI, F. *Culture of Fear*. Continuum, p. ix.

165   WAUGH, E. *Scoop*. Penguin Books, 1938.

165   Pew Research Center for the People and the Press, "News Audiences Increasingly Polarized", junho de 2004.

Capítulo 7

168   BREASHEARS, D. *High Exposure*. Nova York: Simon and Schuster, 1999, p. 58.

169   SHEPERD, S. *Who's in Charge?* Rainbow Books, 2003, p.14.

170   Blogger (comentários), trivialbutimportant.blogspot.com. 28 de outubro de 2004.

171   Blogger (comentários), secraterri.com, 4 de maio de 1999.

172   *Time*, 6 de junho de 1983 (resumo da stress.org).

172   *Prevention* (pesquisa da revista, resumo da stress.org).

172   National Institute for Occupational Safety and Health. "Stress at Work." DHHS (NIOSH) Pub. N.99-101. cdc.gov.niosh/stresswk. html.

174   SHEPERD, S. *Who's in Charge?* Rainbow Books, 2003, p. 9.

175   National Institute for Occupational Safety and Health. "Stress at Work." DHHS (NIOSH) Pub. N.99-101. cdc.gov.niosh/stresswk.html.

176   International Labor Organization. "Key Indicators of the Labor Market 2001-2002." IOLO Press Release, 31 de agosto de 2001.

177   *The Economist*, 5 de março de 2005, p. 30.

NOTAS

177 McGRATH, C. "No Rest for the Weary." *New York Times Magazine.* 3 de julho de 2005, p. 15.

179 Rollo May entrevistado por Jeffery Mishlove, série *Thinking Allowed,* intuition.org.

179 SHEPERD, S. *Who's in Charge?* Rainbow Books, p. 58.

180 JOHNSON, S. *Mind Wide Open.* Nova York: Scribner, p. 2.

182 KIRSH, D. "A Few Thoughts on Cognitive Overload." icl-server. ucsd.edu, 2002, p. 2.

183 MACLAY, K. "University of California, Berkeley Professors Measure Exploding World Production of New Information." UC Press Release, 18 de outubro de 2000.

183 MILLER, K. *Surviving Information Overload.* Zondervan, 2004.

184 SHENK, D. *Data Smog.* HarperEdge, 1999, p. 91.

185 CHAD, N. "Information Overload." *Washington Post,* 28 de fevereiro de 2005, D2.

186 LESSIG, L. & HERZ, J.C. In: *Code and Other Laws of Cyberspace.* Basic Books, p. 25.

186 MILLER, K. & DAVIS, M. In: *Surviving Information Overload.* Zondervan, p. 20.

186 GLEIECK, J. *Faster.* Resenha por FORBES, P. In: *The Guardian,* 11 de dezembro de 1999.

187 ROSEN, L. & WEIL, M. contextmag.com.

187 LESSIG, L. *Code and Other Laws of Cyberspace.* Basic Books, p. 25.

188 MAGEE, P. *Brain Dancing.* BrainDance.com, 1996, p. 7.

189 BREASHEARS, D. *High Exposure.* Nova York: Simon and Schuster, 1999, p.185.

THINK!

Capítulo 8

194   Washington State Internet Classroom. "World Civilization."

195   *Wikipedia*, "Pythagoras", en.wikipedia.org.

196   GOLDSMITH, D. & LIBBON, R. "Einstein: A Relative History." iBooks, Inc., cap. 3.

198   GOBBLE, T. *Nicholas Copernicus and the Founding of Modern Astronomy.* Morgan Reynolds, 2004.

201   EASTER, K. "The Universality of Shakespeare." *The Paper Store, Enterprises, Inc.* Maio de 2005, p.9.

201   MEYER, B. *The Golden Thread.* HarperFlamingo-Canada, 2000, p. 316.

201   EASTER, K. "The Universality of Shakespeare." *The Paper Store, Enterprises, Inc.* Maio de 2005, p.3.

203   EVANS, H. "The Spark of Genius." *U.S. News & World Report*, 11 de outubro de 2004, p.44.

206   BERLINSKI, D. *Newton's Gift.* Nova York: The Free Press, 2000, p. 93.

209   GLENN, J. *Scientific Genius: The Twenty Greatest Minds.* Saraband Inc., 1996, p. 74-79.

210   JONES, S. *Darwin's Ghost: The Origin of Species Updated.* Doubleday Canada, 1999, p. xxi.

216   DEVLIN, K. "Witten at 50." *Mathematical Association of America*, Jul/Aug, maa.org/devlin.

216   LEGAULT, M.R. "Additional Universes Postulated." *National Post*, 17 de fevereiro de 2001, A1.

216   Public Broadcasting System, *Nova*, "The Elegant Universe", entrevista realizada por Joe McMaster, julho de 2003.

NOTAS

Capítulo 9

221 GREENFIELD, L. *Fast Forward: Growing Up in the Shadow of Hollywood.* Chronicle Books, p.49, 38.

222 Ibid., p. 4.

223 HUBERT, A. *Raising America: Experts, Parents and a Century of Advice about Children.* Nova York: Alfred A. Knopf, 2003, p. 365.

223 Reuters news release. "Kids More Spoiled Than a Decade Ago." Julho de 2001.

228 CNN *Talkback Live*, foi ao ar em 31 de julho de 2001, cnnstudentnews.cnn.com.

230 HOKE, L. "Teaching Millennials: Do We Need a Paradigm Shift." Eastern Economics Association Meeting. Nova York: 2004, p. 6.

230 Ibid., p. 6.

230 KEEGAN, R. *In Over Our Heads: The Mental Demands of Modern Life.* Harvard University Press, 1994, p. 79.

230 "National Playday 2001: Facts and Statistics". playday.org.uk.

231 ALMON, J. "The Vital role of Play in Childhood." Waldorf Early Childhood Association of North America. waldorfearlychildhood.org.

231 FURLOW, B. "Play's the Thing." *New Scientist.* nethappenings.com, p. 3. "Brincar é que é o barato."

234 "Outtakes from Cosby's Speech to NAACP." *Washington Post*, "Reliable Source", 23 de maio de 2005. rosenblog.com.

235 BROOKS, D. "How to Reinvent the GOP." *New York Times Magazine,* 29 de agosto de 2004, p. 37.

Think!

235 ASIMOV, N. Reportagem de Caroline Hoxby "How Important Are Schools in Determining Achievement", mencionado em "Hakuta Argues Teachers of English Learners Unqualified". *San Francisco Chronicle.* 5 de maio de 2003, A1.

236 LEMAN, P. & KRAGH-MULLER, T. "Parenting Style as a Context for Moral Legitimacy: Children's Perceptions of the Reasons Behind Adult Moral Rules." Dept. of Psychology, Goldsmiths College, University of London, UK.

241 LEWIN, T. "Young Students Are New Focus for Big Donors." *New York Times*, 21 de agosto de 2005, A15.

243 "Why Johnny Can't Add". pims.math.ca/education/2004. "Por que o Joãozinho não sabe somar?"

243 STEIN, B. "How to Ruin American Enterprise." 23 de dezembro de 2002. Forbes.com.

244 LEWIN, T. "Young Students Are New Focus for Big Donors." *New York Times*, 21de agosto de 2005, A15.

246 REID-WALLACE, C. *In* ALLEN, B. & ALLAN, C. *Habits of Mind.* Transaction Publishers, 2004, p. 29.

246 Ibid., p. 23.

247 BENNETT, R. "The Extreme Family". *Mossback Culture.* Cosby Show dialogue, 26 de maio de 2002. mossback.org.

247 ARGYRIS, C. "Empowerment: The Emperor's New Clothes." *Harvard Business Review*, maio-junho de 1998, p. 98.

248 GIBBS, N. "Parents Behaving Badly." *Time,* 21 de fevereiro de 2005, p. 42.

250 JOHNSON, S. *Everything Bad is Good for Your.* Riverhead, 2005.

Notas

Capítulo 10

254 RIVLIN, G. "In California Enclave, Cougars Keep the People at Bay." *New York Times,* 28 de agosto de 2005, A10.

256 Alabama Policy Institute. "Environmental Indicators." alabamapolicyinstitute.org.

258 ADLER, M. "Fear Assessment: Cost-Benefit Analysis and the Pricing of Fear and Anxiety." *University of Pennsylvania, Institute for Law & Economic Research Paper,* 3-28 de novembro de 2003, p. 1.

260 POSTREL, V. *The Future and Its Enemies.* Nova York, The Free Press, 1998, p. 71.

261 FISCHETTI, M. "Drowning New Orleans." *Scientific American,* outubro 2001, p. 78.

263 LOVETT, R. "Fact versus Fear: We Worry Too Much about Man-Made Catastrophe." *Psychology Today,* maio-junho de 2003. findarticles.com.

264 BAILEY, R. "Silent Spring at 40." *Reasononline,* 12 de junho de 2002, p. 7.

265 GARFIELD, E. "Man-Made and Natural Carcinogens – Putting Risks in perspective." *Veterinary and Human Toxicology,* 1989, p. 31 (6), p. 589-90.

266 LANGE, B. & STRANGE, G. "Environmental Politics: Analysis and Alternatives." *Capital & Class,* outono de 2000. findarticles.com.

266 GLASNER, B. *The Culture of Fear.* Nova York: Basic Books, p. xv.

_____. *Cultura do Medo,* Francis, 2003, SP.

268 SUNSTEIN, C. R. "The Laws of Fear." *University of Chicago Law School, John M. Olin Law & Economics,* ensaio N. 128, 16 de junho de 2001, p. 1. do Medo, Francis, 2003.

Think!

268 Ibid., p. 35.

270 McCRONE, J. *The Myth of Irrationality*. Carroll & Graf, 1993, p. 250.

272 "MRI Studies Provide New Insight Into How Emotions Interfere With Staying Focused." Duke University Press Release, 20 de agosto de 2002.

273 DAVENPORT, T. H. *Thinking for a Living*. Harvard Business School Press, 2005, p. 150.

275 BRANSFORD, J. et al. *How People Learn*. National Academy Press, 2000, cap. 5.

276 POSTREL, V. *The Future and Its Enemies*. Nova York: The Free Press, 1998, p. 70.

277 DUBNER S. J. & LEVITT S. D. "Does the Truth Lie Within." *New York Times Magazine*. 11 de setembro de 2005, p. 20.

277 Freerepublic.com/forum, 11 de fevereiro de 2001.

Capítulo 11

284 DOYLE, A.C. *The Sign of Four*. James Askew and Son, 1903, cap. 1.

_____. *O Segno dos Quatro*, Melhoramentos, 1999.

287 SCHAFERSMAN, S. D. *An Introduction to Science*. Miami University, Ohio. janeiro de 1997, p. 4. muohio.edu.

289 Ibid., p.4.

290 ASTON, Megan. "What Makes Us Happy." *University of Toronto Magazine*. Primavera de 2005, p. 23.

293 PITLUK, A. "Unfair Share." dallasobserver.com. 25 de janeiro de 2001, p. 5.

NOTAS

296   *The Economist Pocket World in Figures*. Profile Books Ltd., 2005, p. 54, 92, 101.

298   KRAFT, U. "Unleashing Creativity." *Scientific American Mind*, v.16, n.1, p. 17.

299   McCRONE, J. *The Myth of Irrationality*. Carroll & Graf Publishers Inc., 1993, p. 2.

301   BLOOM, A. *The Closing of the American Mind*. Simon & Schuster, 1988.

303   EHRENREICH, Barbara entrevista em zmag.org, p. 4.

304   LERNER, A. & PINKER, S. *In:* "Using Our Brains: What Cognitive Science Tells Us About Teaching Problem Solving and Professional Responsibility." University of Pennsylvania Law School, p. 3.

305   HOFFMAN, R. *The Same and Not the Same*. Columbia University Press, 1995, p. 83.

306   *The Economist.* "After the Fall." 19 de fevereiro de 2005, p. 7.

306   HORGAN, J. *The End of Science*. Addison Wesley, 1996.

      _____. *O Fim da Ciência*, 1998, Companhia das Letras, SP.

306   LAUGHLIN, Robert. *A Different Universe. In:* DAVIDSON, K. *New York Times Book Review*, 19 de junho de 2005, p. 19 (resenha).

311   GOLDSMITH, D. & LIBBON, R. *Einstein: A Relative History*. iBooks, Inc., 2005, p. 84.

311   RATLIFF, Ben. "Pat Metheny: An Idealist Reconnects With His Mentors". *New York Times*, 25 de fevereiro de 2005, B1.

Think!

Capítulo 12

316   BARZUN, J. *From Dawn to Decadence, 500 Years of Western Cultural Life*. Perennial, 2000, p. xxi.

_____. *Da Alvolrada à Decadência*, Editora Campus.

317   MINOGUE, K. "How Civilizations Fall." *New Criterion*, abril de 2001. www.newcriterion.com, p. 2.

321   SHAFFER, B. "The Decline and Fall of a Civilization." *Free Republic*. freerepublic.com, 10 de dezembro de 2001, p. 2.

322   SAUL, J. R. *Voltaire's Bastards: The Dictatorship of Reason in the West*. Penguin Books, p. 16.

324   Closson, "Politically Correct Education". www.leaderu.com. 1992, p. 2.

325   *The Economist*. "Damaged Goods", 21 de maio de 2005, p. 11.

326   *Wall Street Journal*. "Europe vs. America", editorial, 20 de junho de 2004.

327   MINOGUE, K. "The Idea of Decline in Western Civilization." *National Interest*, Verão de 1997. findarticles.com.

328   HUNTINGTON, S. *The Clash of Civilizations*. Nova York: Simon and Schuster, 1996, cap. 12, p. 4.

_____. *O Choque de Civilizações*, Objetiva, Rio de Janeiro, 1997.

329   MAY, Rollo entrevistado por Jeffery Mishlove, da série *Thinking Allowed*, intuition.org, p. 2.

330   DOREN, C. van. *A History of Knowledge*. Ballantine Books, 1991, p. 57.

NOTAS

331 FERGUSON, N. *Empire: The Rise and Demise of the British World Order and the Lessons for Global Power.* Allan Lane, 2002, p. xvii.

331 HUNTINGTON, S. *The Clash of Civilizations.* Simon and Schuster, 1996, cap. 12, p. 2.

334 HERZBERG, A. M. & KRUPKA, I., eds. *Statistics, Science and Public Policy: Recommendations for Government and the Scientific Community.* Canada, Queens University, 1998.

334 BARNARD, C. *In: Beyond Feelings, A Guide to Critical Thinking.* McGraw-Hill, 2004, p. 15.

335 EASTERBROOK, G. entrevistado por B. Wattenberg, *PBS Think Tank*, foi ao ar em 20 de fevereiro de 2003, p. 6 da transcrição.

336 GOODNOW, C. "Socrates Cafés Dish Up Intellectual Nourishment." *Seattle Post-Intelligencer.* 21 de fevereiro de 2004. Seção lifestyle, seattlepi.com.

338 DUNLAP, D. W. "Freedom Center at 9/11 Site, a Lofty Idea Gives Way to Realities on Ground." *Wall Street Journal,* 25 de setembro de 2005, p. 25.

340 WALT, S. M. *Taming American Power.* W.W. Norton, 2005.

340 WEISMAN, S. R. "Saudi Women Have Message for U.S. Envoy." *New York Times,* 28 de setembro de 2005, A1.

341 ALLEN, W. B. & ALLEN, C. M. *Habits of Mind.* Transaction Publishers, 2004, p. 23.

Este livro foi composto na tipologia Adobe Caslon Pro,
em corpo 11/15,3, e impresso em papel off-white 80g/m²
no Sistema Cameron da Divisão Gráfica da Distribuidora Record.